AS REPRESENTAÇÕES SOCIAIS NAS SOCIEDADES EM MUDANÇA

Jorge Correia Jesuíno
Felismina R.P. Mendes
Manuel José Lopes
(orgs.)

As representações sociais nas sociedades em mudança

EDITORA
VOZES

Petrópolis

Diretor editorial
Frei Antônio Moser

Editores
Aline dos Santos Carneiro
José Maria da Silva
Lídio Peretti
Marilac Loraine Oleniki

Secretário executivo
João Batista Kreuch

Editoração: Maria da Conceição B. de Sousa
Diagramação: Alex M. da Silva
Capa: Studio Graph-it

ISBN 978-85-326-5073-3

Editado conforme o novo acordo ortográfico.

Dados Internacionais de Catalogação na Publicação (CIP)
(Câmara Brasileira do Livro, SP, Brasil)

As representações sociais nas sociedades em mudança / Jorge Correia Jesuíno, Felismina R.P. Mendes, Manuel José Lopes (orgs.). – Petrópolis, RJ : Vozes, 2015. – (Coleção Psicologia Social)

Bibliografia
ISBN 978-85-326-5073-3

1. Interação social 2. Interacionismo simbólico 3. Psicologia Social I. Jesuíno, Jorge Correia. II. Mendes, Felismina R.P. III. Lopes, Manuel José. IV. Série.

15-05358   CDD-302.1

Índices para catálogo sistemático:
1. Representações sociais : Psicologia social : Sociologia 302.1

Este livro foi composto e impresso pela Editora Vozes Ltda.

SUMÁRIO

PREFÁCIO

Sandra Jovchelovitch

É com muito prazer que apresento ao leitor lusófono os textos aqui reunidos pela competente direção de Jorge Correia Jesuíno, Felismina Mendes e Manuel Lopes, que trazem aos leitores a qualidade da reflexão e o vigor do pensamento recente no campo da Teoria das Representações Sociais. Ainda que oriundo da Psicologia Social, o estudo das Representações Sociais tornou-se ao longo de sua história um empreendimento interdisciplinar e os textos aqui reunidos serão de interesse não apenas para os estudiosos da Psicologia/Psicologia Social, mas também para pesquisadores, professores e estudantes das demais disciplinas das ciências sociais e humanas.

O volume reúne o trabalho fecundo de vozes clássicas neste campo e o leitor atento encontrará um aprofundamento e expansão das grandes questões que já se anunciavam na formulação inicial moscoviciana. Dada sua variedade e abrangência intelectual, as conferências se debruçam sobre o marco conceitual e empírico da Teoria das Representações Sociais, expressando não apenas aquilo que lhe é distinto enquanto abordagem psicossocial, mas também a produtividade de suas linhas de comunicação com as sociedades vivas. Surpreendentes e inspiradoras, estas vozes nos revelam o marco e a marca da Teoria das Representações Sociais: a dinamicidade dos saberes sociais, sua diversidade interna, e, sobretudo, sua conexão profunda com as condições socioculturais dos lugares e tempos que lhes produzem. Para os que já conhecem e trabalham com a teoria, o livro oferece uma oportunidade única de escutar grandes mestres delineando e avançando seu arcabouço teórico e sua aplicação empírica. Para os que a encontrarão aqui pela primeira vez, será evidente a conexão entre representações sociais e sentido, o problema da significação e variabilidade da ordem simbólica, a importância dos saberes do cotidiano e do senso comum e a atenção empírica aos grandes problemas da contemporaneidade.

Em sua precisa e elegante introdução, que recomendo ao leitor iniciar sem demoras, Jorge Correia Jesuíno aponta para as novas linhas e discussões que redimensionam questões clássicas da Teoria das Representações Sociais, da psicologia social e das ciências sociais e humanas de forma geral. Lendo seu texto percebi a riqueza do material aqui compilado e o quanto me honra apresentá-lo. Também lembrei e fui buscar na memória as "velhas pedras", a beleza do caminho, suas esperanças, achados, compromissos e relações, que de Ravello até Évora nos constituem como atores de uma comunidade humana, voltada tanto para nossa ciência como para nosso lugar no mundo. Ligar a ciência ao mundo ao mesmo tempo em que os ligamos a nós mesmos continua sendo a lição que constantemente aprendo com os colegas que estudam Representações Sociais. Ela se encontra viva e instigante neste volume que com grande e especial satisfação apresento ao leitor – em minha, nossa língua – com esperança de que ele também a possa compartilhar.

Londres, fevereiro de 2014.

INTRODUÇÃO
A Teoria das Representações Sociais

Jorge Correia Jesuíno

Cremos que é útil a muitos dos leitores um pequeno histórico e uma introdução aos estudos aqui apresentados. A Teoria das Representações Sociais (TRS) foi formulada em 1961 por Serge Moscovici em sua obra – *A psicanálise, a sua imagem e o seu público* – recém-traduzida para o português pela Editora Vozes que publica os textos que seguem. Mas é sobretudo a partir de 1976, data da 2ª edição profundamente renovada – segundo o autor a edição de 1962 era uma tese e a de 1976 um livro, que a TRS adquiriu notoriedade, afirmando-se como uma das perspectivas mais paradigmáticas em psicologia social, senão mesmo no domínio mais alargado das ciências sociais. Para tanto terão contribuído não apenas as virtualidades heurísticas da teoria, entretanto enriquecida por numerosos desenvolvimentos, mas também pelo quadro quase institucional que se criou em seu torno, através duma comunidade científica que tem vindo a alargar-se um pouco por todo o lado, com particular relevância no Brasil.

Uma das iniciativas que tem contribuído para a consolidação dessa comunidade, conferindo-lhe identidade e saliência, consiste na organização de reuniões internacionais, a primeira das quais teve lugar em Ravello, na Itália, em 1992, e a segunda, dois anos depois no Rio de Janeiro, de acordo com o esquema de alternar tanto quanto possível entre o continente europeu e outros locais não europeus.

Seguiram-se assim em 1996 Aix-en-Provence (França), Cidade do México em 1998, Montreal (Canadá) em 2000, Stirling (UK) em 2002, Guadalajara (México) em 2004, Roma (Itália) em 2006, Bali (Indonésia) em 2008, Túnis (Tunísia) em 2010 e finalmente em Évora (Portugal) em 2012. Nesse último encontro foi outorgado a Serge Moscovici o grau de Doutor *Honoris Causa*, o décimo quinto da sua prestigiada carreira científica. Foram também prestadas, nessa oportunidade, homenagens a colegas recentemente falecidos e sempre recordados como foi o caso de Gerard Duveen, de Michel-Louis Rouquette que ainda dois anos antes estivera e fora homenageado na reunião de 2010 na Tunísia, de Javier Uribe, que organizara a conferência de 1998 no México. Vale também lembrar que logo após esse último encontro, os estudiosos do campo da TRS tiveram a perda de mais três colegas – Jean Claude Abric que tanto contribuiu para o desenvolvimento do modelo estrutural da teoria, bem como de Adrian Neculau, porventura o único acadêmico que conheceu e conviveu com Serge Moscovici nos tempos em que ambos conviveram na Romênia, e ainda Robert Farr a quem se deve a primeira edição em 1984, em inglês, dum conjunto de textos, que ainda hoje constitui uma referência incontornável a que o estudioso da TRS sempre volta e do seu livro *Raízes da moderna Psicologia Social*, já com 10 edições em português, também publicado por essa editora.

Acresce que nos anos ímpares tem sido igualmente norma organizar Jornadas Internacionais (JIRS), regra geral no Brasil, a par de outras iniciativas centradas em temáticas mais específicas, nomeadamente no âmbito da saúde e da educação, os tópicos que, pelo seu caráter prático, maior volume de pesquisa empírica têm suscitado.

Esta vitalidade e dinamismo da comunidade de pesquisa no domínio das representações sociais tem igualmente contribuído para a criação de centros e redes interativas, bem como de cursos internacionais, dando lugar a uma importante atividade editorial, sendo de salientar a publicação on-line dos *Papers on Social Representations*, onde alguns dos textos que agora publicamos em português se acham disponíveis no original francês e/ou inglês.

Tanto as CIRS como as Jornadas Internacionais de Representações Sociais (JIRS) têm vindo a registrar afluências cada vez mais numerosas, sendo de assinalar uma não menor sofisticação dos campos de pesquisa tanto em nível temático como metodológico, merecendo aqui uma especial referência o trabalho desenvolvido por Annamaria de Rosa no sentido de reunir um *thesaurus* da produção neste domínio cujo livre acesso não menos contribuirá para a expansão e reforço do paradigma (cf. DE ROSA, 2013).

Textos

Os textos que seguem possuem como referência central o tema genérico: *Representações sociais nas sociedades em mudança*. Eles, de algum modo, têm procurado dar resposta ao desafio ao enquadrarem as suas reflexões nos contextos sociais, econômicos e políticos característicos das sociedades em mudança acelerada – causa e consequência da globalização em curso.

Tratando-se de acadêmicos, todos eles seniores, com obras feitas e devidamente reconhecidas, também se esperava e assim terá sido, que os autores apresentassem um balanço dos temas sobre o que incidiu muito do seu percurso de pesquisa, mas igualmente refletissem sobre quais os desenvolvimentos futuros do paradigma das representações sociais no quadro interdisciplinar duma psicologia social cada vez mais interdisciplinar.

Embora seja sempre arriscado organizar textos de autor caracterizados por uma assinalável autonomia tanto conceitual como estilística a que acresce uma não menor intertextualidade derivada do próprio quadro conceptual comum, procedemos à sua distribuição por três seções: (1) Desenvolvimentos epistemológicos; (2) Contextos políticos e culturais; (3) Temas e métodos.

O conjunto de apresentações é precedido pelo texto de José Alberto Machado com o título *"Ebora spectanda* – Um discurso sobre a excelência, nobreza e antiguidade da cidade". Como mencionado acima, e como o título sugere, visa apresentar uma breve resenha histórica da cidade por um dos seus melhores conhecedores. Recordamos que Serge Moscovici, em 1996, na conferência realizada em Aix, outro lugar de "velhas pedras" densas de memória social, nos fazia notar que certas cidades são representações sociais objetivadas, uma ideia a que Denise Jodelet já anteriormente fora sensível ao estudar a representação da cidade de Paris.

Acresce que a história, como veremos, emerge atualmente como um lugar de representações sociais cada vez mais presente enquanto tema de pesquisa.

Inserimos ainda no final da coletânea e a título de posfácio uma entrevista concedida há anos por Serge Moscovici, ainda inédita, que constitui uma homenagem ao autor e uma oportunidade para uma aproximação à sua atual visão do mundo.

Seção I – Desenvolvimentos epistemológicos

Incluímos nesta primeira seção um conjunto de textos cuja tônica subjacente parece residir na dinâmica das representações sociais, ou seja, no estudo das representações sociais enquanto processo envolvendo a temporalidade e a interação.

Jaan Valsiner – "Hierarquias de signos – Representação social no seu contexto dinâmico" torna desde logo esse objetivo muito claro. O texto é denso, apresentando clarificações semânticas importantes, como é o caso da distinção entre "representação" enquanto processo semiótico e o "representações" no plural, enquanto discurso estático, reificado, desse processo. O peso epistemológico respectivo é desigual, podendo constituir uma limitação para a TRS reduzi-la a inventários avulsos de estudos de opinião e atitudes sociais. Valsiner propõe um quadro epistemológico dinâmico onde a semiose é construída através dum dialogismo simultaneamente intra e intersubjetivo que remete para o *self* semiótico de Mead e Peirce e, mais recentemente, também, desenvolvido por Ivana Marková. As representações sociais, no plural, inserem-se no processo de representações enquanto causa e efeito, intervindo como um marcador socioemotivo catalisador da passagem ao juízo sintético e eventualmente à decisão. A aproximação e prolongamento da TRS à semiótica constitui uma aposta cujo potencial heurístico não será de negligenciar.

Denise Jodelet no seu texto "O encontro dos saberes" ilustra de certo modo o desafio que Valsiner coloca em termos teóricos, através da aplicação que faz o processo observável no contexto da relação médico-doente ou mais especificamente nos desenvolvimentos recentes da *educação terapêutica*. A autora sublinha a distinção entre conhecimento e saber ou mesmo saberes, predominando nestes últimos a dimensão prática, como de resto sempre sublinhou ao longo da sua obra e desde a primeira hora. Mais recentemente, como é agora o caso, Jodelet invoca o conceito de *saber experiencial* – o que deriva da própria vivência direta do sujeito, o qual se reforça num processo dialógico e dialético – pensamos de novo na relação-médico-doente, na medida em que através de sucessivas trocas há toda uma aprendizagem tanto individual como coletiva que progressivamente se constrói. O enfoque na comunicação interativa, no cerne da teoria enunciada por Serge Moscovici, mas nem sempre explorado com a necessária profundidade, readquire aqui um novo fôlego. Ao modelo duma comunicação linear que supõe a passividade do receptor substitui-se um modelo dialógico, de difícil operacionalização em termos positivistas, a que a TRS enquanto psicossociologia do conhecimento poderá dar uma contribuição decisiva.

Ivana Marková – "Ética na Teoria das Representações Sociais". Marková, outra "presença histórica", tal como Jodelet, desenvolve neste texto importantes clarificações epistemológicas relativas à TRS. Desde logo na distinção que propõe entre representação social e senso comum, por vezes consideradas não apenas contíguas, mas coincidentes. Segundo argumenta, as RS constituem a resultante de múltiplos processos sociodialógicos de vários tipos de conhecimento, entre os quais se inclui o pensamento do senso comum. Reclamando-se duma tradição conceptual que remonta a Vico, Marková enfatiza a dimensão ética que satura o senso comum, o que sugere por seu turno que este frequentemente se confunda com o bom-senso. Todavia esta dimensão ética já em Vico e mais recentemente no filósofo Bernard Williams comporta algo de pré-reflexivo, de quase intuitivo. Um excesso de reflexão em ética poderia assim, paradoxalmente, conduzir a efeitos perversos, o que igualmente sugere alguma proximidade com a proposta de Valsiner do papel das RS enquanto marcador epistêmico. Igualmente de referir a distinção que Marková propõe entre conhecimento *aristocrata* e pensamento *plebeu* ou *popular*, em que um exemplo deste último seria o tão vilipendiado senso comum, numa lógica que lembra o conceito de distinção de Bourdieu. Introduz-se assim na TRS uma hierarquização epistemológica a que as relações de poder não são alheias. Marková sempre tem por outro lado contribuído para um aprofundamento da noção de *thêmata* enquanto lugares de ancoragem supraordenada das representações sociais que neste texto são igualmente invocadas enquanto invariantes em última instância do pensamento pré-reflexivo do senso comum.

Ângela Arruda intitula provocatoriamente o seu texto "Modernidade & Cia: repertórios da mudança". A autora coloca a questão do próprio futuro da TRS numa sociedade tardo-moderna ou pós-moderna, se se preferir, onde a aceleração da mudança, em grande parte consequência das novas tecnologias da informação, anuncia um novo quadro ontoepistêmico onde por um lado se assiste à fragmentação, senão mesmo à supressão da noção de sujeito, e por outro, porventura como sua consequência, se assiste à multiplicação das fontes de legitimação. As consequências que Arruda deriva deste novo contexto traduzem-se numa banalização da polifasia, invocando aqui um lugar da figura do sujeito unificador, individual ou coletivo, a figura das *comunidades epistêmicas* examinada por Claudine Provencher, dando lugar a representações simultaneamente mais voláteis e mais emancipadas, a que a metáfora da *nuvem* em constante passagem do caos à ordem e da ordem ao caos, parece tornar-se não a exceção, mas a regra. Uma consequência em termos epistemológicos, e aqui Arruda, de algum modo, parece compartilhar da tendência para uma maior atenção aos processos, exigindo a adoção de novas formas suscetíveis de acompanharem os fluxos sociais cada vez mais líquidos.

Seção II – Contextos políticos e culturais

Dorra Ben-Alaya examina os "Fundamentos de uma representação social em construção – A Revolução Tunisiana", tanto na qualidade de observadora e protagonista como de psicóloga social.

Recorde-se que a autora foi quem organizou a Conferência Internacional de Representações Sociais (CIRS) de 2010 que teve lugar em Túnis. Cerca de 6 meses depois ocorria a *Revolução de Veludo*, com o seu *momento ontológico* a 11 de Janeiro de 2011. Começava aí a Primavera Árabe, evento que para uma estudiosa de TRS apresentava uma ocasião privilegiada de observação dum fenômeno de mudança social em direto.

De certo modo o texto de Ben-Alaya vai ao encontro das questões colocadas por Arruda sobre a aceleração da mudança. A autora ilustra como, paradoxalmente, alterações *catastróficas* de paradigma levam à emergência duma oscilação gestáltica ancorada nos *thêmata* da ordem e do caos, que os dados empíricos obtidos através do acompanhamento das redes sociais claramente parecem confortar. Cinco meses depois a oscilação polifásica não se desvanece inteiramente, mas tende a tornar-se mais polarizada e também mais socialmente ancorada, oscilando entre o sentimento de sucesso coletivo e as incertezas da consolidação da democracia.

Jorge Vala aborda no seu texto "Racismos: representações sociais, preconceito racial e pressões normativas" um tema a que tem consagrado muito do seu esforço de pesquisa e para cujo aprofundamento, tanto em termos teóricos como empíricos, muito tem contribuído. No presente texto Vala faz uma breve resenha dos estudos que efetuou, hoje tornados referência, acentuando todavia ter recentemente alargado o quadro teórico em que o racismo era sobretudo tematizado em termos da psicossociologia das relações intergrupais, para o quadro epistemologicamente mais abrangente da TRS. Para tanto propõe Vala que se distinga entre racismo enquanto representação social e racismo enquanto atitude individual, ou seja, enquanto preconceito. Entre um e outro nível de análise haverá tanto continuidade como descontinuidade. Se o racismo enquanto preconceito se traduz na reação afetiva e quase automática resultante do que Denise Jodelet designou como *alteridade absoluta*, o racismo enquanto representação procura por seu turno *racionalizar* através duma retórica de geometria variável consoante os contextos histórico-culturais e institucionais onde opera. Há também aqui uma dinâmica representacional com efeitos de moderação das atitudes, presumivelmente mais lentos, e por isso mesmo dando lugar a processos de redução da dissonância. Vala observa a esse respeito, e os dados empíricos vão nesse sentido, de que a norma ética emergente do antirracismo leva a reajustamentos sutis em que o pensamento estigmatizado subsiste através da valorização de atributos que, embora aparentemente positivos, conduzem em última análise a um reforço da diferenciação entre grupos dominantes e grupos dominados. A TRS revela-se aqui particularmente heurística na identificação dos processos de ancoragem e de objetivação, ou mesmo dos *thêmata*, subjacentes às múltiplas facetas de transformação do racismo, como aliás de tantos outros estereótipos que circulam nas relações societais.

Willem Doise, outro *histórico* que, tal como Denise Jodelet, contribui desde a primeira hora para a consolidação da teoria, colaborando estreitamente com Serge Moscovici, recorda no seu texto "Psicologia social e mudança social" a sua própria trajetória, caracterizada pela preocupação prática que sempre defendeu duma pesquisa mais interventiva, mais orientada para a mudança e por isso mesmo mais atenta aos contextos sociais.

Doise tem, de resto, insistido no desenvolvimento duma psicologia *societal* enquanto nível mais adequado para estudar os processos de mudança, o que conduz, por um lado, a quadros epistêmicos mais interdisciplinares e, por outro lado, mais interculturais. Os trabalhos que levou a efeito sobre as representações dos direitos humanos constituem por si só um quadro paradigmático para o estudo das representações sociais à escala global.

A aproximação que, por outro lado, sempre procurou levar a efeito entre a Teoria das Representações Sociais e as teorias da categorização e identidade social, teria contribuído decisivamente para conferir à Escola de Genebra, a que o seu nome se acha associado, uma imagem de marca, cuja presença nos parece compartilhada no texto de Jorge Vala, bem como no de Christian Staerklé que a seguir se refere.

Christian Staerklé intitula o texto da sua conferência "O bom cidadão – Ordem social e antagonismos intergrupais no pensamento político do senso comum". O autor situa-se na linha de Genebra, tendo colaborado com Willem Doise nomeadamente no estudo intercultural sobre direitos humanos. O texto percorre igualmente os seus principais trabalhos, onde predomina o projeto de articulação das relações antagônicas intergrupais com a Teoria das Representações Sociais. Staerklé, tal como Willem Doise e tal como Jorge Vala, utiliza o método experimental aplicado, no seu caso, às dinâmicas diferenciadoras entre grupos democráticos e grupos não democráticos, ou, mais precisamente, como tal representados. Os dados obtidos revelam designadamente que as representações se traduzem em diferentes critérios de legitimação. As agressões contra um grupo hierárquico perpetradas por um grupo igualitário foram julgadas como menos ilegítimas, o que leva a sugerir que a opinião pública democrática permite justificar a opressão contra países não democráticos. A legitimidade democrática é baseada na ilegitimidade não democrática. Staerklé será porventura o autor que apresenta a tentativa mais ambiciosa de articulação dos dois paradigmas da psicologia social europeia – representação social e identidade social. O quadro metateórico que apresenta no fecho do texto – diagrama temporal dinâmico das representações contemporâneas da ordem social é, só por si só, um programa de pesquisa suscetível de mobilizar uma vasta equipe de investigação.

Seção III – Temas e métodos

János Lázsló e **Ben Ehman** apresentam um novo tema que entretanto tem vindo a adquirir um interesse crescente por parte dos estudiosos das representações sociais. O texto tem por título "Psicologia Social Narrativa e a análise de conteúdo de categorias narrativas (NarrCat)" e situa-se na sequência de trabalhos anteriores que os autores resumem. O argumento centra-se na ideia de que os conteúdos representacionais podem ser construídos sob forma não apenas discursiva, mas narrativa, o que parece igualmente convergir com a tendência atual para uma perspectiva mais processual e dinâmica das representações sociais. Os autores referem nomeadamente a aplicação de tal perspectiva ao estudo da identidade nacional enquanto identidade de grupo a partir das narrativas históricas, sustentando por outro lado que o procedimento não será menos científico, ou menos quantificável, e nesse sentido desenvolveram um software – o *NarrCat*, que permite operacionalizar e analisar os conteúdos das categorias narrativas estruturadoras do texto. Como ilustração os autores aplicaram o racional ao caso da experiência traumática com repercussões na identidade nacional vividas na Hungria a seguir à Segunda Guerra Mundial, em consequência das mudanças no traçado das fronteiras.

James H. Liu titula o seu texto "Representações sociais de história e narrativas: estudos interculturais", que desde logo sugere uma proximidade com os estudos de László sobre representações sociais da história mediante a análise narrativa. Ambos os autores têm realizado estudos conjuntos. Liu tem todavia desenvolvido estudos transculturais, revestindo-se de particular interesse os dados recolhidos na China e na Índia, os dois estados mais populosos do mundo, onde todavia continuam a predominar representações eivadas de eurocentrismo. Liu e colaboradores introduzem, por outro lado, estratégias metodológicas que poderão enriquecer os estudos de representações sociais nomeadamente em contextos interculturais. Prolongam, sob este aspecto, a estratégia já seguida por Doise no estudo intercultural dos direitos humanos, onde os perfis diferenciadores psicossociológicos, aqui designados por *perfis epidemiológicos*, são identificados preferencialmente por estatísticas derivadas da análise de *clusters*, como é o caso da *análise de classe latente*. Igualmente relevante o conceito de *representações ordinais*, aplicável sobretudo quando se procede à recolha de dados por via qualitativa, apresentando algumas semelhanças com as estratégias metodológicas utilizadas no modelo do núcleo central, desenvolvido por Claude Flament, Jean Claude Abric e Pierre Vergès, o que sugere possíveis diálogos interdisciplinares.

Annamaria Silvana de Rosa, **Siyu Sun** e **Elena Bocci** são as autoras dum estudo intitulado "Representações sociais do mercado de ações em investidores e consultores financeiros europeus e chineses". O estudo reveste-se de interesse a vários títulos. Desde logo pelo tema, cruzando psicologia social com psicologia econômica, e pelos dados empíricos reunidos permitindo comparações entre jogadores da Bolsa europeus e chineses. Para além da riqueza substantiva, o estudo ilustra o recurso a uma estratégia multimétodo que de Rosa tem vindo a recomendar de forma consistente no estudo das representações sociais. Sob esse aspecto constitui um catálogo da forma como operacionalizar os conceitos adequando os instrumentos de medida bem como as técnicas de análise de dados à especificidade das ligações teóricas a validar. A estratégia multimétodo permite, por outro lado, testar a validade de convergência tanto em termos conceptuais como empíricos. Em termos de resultados, num estudo efetuado em 2010, no rescaldo da crise financeira que assolou os mercados, reveste-se de particular interesse verificar em que medida os investidores independentes nos mercados europeus se afastam de forma significativa dos consultores financeiros, o mesmo não se verificando no mercado chinês, onde tais diferenças são praticamente negligenciáveis.

Numa palavra, os textos reunidos claramente confortam a vitalidade duma teoria que consistentemente se tem desenvolvido ao longo dos últimos 50 anos. Os textos certamente não esgotam a diferenciação tanto temática como metodológica que entretanto se verificou no âmbito da Teoria das Representações Sociais. Serão todavia ilustrativas da reflexão de alguns dos autores que a comunidade dos pares justamente consagrou.

Algumas convergências, entre outras, serão de assinalar. Uma maior relevância atribuída ao fenômeno da *polifasia* porventura sintomático da própria multiplicação de papéis e de estilos de vida da Pós-modernidade. Também em nível conceitual a noção metateórica de *thêmata*, introduzida por Moscovici e Vignaux, nestes textos muito invocada enquanto processo de ancoragem supraordenada, oferecendo uma alternativa à noção mais controversa de ideologia.

Outro aspecto que os textos partilham reside na articulação dos processos representacionais com contextos sociais hierarquizados permitindo o alargamento da *interdisciplinaridade*. Tem sido por vezes referido o alheamento da TRS às relações de dominação, o que, cada vez mais parece estar em vias de superação designadamente no que se refere à aproximação com os processos de categorização social.

Finalmente, e talvez, o aspecto mais importante a salientar, será a preocupação partilhada pelos autores quanto ao caráter *dinâmico* da formação e a *fortiori* da mudança das representações sociais, tanto quanto possível em níveis de interação mais básicos e para os quais os métodos atualmente disponíveis se têm mostrado insuficientes.

Esse será porventura o desafio para o futuro.

Referências

DE ROSA, A. (2013). "Taking stock: a theory with more than a half a century of history". In: DE ROSA, A. (ed.). *Social Representations in the Social Arena*. Londres/Nova York: Routledge, p. 1-63.

Lisboa, de dezembro de 2013.

EBORA *SPECTANDA*: UM DISCURSO SOBRE EXCELÊNCIA, NOBREZA E ANTIGUIDADE DA CIDADE*

José Alberto Gomes Machado
Universidade de Évora

Este poderia ser o título de um texto quinhentista como tantos outros, com um tom e uma abordagem humanistas, escrito para louvar e pôr em destaque as glórias de uma dada cidade. Tem de ser em latim – o latim em si representa dignidade e antigo conhecimento. *Spectanda*, do verbo *specto*, significa "digna de ser vista, admirável, notável". Deste verbo *olhar*, temos palavras como "espetáculo, espectador, espetacular, retrospectiva". A cidade, portanto, deve ser apresentada e representada, vista, conhecida e admirada pelas suas maravilhas, sendo ela mesma uma maravilha, no seu conjunto. Numa tal perspectiva, a simples verdade é uma duvidosa qualidade, sem a qual podemos passar, em nome de uma realidade mais alta, baseada no mito, na memória, projeção e identidade.

Em primeiro lugar, antiguidade. Uma idade remota, histórica e mitológica, confere dignidade. Pode dizer-se que a consciência de habitarem uma cidade antiga foi sempre uma característica identitária dos seus habitantes. O passado longínquo é dado por adquirido, geração após geração. O passado torna-se presente na pedra, de um modo muito particular. A beleza é um valor em si mesma. A beleza é um modo de conhecimento. A beleza carrega significado. E esta cidade foi largamente dotada de beleza, uma beleza antiga e misteriosa.

Desde logo, ser uma cidade, uma *civitas*, é já por si um título de glória. Representa a orgulhosa herança romana, conferindo prestígio e direitos concretos aos seus habitantes. Essa consciência vem de há muito, desde um tempo em que a ninguém ocorreria duvidar de fatos tão reconhecidos como a fundação de Lisboa

---

* Texto original em português.

por Ulisses, afirmada pelos autores mais sérios. Espantamo-nos da credulidade desses intelectuais, mas devíamos lembrar-nos que uma velha lenda ou uma mentira descarada podem tornar--se numa sólida, aceita e indisputada verdade, por um processo de representação e identificação social e cultural. Para dar um exemplo – a nossa sé guarda um pequeno fragmento da Santa Cruz, como tantos outros da Europa Medieval. Provavelmente falso, como a maioria deste tipo de relíquias. Mas este sagrado pedaço de madeira foi venerado por gerações sucessivas. Foi levado para a guerra contra os mouros e atribuiu-se-lhe o crédito por uma das maiores vitórias militares do século XIV, a Batalha do Salado, que envolveu os exércitos de quatro reinos. As ideias podem ter muita utilidade e muita força.

Na Idade Média, o presente e o futuro tinham mais peso que o passado. A vida era uma luta quotidiana pela sobrevivência em condições precárias, com os olhos postos na salvação e na vida eterna. Para a gente da cidade, estava guardada uma nova experiência: mudar de senhores, à medida do errático avanço para o sul da Reconquista. Assim, esta velha cidade romana, caída em ruína e renovada como florescente terra muçulmana, uma espécie de mercado fortificado no meio de uma vasta área escassamente povoada, tornou-se objeto de conflito e disputa, um troféu especial no meio do lento e firme avanço para o sul do recém-forjado reino cristão, repelindo os inimigos da verdadeira fé, num processo que durou séculos. Nesse processo, Évora mudou de mãos mais que uma vez. Surgiram novas realidades e novos desafios identitários. Como em tantos outros lugares da Península Ibérica, mouros passaram a viver sob o domínio de cristãos e vice-versa. A história cunhou novos termos para estas realidades, *mudéjar* e *moçárabe*. E a verdade é que aqui, como em Toledo, diferentes comunidades aprenderam a viver juntas, numa pertença comum ao mesmo lugar, divididas pela fé, a crença e os costumes, unidas num exercício pragmático de coexistência e sobrevivência. Sob domínio cristão quase contínuo desde finais do século XII, a cidade voltou a prosperar, como cabeça visível de um vasto *hinterland*, a grande porta de passagem para o sul. Albergava nos seus muros as três grandes comunidades do livro: cristãos, muçulmanos e judeus nos seus *ghettos*. Ainda hoje se pode sentir essa presença nas velhas ruas tortuosas ou nos maravilhosos elementos decorativos que deixaram, no claustro da Sé, arabescos e a Estrela de Davi lado a lado. Claro que havia violência. O primeiro conquistador cristão era um bandido, um fora da lei, que tomou a cidade à força e à traição, à frente de uma chusma armada, para entregá-la ao rei e assim se redimir das suas malfeitorias. Não admira que as armas da cidade mostrem até hoje um guerreiro com uma grande espada e duas cabeças decepadas.

Desenvolveu-se uma nova oligarquia, instalaram-se cavaleiros, uma nova ordem militar aqui nasceu. Construíram-se muitas igrejas, com a Sé no alto da cidade, no lugar da antiga mesquita, tendo ao lado o palácio do bispo. Os resquícios do passado romano foram reutilizados e mantidos vivos através de novas e inesperadas funções. O belo templo foi durante largo tempo um açougue.

A Renascença trouxe consigo o recriar, concreto e mítico, da cidade. Na segunda metade do século XV e durante uma larga parte do século XVI, Évora albergou a corte real, nos seus ciclos de longa itinerância fora da capital política e econômica, Lisboa. A cidade mudou radicalmente, com um novo planejamento urbano, novos e ricos edifícios, igrejas e conventos para as ordens religiosas florescentes e palácios para a nobreza que sempre seguia o rei. Surgiu uma nova praça, substituindo a velha acrópole como o novo foco da vida citadina. Évora tirou o melhor partido possível das novas circunstâncias. O caráter nobre da cidade tornou-se patente na redescoberta e restauro de algumas marcas ilustres do passado romano. Segundo uma perspectiva humanista, não se pouparam esforços para pôr em realce a gloriosa tradição, plasmada em tantas relíquias da Antiguidade. Com típica desonestidade intelectual, foram acrescentados novos dados falsos e propostas interpretações fantasiosas. E assim, uma nova e mítica velha Évora (re)nasceu, um sítio de esplendor, digno de reis.

Em 1540, foi promovida em dignidade eclesiástica, tornando-se arcebispado, o terceiro de Portugal, após Braga e, mais recentemente, Lisboa. A diocese foi governada sucessivamente por dois infantes, irmãos de Dom João III. O mais novo, cardeal Dom Henrique, pode ser considerado o verdadeiro refundador de Évora. Criou a universidade, construiu e remodelou diversos edifícios importantes, adornou a cidade e presidiu à sua expansão. Julgou que morreria aqui, e por essa razão mandou preparar o seu túmulo na igreja jesuíta que fundara. A história decidiu de outro modo e o cardeal subiu ao trono na sequência do desastre nacional de Alcácer Quibir (1578), em que pereceram o jovem rei D. Sebastião e a fina flor da nobreza portuguesa. Mal durou ano e meio o reinado do Cardeal Rei, um homem alquebrado, o último da sua dinastia, longe da sua querida Évora. A sua morte marcou o fim da independência portuguesa e o dobre de finados da importância da cidade, que nunca mais recuperou a mesma dignidade e estatuto. Longe o tempo em que os seus orgulhosos procuradores se sentavam no primeiro banco das cortes, com os seus colegas de Lisboa... Desaparecidas as entradas régias, as grandes festas da corte, o burburinho constante da maquinaria do Estado... Ficaram só o arcebispado e a universidade como sinais da anterior proeminência, nos novos tempos sombrios.

A memória do passado, histórico e mítico, desempenhou um papel de relevo na tarefa de dar forma a uma nova imagem de si mesma. A realidade não era feliz. No meio de uma vasta planície pouco povoada, que abrange um terço do país, exposta e vulnerável, Évora foi atacada e saqueada pelos espanhóis no século XVII e pelos franceses de Napoleão no início do século XIX. Perderam-se vidas e bens. Embora essas ocupações fossem curtas, o recuperar foi lento. Capital de uma região centrada na agricultura, a cidade tornou-se um mercado e uma bolsa, onde se transacionavam e fixavam os preços dos cereais. O primeiro capitalismo passou-lhe ao largo, como aliás, ao país, no seu todo.

E então, pouco a pouco, a bela adormecida começou a despertar do seu sono de decadência, olhando para o seu passado de pedra, em direção a um futuro por formar. Os vestígios da longínqua glória começaram a cristalizar na mente coletiva portuguesa e a cidade foi gradualmente assumida como um tesouro nacional. Viajantes estrangeiros vieram admirar e desenhar as suas maravilhas sem par, os monumentos de um passado rico, empilhados em praças e ruas, onde o Gótico, o Renascimento e o Barroco gritam silenciosamente em cada pedra.

A velha urbe aristocrática tornou-se inquieta e republicana no começo do século XX e comunista no seu final – pelo meio, a longa ditadura autoritária que marcou Portugal durante quase cinco décadas, promoveu a noção de Évora como cidade-museu. O passado foi de novo convocado. Esta abordagem nacionalista foi recentemente ultrapassada por um novo conceito, coroado pelo reconhecimento pela Unesco como parte do patrimônio da humanidade. Algo de que orgulhar-se. Algo a ser partilhado com todo o mundo. Arte, história, música, culinária, como testemunhos de uma cultura viva, autêntica e universal.

Joia preciosa, tal como Ávila, Urbino, Aachen, Avignon ou Bruges, Évora é agora alvo do turismo, esse fenômeno crescente dos tempos modernos. Uma cidade que mal tem 50.000 habitantes, recebe por ano quase meio milhão de visitantes.

O que torna esta cidade tão especial? Os peritos explicarão que o templo romano é único no país; a Sé é a maior e mais abrangente nos seus estilos; a Igreja de São Francisco é única no mundo e tem um papel de destaque na história da arquitetura; a fachada da Igreja da Graça é a mais miguelangelesca fora da Itália etc. Mas não é só isso. É a cidade no seu todo que é algo de único, na sua harmonia de contrastes e na mistura de séculos e de estilos. Não só para ser contemplada, mas para ser vivida. Vejamos alguns exemplos.

Durante largo tempo, acreditou-se que o templo romano fora construído em honra da deusa Diana. Em consequência, várias firmas e lojas na cidade usam o nome da deusa.

A Sé guarda uma preciosa imagem tardo-medieval da virgem grávida, a Senhora do Ó, milagrosa sobrevivente das rígidas normas de decoro estabelecidas no Concílio de Trento, graças à mente engenhosa dos fiéis. Tendo sido proibida a representação de Nossa Senhora grávida, cara à piedade popular, a estátua foi transformada na Virgem da Anunciação. Para esse efeito, arranjou-se um anjo, colocado em frente de Maria, num pilar do lado oposto da nave. Que importa se o anjo é menor e muito mais recente do que a virgem? É uma obra-prima flamenga e serviu para salvar uma imagem amada diante da qual tantas mulheres grávidas de Évora rezaram ao longo dos séculos e rezam ainda hoje.

As enormes estátuas da fachada da Igreja da Graça são vulgarmente conhecidas como os "meninos da Graça". E os habitantes têm especial orgulho na Capela dos Ossos, junto a São Francisco, o mais impressionante e terrífico monumento da cidade, acerca do qual florescem as lendas. É de longe o local mais visitado em Évora. Nunca tantos mortos trouxeram tanta vida à cidade em que viveram e morreram.

Se perguntarem a um português qual é a cidade mais bela do país, provavelmente responderá com o nome da sua. E a seguir, Évora. Ou então, logo Évora. Isto diz muito. A sua intrínseca e bem preservada beleza, uma longa memória social e culturalmente construída, feita de fatos e ficções, o estatuto de que goza, perdido e recuperado, tornam-na única. O seu silêncio também. Um silêncio para ser saboreado e repartido.

Um silêncio que fala por si. Na planície.

SEÇÃO I

DESENVOLVIMENTOS EPISTEMOLÓGICOS

1
HIERARQUIAS DE SIGNOS
Representação social no seu
contexto dinâmico*

Jaan Valsiner**

> *[...] o* estatuto do fenômeno de representa-
> ção social é da ordem do simbólico: estabe-
> lecer uma ligação, construir uma imagem,
> evocar, dizer e levar a dizer, compartilhar
> um significado de algumas proposições
> transmissíveis, e na melhor das hipóteses
> resumir num clichê que se torna etiqueta
> (MOSCOVICI & VIGNAUX, 2001, p. 156).

O estudo da representação social tem provado a sua versati-
lidade no passado meio século. É um projeto teórico de envarga-
dura na intersecção da psicologia e da sociologia – procurando
dar sentido à pessoa enquanto agente ativo numa dada sociedade. Esse papel ativo é tornado possível pela internalização dos
sistemas de significado que são operacionais, em paralelo com
os níveis coletivo e pessoal.

Enquanto tais, as representações sociais são complexos de
significados que implicam simultaneamente generalizações abstratas e muitas vezes abreviadas (*thêmata*; MOSCOVICI & VIG-
NAUX, 2001) em conjunto com valores socialmente prolíferos, e
sugestões sociais específicas que podem ser geradas através de
tais complexos num contexto concreto.

Este tipo de realidade social delimita a natureza da representação social. O objeto da sua investigação – modos sociais de representação do mundo – é de elevada ou intermédia complexidade

---

* Traduzido do texto em inglês por Jorge Correia Jesuíno.

** Departamento de Psicologia. Universidade de Clark.

e não pode ser fixada através de categorias rígidas que reduzem a complexidade a operações lógicas tradicionais. A característica de polifasia cognitiva – coexistência de apresentações mutuamente incompatíveis no interior do mesmo complexo – é usual no processo de representação social. Representa a natureza paradoxal das nossas realidades sociais (FRILING, 2012).

Se visto de uma perspectiva temporal, a inconsistência de construção de significado deriva da polifasia cognitiva; ela permite também uma adaptação flexível às circunstâncias em mutação.

Na medida em que a psique é funcional face às condições de vida em mudança permanente, qualquer categoria geral socialmente estabelecida é susceptível de ser renegociada no momento a seguir.

O uso de tais representações sociais tem lugar através da comunicação – um processo de coordenação de diferentes entendimentos do mundo. É a unidade de categorização e comunicação que assegura a natureza dinâmica do processo de representação social.

Ao proceder assim, tal unidade garante também a natureza aproximada e complexa da noção-chave de representação social. A complexidade do conceito de representação social ajusta-se adequadamente à complexidade dinâmica do mundo que este conceito representa.

O campo de investigação da representação social acha-se socialmente imerso. Parece também existir um orgulho compartilhado pelos pesquisadores trabalhando no domínio da Teoria das Representações Sociais (TRS) pelo valor prático desta área da psicologia social. Sem dúvida, fazer algo de prático – o que significa "bom para alguém" – pode ser visto como um objetivo nobre para uma disciplina científica. Nas ciências sociais parece que nos esforçamos para "fazer o bem" para entidades abstratas – a "sociedade", a "justiça", a "humanidade" ou mesmo para o futuro do nosso Planeta Terra.

Estes desejos humanos de melhoria são certamente controlados por reis, governos, senhores da guerra e cobradores de impostos, para os quais "fazer o bem" é uma representação social de longe bem mais mundana do que para os cientistas sociais que, nas torres de marfim que eles próprios construíram, se sentem excluídos do lugar "onde as coisas acontecem".

TRS como rede teórica complexa

Serge Moscovici alerta para a complexidade da Teoria das Representações Sociais (MARKOVÁ & MOSCOVICI, 1998; MOSCOVICI, 1976, 1981, 2001, 2013). O que torna a TRS complexa é a sua ousada perspectiva sobre os fenômenos holísticos da psique humana localizados na intersecção da pessoa e do seu mundo social[1]. Em termos da localização do impacto da TRS em quadros de referência, é neste caso o "outro social" que regula a perspectiva de sistema aberto (Figura 1) em que os componentes-chave da TRS – ancoragem e objetificação – se acham localizados.

Figura 1 O quadro de referência indivíduo socioecológico

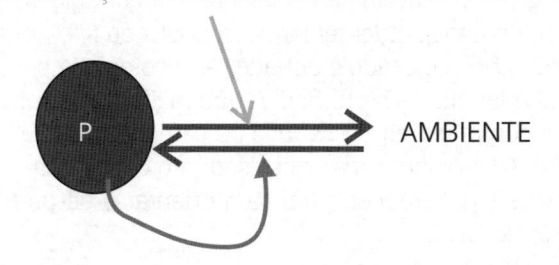

ORIENTAÇÃO PELOS OUTROS: Imediato e mediato

P AMBIENTE

Orientação pelo próprio (*Self*): Seleção e transformação das influências envolvente/ambientais

Todos os fenômenos psicológicos – incluindo as representações de algo – são resultado de uma construção humana (pessoal). Todavia a sua função é regular as relações da pessoa com a envolvente – quer pela própria pessoa (orientação pelo próprio na Figura 1) quer pelos outros (orientação pelos outros).

---

1. Moscovici assinala: "[...] aspiração da Teoria das Representações Sociais é clara. Ao tomar como centro a comunicação e as representações, espera elucidar quais os elos que unem a psicologia humana com as condições sociais e culturais contemporâneas. [...] A razão para formar essas representações no desejo de tornar familiar o não familiar" (MOSCOVICI, 2001, p. 150).

Estas duas formas de regulação operam em conjunto, criando um sistema de orientação redundante em que uma determinada representação social pode ligar os dois sistemas de orientação.

Por exemplo, uma marca externa duma norma social "**tu** deverias ser/fazer/desejar X por ser apropriado para a **tua** idade" pode ser suportado por uma convicção pessoal internalizada "**Eu** desejo X por ser apropriado para a minha idade". Certamente a ideia complexa – apropriado para a idade X – é uma representação social maldefinida que liga os sistemas de orientação pessoal e social com a envolvente (que poderá incluir X).

As funções humanas relevantes estão organizadas em sistemas de controle redundantes

A redundância é a regra do jogo (*name of the game*) em todos os sistemas sociais. Se uma pessoa entra num edifício que crê ser uma igreja, provavelmente exercerá autocontrole sobre o seu nível de ruído, independentemente de existir ou não um sinal externo ("silêncio") colocado à entrada. A ancoragem "permite que algo de não familiar e perturbador, que incita a nossa curiosidade, seja incorporado na nossa rede de categorias" (MOSCOVICI, 1981, p. 193). A objetificação que "satura o conceito não familiar de realidade" (p. 198), contribui para orientar o eu-próprio (*self*) por si-próprio (*self*).

Relacionar-se com o mundo social

As representações sociais desempenham papéis dinâmicos – tanto estabilizam como desestabilizam os estados dinamicamente estáveis das situações (equilíbrio coletivo). Isto é levado a efeito através de papéis como prescrições, inibições, tolerâncias, preconceitos, proibições, e muitas outras formas de intervenção orientada para objetivos nas relações correntes da pessoa com o meio envolvente. Estes papéis são necessariamente internamente contraditórios – unindo os opostos no interior do mesmo todo.

A nossa sociedade é uma instituição que inibe aquilo que estimula. Tanto modera como excita tendências agressivas, epistêmicas; tanto incrementa como reduz as oportunidades de satisfazê-las de acordo com distinções de classe, e inventa proibições juntamente com o meio de transgredi-las. A sua única finalidade, até agora, é a autopreservação, opondo-se à mudança por meio de leis e regulamentos. Funciona no pressuposto básico de ser única, de nada ter a aprender, e de não poder melhorar. Daí a rejeição peremptória de tudo o que lhe seja estranho. Mesmo a sua pretensa artificialidade, que pode ser considerada como uma desvantagem, é considerada, pelo contrário, como mais um sinal de superioridade, dado ser um atributo da humanidade (MOSCOVICI, 1976, p. 149).

Dada a natureza inerentemente contraditória da vida social, as tradições da lógica clássica não são aplicáveis à TRS, mas a sua parente mais próxima no reino dos sistemas formais é a lógica deôntica[2] (MALLY, 1926; para uma revisão sistemática cf. RUDOLPH, 2013) e a Teoria Dialética... (*dialectical theory building*) (VALSINER, 2012, cap. 10).

Não será coincidência que Moscovici tenha insistido nas relações estreitas da TRS com a base teórica de Vygotsky e colaboradores (MARKOVÁ & MOSCOVICI, 1998). A unidade da ancoragem e objetificação conduz à natureza continuamente inacabada das representações sociais.

Aproximam-se de "algo" que pode ser parcialmente indicado, mas nunca inteiramente capturado pelas representações sociais (WAGNER, 1996, p. 108-109). Aqui a TRS partilha algum terreno com as teorias desenvolvimentistas de Jean Piaget e Lev Vygotsky (MOSCOVICI, 1990) em que o desenvolvimento é necessariamente um processo aberto. *As representações sociais são fenômenos* intra-inter (*in-between*) (MOSCOVICI, 2001, p. 153).

As representações são sociais de três modos concorrentes:

1) São impessoais: são consideradas pertencer a toda a gente.

---

2. O sistema lógico trabalha com base na obrigação de fazer alguma coisa e na vontade de a pessoa *aceitar a obrigação*. As representações sociais sugerem estas obrigações, bem como o ato de agir deliberadamente para cumpri-las. Sem as representações sociais a lógica deôntica seria uma impossibilidade.

2) São representações de outros: pertencem às outras pessoas.

3) São pessoais (idiomórficas; WAGNER, 1994, p. 211): são sentidas afetivamente como pertencentes ao ego.

A unidade da tríade TODA A GENTE (EVERYONE) <> OS OUTROS <> EU PRÓPRIO (MYSELF) do conceito central – representação social – confere à TRS um esquema teórico único ligando os fenômenos pessoais e sociais através das realidades das relações endogrupo <> exogrupo (*onegroup* <> *othergroup*). Estes grupos podem variar em dimensão – desde um eu próprio <> o meu outro eu (*myself* <> *my other self*), dois eu próprio <> tu-próprio (*myself-yourself*) a alguns o meu grupo <> o vosso grupo (*my group-your group*) à infinidade a minha multidão <> a vossa multidão (*mycrowd* <> *your crowd*), mas todos partilham a tensão afetiva duma determinada ideação – codificada em signos pertencendo simultaneamente ao Si-próprio (*Self*) e ao Outro.

Uma pessoa que se sinta interiormente culpada por ter ideias erráticas suscetíveis de ferir um familiar próximo (e.g. JANET, 1928) ou uma outra pessoa que, enquanto membro duma claque de futebol, está pronta a entrar em zaragata com a claque da equipe adversa, acham-se envolvidas em processos semelhantes de ancoragem e de objetificação.

A objetificação emerge da tensão do eu-tu-objeto (MARKOVÁ, 2000a, 2000b). Dada esta tensão não é de surpreender que as representações sociais como uma noção na TRS pareça vaga – são representações que não estão "localizadas" em uma pessoa ou em uma sociedade, mas precisamente no processo de relação entre uma e outra. Daí a noção de que as representações sociais se ajustem (*fit*) ao papel de organizadores semióticos das relações das pessoas com os seus mundos sociais.

TRS como uma "teoria prática"

Qualquer aplicação prática de qualquer teoria é necessariamente ambígua na medida em que ocorre no interior dum campo de interesses sociais divergentes – os proprietários de fábricas têm necessidade de encerrar linhas de produção por razões econômicas e abrir novas fábricas noutra extremidade do globo, enquanto que os trabalhadores (em vias de ficarem desempregados e permanecerem onde sempre viveram toda a sua vida) não podem sem qualquer reserva partilhar deste interesse. As necessidades divergentes chocam-se umas com as outras – pelo menos através dos discursos usados para a argumentação, ou, por vezes, pelo uso de instrumentos culturais de destruição – espadas, drones e bombas nucleares – e é suposto forçar os "outros sociais" divergentes a convergirem de algum modo.

Certamente que a TRS pouco poderá fazer face a esta última hipótese: o pesquisador está tão desprotegido num campo de batalha real como estão os "participantes na pesquisa" que todavia combatem de fato uma outra guerra. Mesmo assim a teoria pode ajudar a entender a primeira – especificando como falham os esforços de propaganda (ou como são bem-sucedidos), ou como as barreiras psicológicas entre os sãos e os insanos podem ser ultrapassadas (ou reforçadas). A TRS disponibiliza instrumentos potenciais para uma melhor compreensão das práticas sociais complexas.

Como pode tal suceder? Considerem-se os esforços dos agentes de saúde pública para introduzirem um produto altamente eficaz – uma pílula para controle da natalidade, num país onde as mulheres são empoderadas por meio da socialização coerciva – para darem à luz tantas crianças quanto possível.

A pílula deveria "salvar" as mulheres de tal coerção (uma melhoria para a sociedade), reduzir a natalidade (e pobreza), conferir autonomia às mulheres, e levar a efeito muitas outra iniciativas que os interventores de saúde pública consideram necessários para a sociedade.

A pílula – apresentada como um veículo de autonomia pessoal – deveria ser bem-sucedida. Todavia não é o que se verifica. Sucede que ela altera a natureza do fluxo menstrual regular – que é para as mulheres um sinal da sua feminilidade – ligada à sua necessidade autônoma (internalizada e personalizada) de darem à luz.

A noção de "o meu próprio controle quanto a ter filhos" choca com a ameaça da autoapresentação da "minha feminilidade" (que inclui "ter filhos" de preferência a "não ter filhos"). Num tal campo de batalha cultural relativo à representação social da mesma função biológica do corpo, os interventores da saúde pública perdem – pelo menos temporariamente.

Sem dúvida que aqui a TRS é bem-sucedida – mostrando como a representação dos doadores e dos receptores não se ajustam. É a natureza dialógica do ser humano que entra no jogo das representações sociais (MARKOVÁ & MOSCOVICI, 1998; MARKOVÁ, 2012).

Todavia a TRS não vai ao ponto de transformar as tensões dialógicas numa nova forma de ser ao desenvolvimento duma nova tensão entre novos opostos. Esta última seria o domínio dum subconjunto de perspectivas dialógicas – que implica uma síntese dialética. A TRS não é uma teoria do desenvolvimento[3], mas uma teoria que torna possível dar conta das várias transformações dinâmicas nas relações pessoas<>sociedades.

Inconsistência e incerteza de viver

As guerras ideológicas sobre muitas inovações – a aceitação ou rejeição de produtos geneticamente modificados é um bom exemplo – são todas travadas através de processos sociais de apresentação do que é novo através do que é conhecido. Echebarria-Echabe (2013) oferece uma bela ilustração imaginária de como diferentes representações sociais se incorporam na vida real.

> Podemos imaginar uma mulher que se autodefine como católica, mas ao mesmo tempo como feminista militante, mãe e pediatra. Ela acha que uma das suas filhas (uma adolescente) está grávida. Como católica, poderá pensar dever dar todo o apoio afetivo e econômico à filha, mas convencê-la a recusar o aborto. Podemos também imaginar uma pessoa que seja um socialista convicto, mas designado para ministro da

---

3. Como Ivana Marková salientou sucintamente: "A Teoria das Representações Sociais não se preocupa com o desenvolvimento ascendente do conhecimento como a dialética, mas *com as transformações de um tipo de conhecimento noutro*" (MARKOVÁ, 2011, § 26.2). A paragem de TRS no limiar da construção de modelos dialéticos de ancoragem e objetivação é vista como resultado da natureza da linguagem verbal de que a TRS depende.

Economia. É fácil imaginar vários contextos em que as suas obrigações provoquem fortes conflitos pessoais (p. 195).

Uma pessoa assume múltiplos papéis sociais – mãe, católica, ministro etc. – e cada um desses papéis implica um conjunto de representações sociais através dos quais a pessoa se autoapresenta[4]. A pessoa herda a história do papel social que assume. Esse papel está codificado em representações sociais que ajudam a manter a continuidade de tal papel – um "rei" no século XXI mantém uma certa continuidade de papel com um "rei" do século XI.

Cada papel inclui tanto processos interna como externamente orientados que são coordenados por representações sociais. A noção de confiança, nos outros, pode ser afetada pela falta de confiança em si próprio (JESUÍNO, 2008, p. 203) e vice-versa.

Mais uma vez, os sistemas de orientação social interno e externo (Figura 1) retroagem entre si, quer ampliando quer atenuando o papel do Outro. Assim, o fenômeno aparentemente oposto de depressão profunda e melancolia por um lado (JANET, 1928) e a confiança no psicoterapeuta (MILTENBURG & SINGER, 1999) e os sentimentos patrióticos cultivados por qualquer país (CARRETERO, 2011) são gerados pelo mesmo sistema universal de ancoragem e objetificação.

Operando na intersecção da pessoa e da sociedade, a TRS dispõe de uma oportunidade única para capturar os processos de compensação pessoal face a desajustamentos sociais, bem como de compensação social de problemas pessoais. Contudo, para examinar tais processos de resiliência (TRZESNIAK; LIBORIO & KOLLER, 2012) haverá que passar duma perspectiva estática para uma perspectiva dinâmica da sua forma de operar.

---

4. Note-se que a obrigatoriedade – por agora – do uso da supostamente neutra linguagem de gênero "seu/sua", como na citação e noutras publicações psicológicas, é um exemplo de apresentação social da igualdade simbólica dos dois sexos. Como tal, a igualdade não é neutra, mas exatamente o oposto, ele separa os gêneros ("ele" *versus* "ela") e apresenta-os discursivamente como se estes fossem iguais. No entanto, esta separação é o ponto de partida para a nova forma de desigualdade. Em contraste, a separação de gênero poderia ser omitida por reverter para termos como "si próprio".

Introdução aos processos: das representações sociais à representação social

O processo de representação social (= representar algo através de meios sociais) e a resultante (*outcome*) (diferentes entidades enumeráveis) (*enumerable*) – representações sociais – tornaram-se indistintas (*mixed*) nos discursos correntes (*in the field*).

Em parte, esta fusão deve-se à unidade de ambas no termo francês de origem – tanto um substantivo como um verbo – que em inglês se torna um substantivo, dando lugar a (representações) discretas (*countable*).

A quantificação da TRS elimina a novidade teórica que a teoria introduz nas ciências sociais.

Penso que este desvio de enfoque é infeliz (*unfortunate*) – e portanto gostaria de sustentar aqui o contraste entre as noções de **representação** (*representation*) **DE X** e representar (**representing**) **ATRAVÉS** (THROUGH) **de X**. O primeiro – representação de X – é a resultante do processo social de apresentar X que resulta de estabilizar as características de X.

As representações sociais – adequadamente descritas em termos plurais – são aqui predicados de X. Há muitos exemplos de tal predicação na literatura sobre representação social: descrições cuidadas (*careful*) de representações sociais de justiça criminal, Aids, relações intergrupo, impostos (*taxes*), economia, cidades históricas, e mesmo de países enquanto unidades políticas (DE ROSA, 1994, 2013).

Isto é natural – a teoria trabalha na base do senso comum –, cuja riqueza na construção de predicados (*predicate making*) constitui a principal arena para a construção humana de signos (*signs*). Em contraste, o enfoque na representação **através de X (through X)** mantém o enfoque na vertente (*side*) funcional da mediação do signo (*sign mediation*) subjacente ao processo de representação social (*social representing*). Este processo é intrinsecamente dialógico (MARKOVÁ, 2000, 2012) e poderá ser melhor entendido em termos de modelos dialéticos (e.g. o modelo em três passos (*step*) de MARKOVÁ, 1990 ou de FALMAGNE, 2006) que operam no interior da semiosfera (RAUDSEPP, 2005).

Retomando o exemplo anterior – representamos a filha grávida de uma mãe católica através do conjunto de significados que os predicados "grávida", "filha", "feminista" e "católica" evocam e que se tornam funcionais na futura atividade construtiva. Podemos imaginar – apenas na base do cenário apresentado – que a mãe desta filha se defronta com um grave conflito intrapessoal.

Como poderá este conflito ser resolvido – na mente da mãe, e na gravidez da filha – é o que constitui a questão a pesquisar nesta acepção da extensão da TRS[5]. O levantamento de todas as representações sociais (predicados) de X não é mais suficiente, e o que se torna crucial é a descoberta de como as relações dinâmicas das diferentes representações conduzem à geração das vias concretas (*concrete pathways*) da ação social.

Processos na apresentação dirigida para o futuro

As representações sociais são simultaneamente **re**-presentações (de algo que emergiu (*come into being*) e é reconhecível (com base em experiências <u>sociais</u> prévias) e re**pre**sentações (de uma experiência futura – esperada – ainda que indeterminada). Estabelecer esta distinção torna-se imperativo se construirmos o nosso processo de representação social na base da noção geral de irreversibilidade do tempo.

---

5. Há aqui um paralelo interessante com o trabalho de Daniel Kahnemann em psicologia cognitiva que fez a descoberta-chave segundo a qual a mente, na tomada de decisão humana, viola os princípios da estatística e da lógica clássica – em vez de aceitarem que a probabilidade do conjunto A e B é <u>menos</u> provável do que as suas partes constituintes (A, B), os seres humanos consideram isto <u>mais</u> provável (i.e. a denominada "falácia da conjunção"). O exemplo clássico do trabalho de Tversky e Kahnemann (1983) incluiu uma história seguida de uma escolha forçada: "Linda tem 31 anos, é solteira, diz o que pensa e é muito brilhante. Formou-se em Filosofia. Como estudante, estava profundamente preocupada com as questões da discriminação e da justiça social, e também participou em manifestações antinucleares. O que é mais provável? 1) Linda é bancária. 2) Linda é bancária e ativista do movimento feminista". Cerca de 85% dos entrevistados escolheram a opção 2 – o que, para os padrões da lógica aristotélica, está errado. O que parece uma aberração do ponto de vista cognitivo torna-se compreensível como sendo a norma no processo de representação social, onde os opostos conflituantes se podem ampliar um ao outro. Essa amplificação pode assumir uma nova forma de síntese dialética (MARKOVÁ, 1990) que torne a adequação à lógica clássica irrelevante. A "falácia da conjunção" da psicologia cognitiva é um exemplo comum da combinação de diferentes representações sociais que dão um novo significado a *Gestalt*, que transcende a soma de seus elementos.

Vista nesta perspectiva, que as representações sociais são ideias complexas que desempenham o papel de constrangimentos culturais de nível macro da conduta humana na transição PRESENTE <> FUTURO. Estes constrangimentos levam à geração (*generation*) de constrangimentos de nível micro orientando os processos particulares de pensamento (*thought*), sentimento (*feeling*) e atuação (*acting*). Uma visão (*view*) semiótica na TRS conduz à análise da negação do futuro (tornando-se passado através do presente) e envolve a unidade dos processos de apresentação (*presentation*) (*Vorstellung*) e representação (*representation*) (*Darstellung*)[6] garantida pela historicidade tanto das pessoas como das sociedades – vivendo sob a inevitabilidade do tempo irreversível.

O processo de representação social, similarmente à apresentação pessoal, está simultaneamente orientado para o futuro ainda não conhecido e o passado – presentemente – reconstruído. Tal simultaneidade torna estes processos generativos – e cria obstáculos específicos para o seu estudo empírico. Isto acha-se exemplificado na noção da "Teoria da Capacitação" (*Theory of Enablement*) (VALSINER, 2003) e aqui mais desenvolvida. Dito duma forma simples – os seres humanos criam mediadores semióticos que fixam (*set*) o **alcance** e **direção** de posteriores expectativas a serem vividas através da experiência. A consequente indeterminação significativamente limitada permite que a pessoa transcenda o contexto do aqui e agora para a esfera ideacional. Assim, o enfoque incide sobre como as pessoas se regulam a si próprias através de signos – alguns dos quais são representações sociais (consolidadas).

A natureza dos modelos hierárquicos: estático vs. dinâmico

Os sistemas complexos estão hierarquicamente organizados e dinamicamente autorregulados. Qualquer organização hierárquica implica uma estrutura transitiva. A partir do conjunto de elementos diferenciados (P, Q, S) emerge uma ordem hierárquica:

---

6. Recorro ao velho contraste utilizado na filosofia alemã e na psicologia, porque é mais apropriado ao contexto atual. Na tradução inglesa, estes termos foram incorporados como representação pela tradução, eliminando assim o foco no tempo que existe nos originais alemães, onde a ciência cognitiva contemporânea foi buscar emprestada esta ideia.

Uma ordem hierárquica como esta é transitiva. A transitividade – o núcleo do "padrão ouro" (*gold standard*) da lógica clássica e da racionalidade estática é uma característica indesejada nos sistemas biológicos visto estar fechada a modificações adaptativas.

A transitividade fixa a estrutura hierárquica duma forma rígida adequada às burocracias governamentais, mas não ajuda a sobrevivência dos organismos nos seus meios envolventes. Daí que seja descritivamente útil mostrar qual o sentido (*making sense*) das estruturas dos organismos (anatomia), mas não dos aspectos funcionais das vidas dos organismos. A transitividade é totalmente "cega" a qualquer aspecto de mudança ou desenvolvimento.

A noção de autorregulação **dinâmica** contrapõe a intransitividade a esta transitividade através de anéis cíclicos de regulação que articulam os níveis mais baixos aos mais elevados.

Neste exemplo por vezes S domina Q (P>Q>S e S>Q) e outras vezes S domina P (P>Q>S e S>P) – resultando em ciclos estruturalmente flexíveis, este sistema implica uma bifurcação entre ambos – o que implica a perda temporária de controle de P sobre os processos em curso (quando S começa a dominar P).

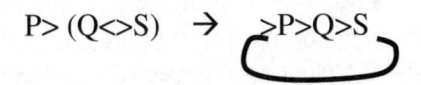

$$P > (Q <> S) \quad \rightarrow \quad > P > Q > S$$

Todavia, esta bifurcação não implica uma nova emergência estrutural. Apenas indica uma **alternância** (*flip-flopping*) condicional entre duas soluções estruturais existentes – ambas baseadas na intransitividade. Ambos os ciclos permanecem fechados, enquanto que o momento de novidade reside na mudança entre eles. Embora os sistemas vivos sejam caracterizados por estas hierarquias regulatórias-cíclicas-intransitivas, eles também necessitam de estar abertos ao desenvolvimento qualitativo de novos ciclos. A hierarquia dinâmica no seu todo implica uma coordenação de processos regulatórios descendentes (*to-down*) e ascendentes (*bottom-up*) onde novos níveis de hierarquia podem emergir. Todavia cada nível é qualitativamente único e irredutível a qualquer dos outros níveis.

Ruptura nas estruturas intransitivas: onde a novidade emerge

Os sistemas biológicos, psicológicos e sociais, "abertos" por natureza, dependem, para a sua existência, da relação de troca com as suas envolventes e reproduzem-se a si próprias (autopoiéticas), exibindo uma grande variedade nas suas formas de existência. A transitividade como modelo geral é inadequada para a natureza destes fenômenos, neles reinando a intransitividade (PODDIAKOV & VALSINER, 2013).

A Figura 2 permite ilustrar onde a automanutenção sistêmica se torna aberta à inovação do próprio sistema, e quando ele apenas flutua entre a dominância temporária de qualquer dos três componentes sobre os outros dois. De fato, no caso duma hierarquia intransitiva, não é possível responder à questão: "Qual das partes domina as outras"? Todas elas dominam as outras! O ciclo sistêmico na Figura 2 leva-nos a uma nova formulação do significado das relações estabelecidas entre as partes do ciclo. Assim, se dissermos que "P exerce domínio sobre Q" ou que "Q domina S" (etc.) a noção de "dominante" refere-se apenas à condição inicial da transformação a – ser realizada no ciclo. Podemos iniciar o exame do ciclo em qualquer lugar, e o ponto inicial determina a "dominância" desse ponto sobre os subsequentes – todavia esse mesmo ponto acaba por ser subdominante em relação aos outros. Nos sistemas cíclicos, a noção de dominância é simultaneamente a do seu oposto – não dominância.

O sistema autorreprodutivo na Figura 2 é aberto à mudança. Sob certas condições continua como um ciclo (trajetória Y) ao longo das linhas da relação cíclica. Todavia sob outras condições (trajetória X – conduzindo ao final do ciclo e ao estabelecimento da hierarquia linear P>Q>S). Aqui podemos ver como as relações transitivas são um caso especial da intransitividade, e não vice-versa (P>Q e Q>S no caso da trajetória X conduzindo a P>S). A transitividade é uma solução temporária no campo das relações intransitivas de várias espécies – a lógica clássica e os modelos cognitivos do pensamento humano que assumem a transitividade são uma classe de todos os modelos possíveis de relações intransitivas.

Quais os custos de "linearizar" os ciclos de intransitividade transformando-os em linhas com uma ordem fixa? (i.e., trajetória X na Figura 2). Tal mudança para a transitividade equivale a eliminar a autorreprodutividade do sistema – o que em termos de sistemas vivos significa a extinção do sistema. Daí que seja claro que todos os organismos que mantêm a sua natureza sistêmica operam na condição de ciclos intransitivos. A transitividade, pode dizer-se, seria para eles um suicídio.

Figura 2 Uma hierarquia intransitiva com um ponto de ruptura

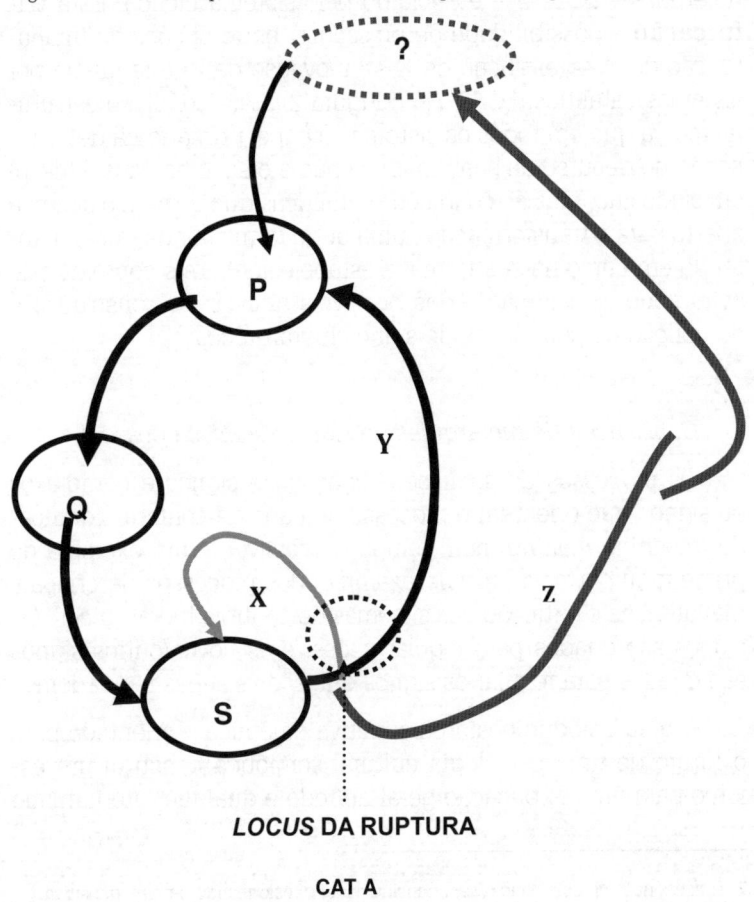

LOCUS DA RUPTURA

CAT A

43

O *"locus* da ruptura" na Figura 2 é também interessante pelo potencial para a inovação do sistema – para o seu desenvolvimento. Não obstante, o redirecionamento da relação conduzindo a da trajetória regular (Y) à autodestrutiva[7] (X) prejudicial para o sistema (*system-detrimental*), a ruptura pode levar a uma trajetória em que é criada uma nova componente do sistema (assinalada como? na Figura 2) e integrada no sistema. Uma nova parte do sistema (?) poderá "reunir-se" ao ciclo, ou tornar-se o seu regulador hierárquico externo (cf., a seguir, emergência de níveis de regulação de signos no sistema de regulação semiótico).

Na Figura 2 o "ponto de ruptura" ou "elo mais fraco" consoante a perspectiva é o lugar onde o destino das três possíveis trajetórias – X, Y, Z – é decidido pelo sistema cíclico. Esta **trifurcação** – possibilidade de prosseguir entre opções de (manutenção de Y <> extinção de X <> inovação de Z) é regulada por sistemas catalíticos (CAT A na Figura 2). Esta condição estrutural indica que em todos os sistemas o papel primário na determinação do decurso da sua dinâmica não é o sistema causal (ciclo) em si mesmo, mas as condições catalíticas que tornam o sistema aberto para a transformação numa outra forma (ainda que o mantendo em curso na sua forma já estabelecida). Tais contextos de ação condicionais são todos possíveis através da construção e demolição de complexos de signos hierárquicos.

Construção de hierarquias de signos: semiose pessoal

Os processos de semiose – criação de signos e complexos de signos que orientem o processo humano de conferir significado (*meaning-making*) num tempo irreversível, é um exemplo de primeira importância (*prime example*) dos processos de criação, manutenção e extinção dos sistemas de controle hierárquicos. Os signos são criados para regular ações, e os novos/outros signos são criados para regular os signos que são as ações reguladoras.

O meu enfoque nesta perspectiva dinâmica e orientada para o futuro de uma psicologia cultural semiótica constitui um esforço para uma explicação geral de todo e qualquer ato humano

---

7. A trajetória X elimina o ciclo de intransitividade, transformando-o numa transitiva.

de construção duma relação significativa com o mundo que é sempre contextual na prática. Esta perspectiva opera na base de princípios gerais de construção hierárquica de significado que tem em conta o contexto como uma parte de importância maior (*major*) no esquema geral.

A característica mais universal da construção humana – de significado – é a sua dependência contextual das condições locais específicas. Esta afirmação adequa-se à noção de generalidade concreta (FALMAGNE, 2006), o particular implica simultaneamente uma base geral que torna o particular possível.

Assim, a especificidade das vidas humanas é um princípio geral que opera universalmente – dando lugar a uma grande variedade de formas particulares. Em princípio, cada ato singular de construção de significado é único na medida em que está dependente do tempo irreversível (onde nenhum evento ocorre mais do que uma vez).

Todavia, os princípios de tal construção de significado são gerais. Há uma unidade generalizada do processo de semiose dinâmica na produção única de resultados de construção e uso dos signos humanos.

No processo de diferenciação psicológica que o contexto da semiose dinâmica constitui é possível observar a emergência de signos a partir do fluxo da experiência. Os signos emergentes distanciam o sujeito de construção de significado do contexto inicial aqui e agora que rapidamente se desloca do presente para o passado. Os primeiros tipos de signos são portanto necessariamente aqueles que ligam o novo presente a algo recente pelo impacto do ator (signos indexicais nos termos de Peirce[8]) nalguma substância.

---

8. Para Peirce, o índice é um signo que representa um objeto pelo seu impacto noutro objeto. O índice tem uma característica especial de temporalidade, pois é: "[...] Um sinal de que, ao mesmo tempo, perde o caráter que o torna um signo se o seu objeto for removido, mas não perderia esse caráter se não houvesse interpretante. Tal como, por exemplo, uma peça de um molde com um buraco de bala, um sinal de tiro, pois sem o tiro não teria havido nenhum buraco, mas há lá um buraco, se alguém tiver o bom-senso de atribuí-lo, ou não, a um tiro" (PEIRCE, 1902, p. 527). Diferentes áreas do conhecimento humano dependem diferencialmente no tipo de sinais. Para a paleoantropologia original todas as provas são, em termos de sinais, indiciais – peças de esqueletos proto-hominídeos escavados em camadas específicas de sedimentos.

Uma pegada dum animal no lodo é um signo indexical desse animal ter estado naquele local algum tempo atrás. Aqui o signo distancia-se do seu referente na relação temporal (agora <> então) e parte <> todo (a pegada do animal deixou a marca <> do animal no seu todo). Poderá argumentar-se que a maior parte da atividade de construção de significado ocorre à base de signos indexicais (e suas combinações com outros tipos de sinais). Os signos indexicais preservam a continuidade da qualidade do signo com o seu referente ao longo do tempo (e.g., A pegada de um tigre não muda – nem pode ser reconstruída – para a de uma leoa à medida que o tempo passa).

Uma restrição similar de não reconstrução do signo aplica--se aos ícones-signos que são imagens do objeto referente. Um retrato duma mulher é um signo icônico dessa mulher[9]. É na arte do século XX que as fronteiras da representação icônica foram testadas – um retrato cubista de uma mulher que não representa diretamente o objeto, desloca as fronteiras da iconicidade para a criação dum símbolo visual – similar à linguagem humana.

A linguagem icônica com elos simbólicos dominou as mensagens religiosas medievais nas igrejas europeias (LAVIN, 1990)[10],

---

9. O confronto de uma pessoa com o seu próprio retrato, depois de sentar-se para muitas sessões e horas posando no estúdio de um artista, dá-nos pela primeira vez indícios da complexidade dos processos de distanciamento psicológicos relacionados com esse signo icônico: "Quando eu vi aquilo fiquei chocada, decepcionada e admirada, tudo ao mesmo tempo. Eu tive a estranha sensação de que o retrato não se parecia comigo, mas ainda assim capturou a minha essência. Os olhos evasivos procurando o vazio, a boca apertada e grave, a expressão era excessivamente séria. Não tinha pensado em mim com a cintura alta, nem reconheço o tom amarelado para minha pele castanha. A mulher do retrato parecia mais dura e estática do que eu me sentia. "Ela é 30 anos mais velha", reclamei para mim mesma. Fiquei aliviada quando amigos viram a pintura e comentaram sobre o quanto eu parecia mais jovem em pessoa e como o artista não tinha capturado a minha vitalidade e o meu espírito" (LAWRENCE-LIGHTFOOT, 2005, p. 4). Este exemplo ilustra a ligação intrincada de signos icônicos e simbólicos na sua operação – o signo icônico é a base para a construção simbólica do objeto (neste caso do próprio *self*). Os autoexames regulares em termos simbólicos em que as pessoas se envolvem depois de mudarem os seus penteados, fornecem uma outra explicação da organização das nossas vidas significativas não através de signos individuais, mas por meio de signos complexos, onde signos de diferentes tipos se alimentam uns aos outros.

10. Com a revolta episódica contra a iconicidade em vários movimentos de iconoclastia (DUFFY, 2005).

e está a regressar para dominar a construção humana do significado no século XXI na nova forma de imagens hiperdinâmicas que evocamos nos nossos *i-pad* e *ecrans* celulares com simples movimentos digitais

Por outras palavras, o processo humano de construção de significado opera através de várias formas de combinação de signos em que, em diferentes períodos históricos e com diferentes objetivos, uma forma de signo domina as outras dentro do mesmo complexo sígnico. Um detetive tem necessidade de confiar em signos indexicais e icônicos antes de recorrer ao nível simbólico no interrogatório dum possível criminoso que inadvertidamente deixou signos não verbais nos locais do crime. Um psicólogo ou um psicanalista pode discutir verbalmente os problemas sexuais com um ou uma cliente sem dispor de qualquer evidência da atividade sexual codificada em signos indexicais ou icônicos.

O modelo básico da perspectiva da semiótica dinâmica é simples – os seres humanos, enquanto se relacionam com o meio envolvente (atuando sobre ele), criam signos que regulam esse mesmo processo de atuação num tempo irreversível (Figura 3).

No interior do fluxo do tempo irreversível, o signo (S) diferencia-se da experiência corrente e torna-se disponível no momento presente para orientar esse momento para o futuro de duas formas – imediata (no *locus* do ato) e através da sua relativa extensão ao longo do tempo – para o futuro (Sf).

O ato da construção social significativa é assim sempre dual – envolvendo a ação para o futuro através do contexto do signo (S), e vice-versa (i.e., o signo adota o ato como seu contexto). O fenômeno e o seu contexto não podem ser separados um do outro. Registrar um fenômeno é registrar o contexto de que ele depende (de acordo com a lógica cogenética de HERBST, 1995).

Figura 3 O core da perspectiva semiótica dinâmica: dualidade do ato

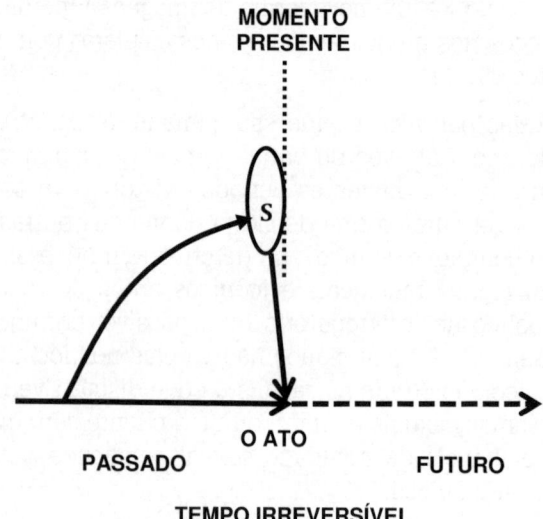

O poder dos signos na regulação da conduta humana é tão óbvio que em condições habituais dificilmente nos damos conta dele. Em alguns casos patológicos esse poder dá lugar a exemplos dramáticos e por vezes divertidos.

Assim, Pierre Janet (1919, p. 193) descreve um dos seus doentes (Nof, 19 anos de idade) que, ao caminhar em Paris e ao reparar numa loja de chapéus, observou para si próprio "c'est une boutique de chapelier où on achète des chapeaux" (é uma loja de chapéus onde se compram chapéus) – após o que entrou na loja e comprou um chapéu para si de que não precisava. O mesmo Nof, ao passar pela estação de caminho de ferro Gare de Lyon, disse para si próprio "C'est une gare de chemin de fer, on y entre pour voyager" (É uma estação de caminho de ferro, entramos nela para viajar) – após o que entrou na estação, comprou um bilhete para Marselha, e seguiu viagem, apenas reconhecendo a meio do percurso que não tinha planejado viajar para lado algum.

Nestes exemplos o poder do signo não é inibido, adquirindo um papel determinativo. O que não é automaticamente o caso na nossa autorregulação normal. Aqui a natureza determinativa do signo emergente gera os seus próprios limites (e.g., "isto é uma estação de caminho de ferro, mas eu não tenho intenção de viajar para lado algum", e "isto é uma chapelaria, mas eu não uso chapéu". O signo emergente é inerentemente um *Gegenstand* – um objeto que limita o seu próprio futuro existencial (*course of being*) através dos constrangimentos inerentes na sua própria estrutura emergente.

Figura 4 O signo que emerge com longevidade funcional (pró-ativação para o futuro)

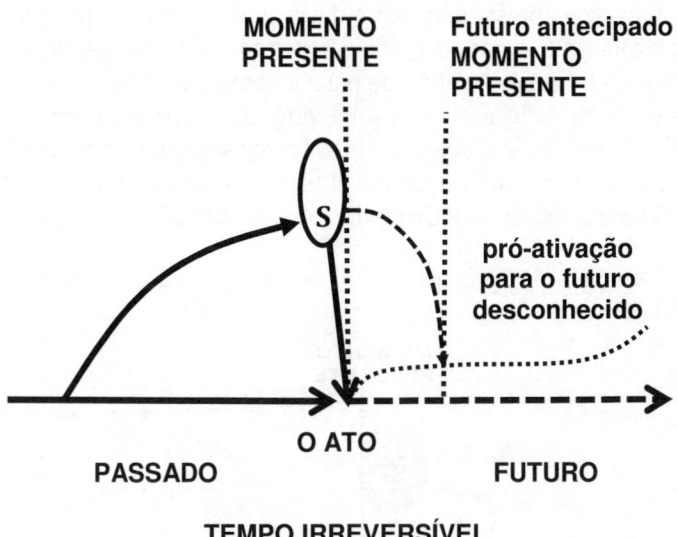

Tal como os signos emergem no fluxo da experiência e regulam esse fluxo no presente, eles podem também estabelecer uma orientação residual semelhante para algum tempo futuro não especificado (Figura 4).

Tais funções pró-ativadoras (*feed-forward*) do signo emergente podem ser explícitas – fixadas em alguma forma utilizável no futuro, ou implícitas –, projetadas (*carried forth*) em antecipação a um futuro imprevisível (cf. Figura 4 – Futuro antecipado momento presente). A **função dos signos é sempre orientada para o futuro** – tanto no seu impacto imediato (transformando o próximo futuro imediato num novo presente) como na sua orientação geral dirigida para o encontro de situações similares nalgum momento futuro indeterminado.

Isto levanta-nos uma questão curiosa – se o uso do signo está orientado para o futuro, como explicar que ao construir significados nos referenciemos constantemente ao passado – explorando a nossa própria memória, procurando recordar momentos relevantes da nossa vida passada?

Tais esforços – mesmo se parecem envolver uma referência ao passado – estão na verdade dirigidos para o futuro. A construção de significado no presente acede a diferentes traços de signos do passado que podem ser acedidos agora à medida que ela/ele se desloca para o futuro. Aquilo que parece como implicando "olhar para trás" num dado momento é na verdade "olhar para frente" graças à acessibilidade dos diferentes traços sígnicos (*sign trace*) do passado. Num tempo irreversível não podemos referenciar "o que foi" sem o tornar ao serviço do "que poderá ser".

Figura 5 Hierarquia sígnica enquanto signo inibitório (SI) emerge e bloqueia o significado (S)

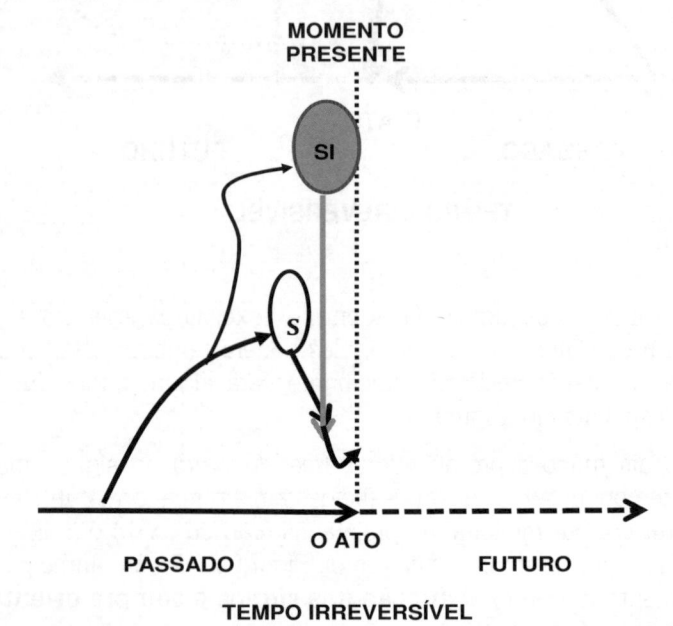

Uma característica relevante do signo emergente é o seu potencial autorregulador. A sua emergência conduz à emergência paralela de outro signo (cf. N na Figura 5) cuja função é bloquear o primeiro signo. Um caso reportado por Vladimir Bekhterev – no contexto da sugestão pós-hipnótica – ilustra o trabalho do signo inibitório.

> Sugeri a uma pessoa em hipnose que, quando acordasse, deveria ir buscar um bilhete postal de cima de uma mesa. Quando acordou, quase imediatamente olhou para a mesa e o seu olhar fixou-se num certo ponto. "Vê alguma coisa", perguntei eu. "Vejo um bilhete postal". Disse-lhe adeus e preparava-me para sair. Mas ele continuava a olhar fixamente para a mesa. Não precisa de nada? – perguntei. "Gostaria de levar o bilhete postal, mas não preciso dele" – respondeu o homem, e saiu, não tendo obedecido à sugestão e obviamente lutando contra isso (BEKHTEREV, 1903, p. 14).

O significado emergente – "isto é um bilhete postal" e "eu quero levá-lo" (a sugestão) – é bloqueado pelo significado inibitório – "não preciso dele". O exemplo também ilustra a noção de estratégias de rodeio (JOSEPHS & VALSINER, 1998), significado que se sobrepõem às previamente construídas, para permitir novas experiências em lugar de ficar bloqueado pelos dilemas anteriores.

Figura 6 Extensão da hierarquia de signo para incluir o Inibidor do Inibidor e signos Demolidores (signos – D "nada disto faz sentido")

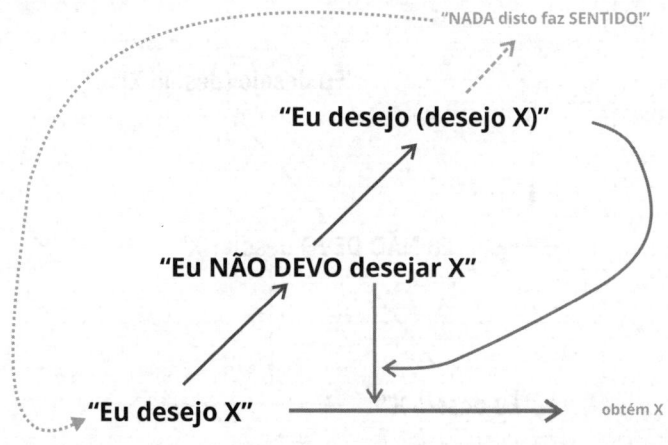

"NADA disto faz SENTIDO!"

"Eu desejo (desejo X)"

"Eu NÃO DEVO desejar X"

"Eu desejo X" → obtém X

REGULAÇÃO HIERÁRQUICA – através de ESTRUTURAS DE *GEGENSTAND*

As nossas vidas vulgares dão-nos exemplos de negociação dialógica no interior da hierarquia de signos. O signo inibidor pode por seu turno ser inibido (Figura 6) por outro signo que adquire um papel mais elevado na hierarquia. A história usual da pessoa preocupada com o peso no dia do aniversário é um exemplo deste diálogo interno: "Eu desejo aquele bolo" <> "mas estou de dieta" <> "mas hoje é o meu dia de anos" (levando a comer o bolo) ilustra tal dialogicalidade.

Da construção dinâmica de significado à TRS

Onde entram as representações sociais neste esquema de construção hierárquica de signos? Como podemos observar na Figura 7, tal pode ocorrer a dois níveis – o da Obrigação ("Eu não deveria desejar X") e dos signos Demolidores ("nada disto faz sentido). Enquanto que o processo de construção e de demolição da hierarquia semiótica como um todo pertence ao processo de representação, é só nos níveis adjacentes da hierarquia de signos que as representações sociais como instrumentos culturais são invocadas pelo sujeito que constrói o significado.

Figura 7 Localizando as representações sociais (como signos) nas hierarquias semióticas

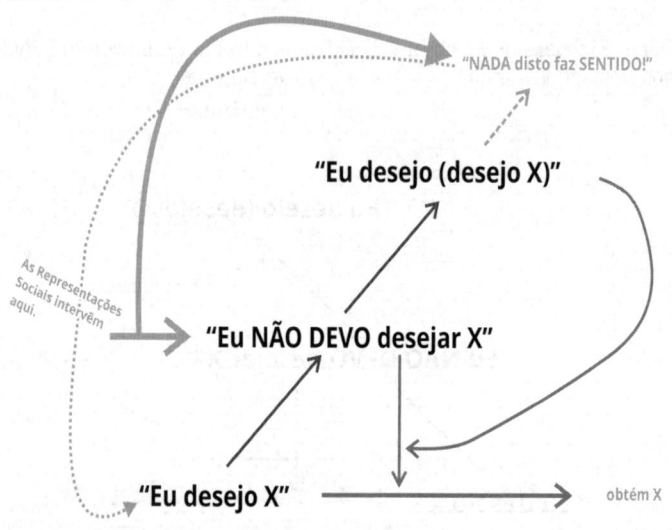

REGULAÇÃO HIERÁRQUICA – através de ESTRUTURAS DE *GEGENSTAND*

As representações sociais situam-se, pois, entre o reino das ações e o reino da vontade. Entram num diálogo vertical que nos dá a tensão entre a vontade pessoal e as obrigações sociais.

EU SOU E EU DESEJO

|

REPRESENTAÇÕES SOCIAIS importadas

|

EU TENHO NECESSIDADE <> EU DESEJO

Tal diálogo vertical permite-nos especificar os *loci* nos processos de construção humana do significado em que a inserção/ importação das representações sociais pode permitir, ou bloquear, a ação humana. São instrumentos culturais para uma regulação descendente do sistema de ação significante, mediante especificação das necessidades socialmente apropriadas que as pessoas possam desejar satisfazer, bem como para bloquear as não apropriadas. Todavia estas últimas podem ainda ser satisfeitas desde que as representações sociais sejam ultrapassadas pela pessoa determinada que exerce a sua própria agência.

Contudo, a maioria dos seres humanos habituais não são particularmente determinados. São susceptíveis a sugestões provenientes de muitas fontes – todavia podem também ignorar tais sugestões. Podem inventar hierarquias de signos que inibam a sua própria determinação.

A descrição de Pierre Janet do fenômeno "medo da ação" ilustra adequadamente as formas como as pessoas elas próprias impedem os seus sistemas de significado de se desenvolverem (JANET, 1928).

Conclusões gerais

A TRS provê as nossas ciências sociais contemporâneas dum ponto de partida analítico fértil para a unificação das características sociológicas, históricas e psicológicas dos seres humanos.

Moscovici construiu a TRS em termos que permitem tanto direções estáticas como processuais – dialógicas das análises a levar a efeito. Aqui, em continuidade com o meu esforço anterior (VALSINER, 2003), interessei-me pelos processos de representação social através da construção, proliferação e abandono de signos. É um esforço para uma extensão semiótica da teoria de representação social (*social representing*) da experiência da vida corrente – para consigo próprio e para com os outros. Como tal, a noção de representação no quadro da TRS é aqui tratada como um processo de apresentação orientado para frente (*forward-oriented presentation*). O "re" acrescentado à apresentação na TRS é visto como uma recuperação construtiva das memórias do passado disponíveis no presente, construindo o futuro (VALSINER, 2011).

O campo iluminado pelo quadro da Representação Social – a bela invenção que é maior que uma teoria (JODELET, 2013) – terá de avançar na direção das perspectivas analíticas dos processos micro e macrogenéticos que estão a reemergir (ABBEY & SURGAN, 2012) e que poderiam tirar partido pleno da representação social. Isso implicaria cartografar os mecanismos processuais que regulam hierarquicamente o fluxo de construção de significado em qualquer contexto social.

Os predicados do objeto X – conhecidos por outro lado como representações sociais – são signos de ordem superior que orientam, realçam, mantêm ou bloqueiam o funcionamento dos signos de nível mais baixo da hierarquia de controle semiótico.

Enquanto signos generalizados – e com frequência hipergeneralizados – essas representações parecem efêmeras[11] – todavia funcionam com um poder que pode superar o dos signos visíveis. São partes da semiosfera geral (RAUDSEPP, 2005) no seio da qual a ancoragem e a objetificação temáticas criam vias pessoais únicas através do labirinto dos significados possíveis.

---

11. E, por vezes, podem assumir a forma de ausência intencional de um sinal, como no caso de "zero significantes" (OHNUKI-TIERNEY, 1994) – uma representação social como predicado tem a forma de um sinal esperado, mas ausente de elevada funcionalidade.

Agradecimento

A versão preliminar deste documento foi realizada para a palestra "Apresentação pessoal e de representação social: Cultivo mutual" que ocorreu na 11ª Conferência Internacional sobre Representações Sociais, em Évora, Portugal, em 27 de junho de 2012. O meu reconhecido agradecimento pelo apoio do Alexander von Humboldt-Stiftung.

Referências

ABBEY, E.A. & SURGAN, S. (eds.) (2012). *Emerging methods in psychology*. New Brunswick, NJ: Transaction Publishers.

BEKHTEREV, V.M. (1903). *Vnushenie I ego rol' v sotsial'noi zizni* [Suggestion and its role in social life]. São Petersburgo: K.L. Rikker [English translation 1998 by Transaction Publishers].

CARRETERO, M. (2011). *Constructing patriotism*. Charlotte, NC: Information Age Publishers.

DE ROSA, A.S. (2013). "Research fields in social representations: snapshot views from a meta-theoretical analysis". In: DE ROSA, A.S. (ed.). *Social representations in the "Social Arena"*. Londres: Routledge, p. 89-124.

_____ (1994). "From theory to metatheory in social representations: the lines of argument of a theoretical-methodological debate". *Social Science Information*, 33 (2), p. 273-304.

DUFFY, E. (2005). *The stripping of the altars*. New Haven, CT: Yale University Press.

ECHEBARRIA-ECHABE, A. (2013). "Social representations and intergroup relationships: some preliminary questions". In: DE ROSA, A.S. (ed.). *Social representations in the "Social Arena"*. Londres: Routledge, p. 190-199.

FALMAGNE, R.J. (2006). "The dialectic of the particular and the general". *International Journal of Critical Psychology*, 17, p. 367-384.

FRILING, D. (2012). "'Having it all': Cognitive polyphasia as preserving a complex reality: The Israeli case". *Papers on Social Representations*, 21, p. 2.1.-2.24.

HERBST, D.P. (1995). "What happens when we make a distinction: An elementary introduction to co-genetic logic". In: KINDERMANN, T. & VALSINER, J. (eds.). *Development of person-context relations*. Hillsdale, NJ: Erlbaum, p. 66-79.

JANET, P. (1928). "Fear of action as an essential element in the sentiment of melancholia". In: REYMERT, M.L. (ed.). *Feelings and Emotions*: The Wittenberg Symposium. Worcester, MA: Clark University Press, p. 297-309.

_____ (1919). *Les medications psychologiques*. Paris: Librarie Félix Alcan.

JESUÍNO, J.C. (2008). "Theorizing the social dynamics of trust in Portugal". In: MARKOVÁ, I. & GILLESPIE, A. (eds.). *Trust and distrust*: Sociocultural perspectives. Charlotte, NC: Information Age Publishers, p. 179-206.

JODELET, D. (2013). "Interconnections between social representations and intervention". In: DE ROSA, A.S. (ed.). *Social representations in the "Social Arena"*. Londres: Routledge, p. 77-88.

JOSEPHS, I.E. & VALSINER, J. (1998). "How does autodialogue work? – Miracles of meaning maintenance and circumvention strategies". *Social Psychology Quarterly*, 61 (1), p. 68-83.

LAVIN, M.A. (1990). *The place of narrative*: Mural decoration in Italian churches, 431-1600. Chicago: University of Chicago Press.

LAWRENCE-LIGHTFOOT, S. (2005). "Reflections on portraiture: A dialogue between art and science". *Qualitative Inquiry*, 11 (1), p. 3-15.

MALLY, E. (1926). *Grundgesetze des Sollens*: Elemente der Logik des Willens. Graz: Leuschner und Lubensky.

MARKOVÁ, I. (2012). "Social Representations as anthropology of culture". In: VALSINER, J. (ed.). *The Oxford Handbook of Culture and Psychology*. Nova York: Oxford University Press, p. 487-509.

_____ (2011). "Response to Dijana Cakaric". *Papers on Social Representations*, 20, p. 26.1.-26.9.

_____ (2003*). Dialogicality and social representations*: The dynamics of mind. Cambridge: Cambridge University Press.

_____ (2000a). "Amédée or how to get rid of it: Social representations from a dialogical perspective". *Culture & Psychology*, 6 (4), p. 419-460.

_____ (2000b). "The individual and society in psychological theory". *Theory & Psychology*, 10 (1), p. 107-116.

_____ (1990). "A three-step process as a unit of analysis in dialogue". In: MARKOVÁ, I. & FOPPA, K. (eds.). *The dynamics of dialogue*. Hemel Hempstead: Harvester, p. 129-146.

MILTENBURG, R. & SINGER, E. (1999). "Culturally mediated learning and the development of self-regulation by survivors of child abuse". *Human Development*, 42, p. 1-17.

MOSCOVICI, S. (2013). "Reflections on social demand and applied social psychology in general". In: DE ROSA, A.S. (ed.). *Social representations in the "Social Arena"*. Londres: Routledge, p. 67-76.

_____ (2011). "An essay on social representations and ethnic minorities". *Social Science Information*, 50 (3-4), p. 442-461.

_____ (2001). *Social representations*: Explorations in social psychology. Nova York: NYU Press [Ed. de Gerard Duveen].

_____ (1997). *Chronique des anneés égarées*. Paris: Stock.

_____ (1990). "Social psychology and developmental psychology: extending the conversation". In: DUVEEN, G. & LLOYD, B. (eds.). *Social representations and the development of knowledge*. Cambridge: Cambridge University Press, p. 164-185.

_____ (1981). "On social representations". In: FORGAS, J.P. (ed.). *Social cognition*. Londres: Academic Press, p. 181-210.

_____ (1976). *Society against nature*: The emergence of human societies. Atlantic Highlands, NJ: Humanities Press.

MOSCOVICI, S. & MARKOVÁ, I. (1998). "Presenting social representations: A conversation". *Culture & Psychology*, 4 (3), p. 371-410.

MOSCOVICI, S. & VIGNAUX, G. (2001). "The concept of thêmata". In: MOSCOVICI, S. *Social Representations*. Nova York: NYU Press, p. 156-183.

OHNUKI-TIERNEY, E. (1994). "The power of absence: Zero signifiers and their transgressions". *L'Homme*, 29 (2), p. 59-76.

PEIRCE, C.S. (1902). "Sign". In: BALDWIN, J.M. (ed.). *Dictionary of Philosophy and Psychology*. Nova York: MacMillan, p. 527-528.

PODDIAKOV, A.N. & VALSINER, J. (2013). "Intransitivity cycles and their transformations: How dynamically adapting systems function?" In: RUDOLPH, L. (ed.). *Qualitative mathematics for the social sciences*. Londres: Routledge, p. 297-347.

RAUDSEPP, M. (2005). "Why is it so difficult to understand the Theory of Social Representations?" *Culture & Psychology*, 11 (4), p. 455-468.

RUDOLPH, L. (2013). "Logic in modeling, logics as models". In: RUDOLPH, L. (ed.). *Qualitative mathematics for the social sciences*. Londres: Routledge, p. 39-73.

TRZESNIAK, P.; LIBÓRIO, R.M. & KOLLER, S.H. (2012). "Resilience and children's work in Brazil: Lessons from physics for psychology". In: UNGER, M. (ed.). *The social ecology of resilience*. Nova York: Springer, p. 53-65.

TVERSKY, A. & KAHNEMANN, D. (1983). "Extension versus intuitive reasoning: The conjunction fallacy in probability judgement". *Psychological Review*, 90 (4), p. 293-315.

VALSINER, J. (2011). "Constructing the vanishing present between the future and the past". *Infancia y Aprendizaje*, 34 (2), p. 141-150.

_____ (2003). "Beyond social representations: A theory of enablement". *Papers on Social Representations*, 12, p. 7.1-7.16.

WAGNER, W. (1996). "Queries about social representation and construction". *Journal for the Theory of Social Behaviour*, 26 (2), p. 97-120.

_____ (1994). "Fields of research and socio-genesis of social representations: a discussion of criteria and diagnostics". *Social Science Information*, 33 (2), p. 199-228.

O ENCONTRO DOS SABERES*

*Denise Jodelet***

A minha intervenção irá centrar-se nas questões relativas a um aspecto nem sempre valorizado da contribuição de Serge Moscovici: a psicossociologia do conhecimento. Por ocasião do aniversário da publicação da sua obra seminal *A psicanálise, a sua imagem e o seu público* tive oportunidade de, nesse aspecto, evidenciar a importância e o caráter fundamental para o estudo da produção e da circulação das representações sociais, bem como a utilização que delas se pode fazer para o progresso social (JODELET, 2011, 2012). O desenvolvimento da investigação inspirada por esta obra, ao mesmo tempo em que contribuía de um modo original e coerente para a Teoria das Representações Sociais, esbatia, de algum modo, a contribuição de Moscovici para a Teoria do Conhecimento e o interesse que ela representa.

Regressando ao meu tema, a ênfase da minha reflexão será colocada na evolução dos modelos que regem a transmissão e a formação dos saberes. O estudo das representações sociais como formas de saber com o objetivo prático de interpretação do mundo da vida, de orientação das condutas e das comunicações, deveria beneficiar dos contributos das questões que atualmente se colocam a propósito da diversidade dos saberes e da emergência de uma nova categoria: o saber experiencial. Como esta conferência integra o 3º Colóquio Luso-brasileiro sobre a saúde, a educação e as representações sociais, centrarei a minha atenção no campo da educação e da saúde no qual se manifesta com maior acuidade a pertinência desta questão, em particular essa nova corrente em plena expansão: a educação terapêutica dos pacientes.

O laço entre as diversas espécies de educação e as representações sociais tornou-se evidente a partir do momento em que a

---

* Traduzido do texto em francês por Jorge Correia Jesuíno.

** Laboratoire de Psychologie Sociale. École des Hautes études en Sciences Sociales.

reflexão científica nela se centrou. Quando Durkheim inaugurou na Sorbonne, em 1902, a primeira cadeira consagrada à ciência da educação, definiu-a como "algo de intermediário entre a arte e a ciência". Ela não é uma arte, "feita de hábitos, de práticas, de competência organizada", porque ela é um sistema de ideias relativas à prática, é um conjunto de teorias. Mas, ao mesmo tempo, ela não é uma ciência porque o seu objetivo é de "conduzir a conduta". É uma "teoria prática". Uma concepção que nos aproxima das representações sociais que são também teorias práticas. Esta proximidade foi sublinhada por Maurice Halbwachs que no seu prefácio à obra de Durkheim, *A evolução pedagógica na França* (1938), aproximava os sistemas educativos das "outras instituições do corpo social, dos costumes e crenças, das grandes correntes de ideias".

Moscovici sublinha esta proximidade quando introduz o paradigma das representações sociais ao estudar o modo como uma teoria científica, a psicanálise, penetrou na sociedade francesa no pós-guerra.

O seu propósito visava a questão da transmissão, da difusão e da transformação dos saberes.

Tratava-se de examinar as relações que existem entre o sistema de pensamento do senso comum e o sistema de pensamento científico, os efeitos que decorrem da penetração da ciência na esfera social, sobre a formação e a transformação do senso comum e vice-versa: a transformação do saber científico decorrente da sua assimilação pela sociedade. Esta perspectiva inspirou toda uma literatura sobre a difusão do saber, a vulgarização científica, a didática das ciências, literatura que teve uma influência vincada sobre os processos habituais de transmissão no domínio escolar como no domínio profissional e na educação dos adultos.

Os progressos da reflexão nestes diferentes domínios enriqueceram a problemática da relação entre teoria científica, saber erudito, saber especializado e saber do senso comum. Do mesmo modo Moscovici (2011) alargou a dimensão da noção de representação social ao integrar nos fenômenos por ela abrangidos os que relevam das formas expressivas da sensibilidade humana, da arte, da literatura, da ética na sua relação com a ação. Coincide desse modo com Merleau-Ponty que dizia no seu livro *Le visible et l'invisible*: "A literatura, a música, as paixões, bem como a experiência do mundo visível, constituem do mesmo modo que a ciência de Lavoisier e de Ampère, a exploração de um invisível e, desse modo, a desocultação de um universo de ideias" (p. 193).

Uma das consequências deste alargamento conduziu à aproximação entre si dos quadros de análise da gênese e da partilha das representações sociais.

De fato, vemos, por um lado, surgirem novas dimensões das representações que incluem a subjetividade e a experiência e que são aplicadas a campos sociais que reclamam uma intervenção no plano coletivo, como é o caso da aplicação dessa nova perspectiva à prestação de cuidados. Por outro lado, a investigação é chamada a integrar uma maior diversidade de contextos nos quais se espelham as representações. Esta conjugação deveria conduzir-nos a uma nova reflexão sobre as relações entre os diferentes saberes e o seu respectivo ponto de contato.

Tradicionalmente, os estudos sobre o senso comum têm em consideração o indivíduo em contexto, mas os contextos considerados são, de um modo geral, partilhados entre aqueles que relevam da interação direta e os contextos que apresentam uma natureza global, quer se trate das sociedades modernas, dos espaços públicos, dos campos culturais e do capital de recursos que eles contêm para a interpretação do mundo da vida, dos campos sociais e das estruturas de relações sociais que influenciam as estruturas mentais mercê das pertenças sociais.

Neste quadro trata-se o senso comum como uma realidade homogênea acerca da qual se referem as propriedades distintivas na gestão do quotidiano e na identidade dos grupos. Distinto das outras formas de construções mentais: a ciência, a religião, a ideologia etc., o senso comum aparece como tendo propriedades e funções ligadas ao seu modo de produção e ao seu papel na interação e na comunicação social.

Em particular, no que diz respeito às relações entre o senso comum e a ciência, e apesar da demonstração magistral da dinâmica da sua interação, realizada por Moscovici à escala dos grupos sociais, os trabalhos incidiram sobretudo nestas duas ordens de fenômenos. Por um lado os efeitos sobre os modos e conteúdos das representações, da comunicação sob a sua forma de troca, de divulgação, de propaganda, ou ainda a da vulgarização ou transmissão dos saberes científicos.

Por outro lado os aspectos com que o senso comum pode jogar como um obstáculo, um mediador ou um facilitador na recepção do conhecimento científico ou uma fonte de inspiração para este.

Em todos os casos, a atenção centra-se nos quadros institucionais ou mediáticos gerais e nas representações sociais características de grupos sociais ou tributários de identidades sociais. A emergência do interesse pelos saberes experienciais altera atualmente a direção do olhar que se dirige para as subjetividades singulares e para os diversos contextos concretos. As perspectivas abertas pela psicologia comunitária não são estranhas a esta mudança de ótica que remete para a íntima ligação entre os indivíduos e o seu contexto de vida, a sua envolvente próxima.

Esta mudança de direção está sintonizada com a intuição de Merleau-Ponty, quando afirma na obra já citada "nós somos experiências, quer dizer pensamentos que têm atrás de si o peso do espaço, do tempo, do próprio Ser que eles pensam, e que portanto não incluem no seu olhar um espaço e um tempo serial, nem a ideia pura das séries, mas que estão rodeados por um tempo e um espaço de empilhamento, de proliferação, de usurpação, de promiscuidade – pregnância perpétua, parto perpétuo, generativismo e generalidade, essência bruta e existência bruta, que são os ventres e os nós da mesma vibração ontológica" (p. 152).

A questão será então de que modo, num contexto especificamente definido, se forjam representações que implicam a história, a pertença dos sujeitos e a sua prática e que são tributários de sistemas mais vastos.

Para ilustrar esta perspectiva, tomarei como exemplo o campo da educação escolar que oferece um espaço privilegiado para observar o jogo das representações sociais, nos diferentes níveis do sistema educativo: o nível político em que são definidas as finalidades e as modalidades da organização da formação, o nível da hierarquia institucional cujos agentes estão encarregados da realização destas políticas, e o nível dos utentes, alunos e pais, do sistema escolar.

Estas representações são identificáveis, nos contextos institucionais e práticas concretas, através dos discursos dos diferentes atores. Elas podem ser apreendidas de um modo histórico tendo em conta a evolução das políticas educativas, da evolução das populações às quais são dirigidas, decorrentes da democratização e da massificação da escola e das posições e identidades que daí derivam no que toca aos parceiros da relação educativa. Uma perspectiva deste gênero centrada nos diversos níveis contextuais permite evidenciar os problemas colocados pela transmissão dos saberes nas situações de ensino e de aprendizagem.

Sugeri algures (JODELET, 2007) analisar estas situações como "situações semiose" para retomar uma expressão de Schaft. Uma situação de produção de sentido em que o contexto institucional e social no qual se elaboram as representações intervém na constituição de um "sistema representacional" no seio do qual a representação da situação, da tarefa e do parceiro estão ligadas, como Codol (1969) modelizou.

Nesta perspectiva integracionista, os parceiros da relação pedagógica definem a situação a partir dos constrangimentos que ela impõe e em função dos recursos, expectativas e desejos que cada um investiu na prossecução de ação social partilhada. Na sequência desta linha de pensamento, Lautier (2001) desenvolveu as dimensões que estão implicadas na construção da situação escolar e que têm uma incidência na representação dos alunos, do seu sucesso e do seu insucesso, bem como da sua relação com o saber escolar.

É possível levar em consideração outros contextos para além daqueles que estão implicados no sistema escolar. Nomeadamente os do meio de vida, do trabalho, da formação e do cuidar. As suas especificidades vão ter um efeito sobre o modo como os sujeitos se situam relativamente aos discursos que circulam no espaço social e a sua apropriação.

Proponho para os abordar, regressar à conceitualização proposta por Schutz na sua obra *O pesquisador e o quotidiano* sobre as "regiões limitadas da significação", inspirada pela teoria de W.

James sobre a crença, que distingue subuniversos que constituem modos diferentes de realidade, tendo cada um o seu estilo particular de existência. Schutz recorre à noção de "região limitada de significação", "porque é a significação das nossas experiências e não a estrutura ontológica dos objetos que constitui a realidade" (p. 128). Estas regiões dizem respeito a mundos intersubjetivos diversos e são caracterizadas por propriedades específicas: estilo cognitivo, tipos de consciência, de espontaneidade, de experiência do eu, de socialidade, de perspectiva temporal. Mais tarde, Berger e Luckman em *A construção social da realidade* qualificaram o senso comum como "uma região do saber" cujo estudo é tão legítimo como o de outras províncias, nomeadamente a ciência.

O movimento que se desenha atualmente deveria conduzir-nos a regressar a Schutz, tendo presente, no interior do próprio senso comum, o subuniverso de regiões de sentido e de conhecimento tributárias das formas de experiência e das relações sociais próprias dos diferentes contextos de intersubjetividade. Centrar-me-ei a seguir no campo específico da saúde, o qual permite uma análise circunstanciada das relações entre os saberes profanos e os saberes eruditos no quadro da relação terapêutica.

O campo da saúde é um espaço privilegiado das relações entre saberes.

Quando Moscovici analisava a transformação do saber científico em saber do senso comum, punha em evidência os processos de formação deste último, as suas condições sociais, as funções que este saber desempenha.

Os trabalhos que, inspirados por Moscovici, se ocuparam da vulgarização científica, da didática das ciências, sublinharam que o modelo das representações sociais punha em causa uma visão linear e hierárquica da transmissão dos saberes, o que tem como consequência estabelecer uma equivalência entre saber e poder.

Nesta visão o receptor da informação era considerado como uma tábua rasa, uma cera virgem na qual se inscreviam as informações transmitidas numa relação vertical entre um emissor detentor do saber, um receptor ignorante e passivo. Este esquema era válido igualmente para a relação entre o médico e o doente e serviu durante muito tempo como interpretação desta relação.

Ora, acontece que, por virtude de um determinado número de fatores que têm marcado, nos últimos trinta anos, a evolução do campo da saúde, produziu-se uma inversão no modo de considerar esta relação. Entre estes fatores, alguns são de ordem ideológica, outros remetem para uma mudança de posição por parte dos pacientes e da sua envolvente, ou correspondem a uma concepção mais comunitária da saúde pública.

Como refere Le Breton (2005), inicialmente surgiu um vasto movimento de reação contra o modelo puramente biomédico em que o olhar do profissional estava mais centrado na doença do que no doente e em que se investia mais na doença do que na pessoa doente. De fato, até o fim da segunda metade do século XX com o desenvolvimento da ciência e das técnicas médicas, manifestara-se uma reificação do corpo, transformando-o numa coleção de órgãos para tratamento.

No plano social o higienismo assegurava a proteção do corpo social conferindo ao estado um papel de fornecedor de cuidados e instaurando aquilo que Foucault designa como o biopoder, significando com isso "a entrada dos fenômenos característicos da espécie humana na ordem do saber e do poder no campo das técnicas políticas" (FOUCAULT, 1976, p. 186).

O movimento de humanização que se desenhou a partir dos anos de 1970 compensou as insuficiências do modelo biomédico com as técnicas de escuta e de acompanhamento. A implicação e a informação dos pacientes provou ser benéfica, favorecendo a adesão aos tratamentos e a um consentimento "informado".

Mas foi o aparecimento da Aids e do movimento das pessoas que dela sofrem que verdadeiramente sedimentou a figura de um paciente ativo e reformador, designando e difundindo a informação sobre as insuficiências do sistema de saúde para fazer face a novas problemáticas, participando nos processos de organização e nas escolhas de orientações em saúde pública, conferindo às associações de doentes um papel nas políticas de tratamento e de utilização de medicamentos, fazendo, em paralelo, apelo ao apoio da opinião pública.

Estas organizações militantes permitiram aos doentes ter voz e um lugar reconhecido no sistema de saúde. Favoreceram a instauração de uma "democracia sanitária". Resultou daí para os doentes uma série de direitos (à informação, ao consentimento informado, à participação no funcionamento do sistema de saúde), reconhecendo-se um papel decisivo às associações de representantes dos utentes, e instituindo os princípios duma educação sanitária. Daqui resultaram mudanças profundas no campo da saúde, homologadas pelos poderes públicos, bem como uma maior consideração pelas representações e saberes dos pacientes. Por um lado, no campo psiquiátrico, constata-se uma utilização cada vez mais frequente da noção de representação social. Para além da referência que lhe é dedicada nos estudos que têm como objetivo enquadrar e modificar as imagens das pessoas que sofrem de perturbações psíquicas, é definida como "um processo psíquico que, a partir das percepções, do investimento, da envolvente familiar, social e cultural, da situação interativa, constrói uma interpretação e uma figuração do objeto que vai estruturar a nossa relação com o mundo" (BONNET et al., 2007).

Esta orientação conduz a sublinhar a importância duma análise das concepções profanas da afecção mental. Ela confere um lugar central à subjetividade da pessoa que sofre e coloca os cuidadores numa situação de poder aprender algo de novo a partir dos que são cuidados.

Por outro lado, no campo médico, a noção de educação para a saúde e educação terapêutica no cuidado continuado dos doentes foi introduzida a partir de 1986 pela Organização Mundial da Saúde. NA França, a Lei Hospitais, Pacientes, Saúde e Território (HPST), promulgada em 2009, preconiza ações de educação, de acompanhamento e de aprendizagem, tendo como objeto melhorar a observância e a qualidade de vida dos pacientes.

Até há pouco tempo, as definições de educação terapêutica estavam centradas, em sua maior parte, numa visão preventiva. Atualmente essa abordagem está ultrapassada e não é adequada quando se trata de direcioná-la para públicos "já doentes" ou em situação de cronicidade e cuidados paliativos. Uma tal visão põe em causa a validade da pura transmissão de informações ao serviço duma regulação social dos gastos de saúde e de uma política de responsabilização dos doentes.

Mais recentemente foi desenvolvida uma corrente que se inspira nos modelos que sublinham a dependência dos saberes relativamente às posições ocupadas pelos atores, aos seus interesses e objetivos (estudos feministas, de gênero, estudos sobre a ciência, epistemologias do sul, ética do cuidar, psicologia comunitária).

Esta perspectiva que tende a impor-se e a generalizar-se (JOUET & FLORA, 2010) desloca a atenção da análise da aplicação dos saberes médicos e da obediência às suas prescrições. Trata-se de se centrar não nos produtores da ciência que valorizam os contributos internos, mas nos utilizadores que se apropriam deles enquanto seres pensantes e seres corporais e os transformam em saberes, conhecimentos, opiniões, representações, que lhes permitem gerir a tarefa da sua manutenção em vida. Do lado dos pacientes é colocado o acento tônico nos saberes experienciais que se constroem a partir da vivência da doença e dos recursos desenvolvidos para a continuidade do eu (TOURETTE-TURGIS, 2010).

Até há pouco tempo, os saberes dos pacientes eram considerados como auxiliares dos saberes dos profissionais – o doente estava numa relação hierárquica de dependência e de puros facilitadores na educação terapêutica. A partir de agora são considerados pertinentes nas estratégias de sobrevivência e úteis para a sociedade. A doença deixou de ser tratada como um estado, mas como um processo através do qual o paciente realiza aprendizagens, adquire novas competências as quais vão enriquecer, por seu turno, o conhecimento e a prática do profissional, bem como o diálogo com ele. Daqui resulta a noção de "paciente-especialista" cujos conhecimentos nascidos do encontro entre o saber experiencial e o saber científico modificam o seu estatuto de sujeito doente e são susceptíveis de contribuir para a transformação das práticas de intervenção profissional.

De fato, no que toca as profissões do cuidar que se ocupam das pessoas doentes ou vulneráveis (pessoal médico e paramédico, psicólogos, educadores e formadores etc.), a intervenção sobre outrem de que se ocupam os modelos das teorias do cuidar deixa de ser concebida de modo desigual entre uma pessoa detentora dum saber/poder e uma pessoa em situação de fragilidade. Deixa de ser prescritiva e avaliadora para se colocar ao serviço da capacitação dos doentes, da compreensão do cuidado consigo próprio e da sua necessidade de se manter em vida, bem como do reconhecimento das suas competências.

Mas esta alteração de perspectivas não acontece sem provocar reações de defesa nos meios do cuidado e da saúde. Assim, de acordo com Faizan (2010), o reconhecimento oficial do direito do paciente transformou certamente a relação médico-doente: ela substituiu uma visão paternalista por uma visão contratual, dando ao paciente o poder de decisão, discussão, negociação, aceitação ou recusa dos tratamentos.

Mas esta relação supõe sempre uma desigualdade entre uma pessoa que pede ajuda e um detentor de saber que a pode dar. Sendo que a aceitação de um poder dos doentes não responde forçosamente nos médicos a um reconhecimento da sua competência, do seu domínio de um saber verdadeiro, da sua legitimidade para receber a informação. De modo que as modificações introduzidas nas políticas sanitárias exacerbaram a sua luta pelo poder e pelo saber. "O saber é mais do que nunca o que fundamentalmente está em jogo na relação médico/doente", conclui este autor.

Para além disso, este movimento de transformação está numa fase em que os protagonistas da educação terapêutica estão longe de dominar os processos que estão implicados na construção deste campo da prática.

Daqui resulta a abertura de um vasto leque de vias de investigação para as quais a perspectiva das representações sociais pode dar linhas de desenvolvimento úteis na medida em que está interessada na dinâmica da relação entre saber erudito e saber profano, e no papel da experiência na elaboração dos saberes. Para conseguir isso será necessário focalizar-se sobre os saberes locais, as regiões limitadas de significações, articulado aos contextos concretos em que se desenvolvem as relações cuidadores-pacientes, bem como as atividades através das quais os pacientes procedem ao cuidado do seu próprio corpo.

As primeiras remetem para colóquios singulares com os profissionais, para interações com as equipes de cuidados ou com as instituições de acolhimento. As segundas remetem para o mundo da vida quotidiana, para as relações com as famílias e os próximos, eventualmente, para o mundo do trabalho e das prestações sociais.

Nestes diferentes casos, as modalidades de acesso aos saberes ou à sua produção, a sua pertinência e o seu encontro assumirão fisionomias diversas. Desenha-se aí um vasto campo de estudo para o campo das representações sociais.

Continuando no campo da saúde, vou tentar percorrer, agora, algumas outras questões colocadas pelo estudo do encontro entre saber erudito e saber profano.

Não sem deixar de sublinhar que independentemente deste campo, as relações entre ciência e senso comum parecem ganhar hoje uma nova importância decorrente dos progressos científicos e técnicos e respectivas consequências por vezes catastróficas, os efeitos sociais da mundialização e a criação de redes sociais de comunicação, as alterações dos funcionamentos institucionais, especialmente no domínio escolar, a emergência de novas reivindicações sociais etc.

Este tema alterou a fisionomia das problemáticas ligadas à difusão do saber acadêmico e científico, fez aparecer um interesse novo pelo saber privado dos atores sociais, designado como saber experiencial, de que me ocuparei após clarificar dois pontos. As possibilidades de identificação entre saber e representações sociais e o universo de sentido que a noção de saber integra.

Parece-me que a identificação entre saber e representação social está largamente justificada. Por um lado, o saber científico está profundamente enraizado no nosso conhecimento corrente, objeto de representação, como diz Schutz, citando um argumento de Husserl: "O fundamento da significação de toda a ciência é o mundo da vida pré-científico, o mundo de vida único e unitário que é ao mesmo tempo o meu, o vosso, o nosso. Este laço fundador pode ter sido esquecido no decurso do desenvolvimento duma ciência através dos séculos, mas pode ser evidenciado se tornarmos presentes as transformações de sentido registradas no próprio mundo de vida, no processo contínuo de idealização e de formalização que é a essência da obra científica" (p. 171). Ou seja, o encontro entre senso comum e ciência dialetizado por Moscovici.

Por outro lado os trabalhos de antropologia e de sociologia da ciência (KNORR CETINA, 1981), demonstraram que o saber científico era uma construção social largamente baseada nas trocas entre investigadores, dando lugar às representações do mundo.

O estatuto representacional do conhecimento científico é, aliás, reconhecido pelos cientistas, como o afirma o astrofísico Evry Schatzman (1993, p. 18): "O que me parece absolutamente essencial é que a ciência ou as ciências constituem um sistema de representação, uma representação do real, uma representação operatória, que permite conseguir fazer coisas que não seriam feitas se não se tivesse esse conhecimento". Pelo seu lado, os psicólogos sociais reconhecem facilmente que os seus modelos são inspirados pelos raciocínios do senso comum, mesmo quando criticam este último pelos seus enviesamentos cognitivos ou as suas irracionalidades. Nesse sentido afirma Kelley "[...] não ter em conta a 'bagagem' fornecida pela psicologia do senso comum conduzir-nos-ia a privarmo-nos de fontes de conhecimento vastas que foram sendo acumuladas ao longo da história humana. A psicologia do senso comum constitui ao mesmo tempo um limite e uma herança para a psicologia científica [...] (esta herança) fornece-nos uma base útil e rica de potencialidades para o nosso crescimento e o nosso desenvolvimento" (1992, p. 22).

Esta equivalência entre representação e ciência estabelecida leva-nos a examinar até que ponto representação e saber se correspondem. Os dois termos são polissêmicos, é portanto necessário ver em que pontos se cruzam.

Quando nos servimos dessa equivalência para designar fenômenos observáveis nos fluxos de comunicação, a representação social remete ao mesmo tempo para uma atividade cognitiva ou de semantização, quer dizer, de construção e de expressividade, bem como para o seu produto que pode ser um conhecimento ou uma significação.

Os teóricos da representação distinguem um "saber declarativo", um saber sobre o mundo, o "saber que" e um "saber procedimental" que remete para as operações de conhecimento, o "saber como". O que a aproxima das conceitualizações do saber. Quanto a este, o termo saber comporta diversas especificações. Existem saberes teóricos, práticos, abstratos ou empíricos, ou seja, experienciais. Para examinar em que medida eles comportam caracteres de representação, é necessário determo-nos nestas especificações muitas vezes intrincadas.

De fato, numa visita recente a um centro de formação de artesanato de madeira, cobre e tecelagem, em Marrocos, onde são acolhidos jovens em risco, que aprendem com artesãos experientes, surpreendi-me a ouvir um jovem explicar-me que ali ele aprendia um "saber", um "saber fazer" e um "saber ser".

A ideia de educação estava estreitamente ligada à de aprendizagem de um saber teórico e prático, ilustrando as afirmações de Durkheim que sublinhava a complexidade da relação com o saber que põe em jogo significações múltiplas. Aliás, os saberes existenciais, pondo em presença sensibilidades singulares e representações de si, estão estreitamente ligados aos saberes teóricos e práticos.

Para avançar na análise, centrar-me-ei nos contributos da literatura relativa à formação onde podemos encontrar as elaborações mais aprofundadas da noção de saber. Esta literatura estabelece de modo consensual uma distinção fundamental entre dois tipos de saber: o "saber teórico" e o "saber de ação".

Esta distinção retoma a oposição entre teoria e prática. Os saberes de ação foram tradicionalmente assimilados às competências práticas, às aptidões adquiridas na e pela ação. Remetidas para as transformações do real, estes saberes são muitas vezes tácitos, escondidos e não conscientes e devem constituir o objeto duma investigação fundada sobre a explicitação pelos sujeitos que se manifestam, invocando as representações sociais.

Na sequência da evolução das organizações, da formação e da investigação, nos espaços profissionais, os saberes de ação constituem atualmente o objeto de formalização e adquiriram um estatuto próximo do dos saberes teóricos. Este tipo de evolução aproxima-nos do modo como isolamos, no campo de estudo das representações sociais, as representações que orientam a conduta e as relações com os objetos do mundo e dos outros.

Nota-se uma evolução paralela naquilo que toca os saberes teóricos. Tradicionalmente, eles estão relacionados com conhecimentos disciplinares. Estas disciplinas podem pertencer ao universo científico, na medida em que os conhecimentos correspondentes são ministrados no ensino e na transmissão social e mediática ou ainda isolados pela investigação conduzida nos campos profissionais.

Recentemente novos objetos de atenção foram sendo anexados. Estão relacionados com as dimensões teóricas implícitas nos saberes teóricos da ação e da sua inteligibilidade.

De tal modo que, atualmente, a diferenciação entre saberes teóricos e saberes de ação é formulada em termos novos. A noção de saber teórico remete para dois tipos de referentes (BARBIER, 1998). Por um lado, os enunciados que permitem nomear, designar, atribuir estatuto a uma realidade exterior aos indivíduos.

Aparecem sob a designação de "saberes objetivados" que formalizam uma representação do real e são transmissíveis. Aqui torna-se evidente a sobreposição com a noção de representação social.

Por outro lado, aquilo que surge referido como "saberes adquiridos", quer significar o capital de informações, conhecimentos, aptidões, disposições e competências dos agentes individuais ou coletivos. Trata-se de uma realidade indissociável dos sujeitos que agem e que constitui uma parte da sua identidade. Estes saberes são inferidos a partir da conduta dos agentes. Também aí a sua proximidade com as representações sociais é evidente.

A definição dos saberes teóricos vai condicionar o significado dos saberes de ação. Quando estão em causa "saberes objetivados", os saberes de ação dirão respeito a uma atividade de gestão ou de transformação do real. Quando estão em causa "saberes adquiridos", os saberes de ação remeterão para a componente identitária do ator que permite a gestão e a transformação do real.

A evolução dos modelos epistemológicos que sublinham a imbricação dos saberes teóricos e dos saberes de ação, lança luz sobre a relação entre um saber científico e o saber do senso comum. O primeiro dá uma representação da realidade, e o saber do senso comum acrescenta a esta representação as características de ação sobre a realidade que estão estreitamente dependentes da identidade dos sujeitos.

Nesta identidade intervêm fatores subjetivos, posicionais e culturais. Reside aí uma conceitualização que nos permite aproximar da representação social como forma de conhecimento. Uma tal perspectiva permite-nos incluir na reflexão sobre o encontro entre saberes, a importância conferida ao saber experiencial.

Como tive ocasião de referir, há alguns anos, no texto sobre a experiência (JODELET, 2005, 2006), a atenção dedicada à noção de experiência resulta de diversos fatores. Em primeiro lugar, a orientação das ciências humanas para o vivenciado e a fenomenologia do mundo vivenciado (HUSSERL, 1931; SCHUTZ & LUCKMAN, 1974).

Em segundo lugar, as transformações das perspectivas sociológicas que atribuem um papel preponderante à subjetividade ativa e reflexiva (JODELET, 2008). Em terceiro lugar, nos campos de intervenção social como a educação, a saúde e o trabalho, a mudança dos paradigmas e das expectativas coletivas leva a tomar em consideração a experiência dos atores em paralelo com as imposições dos sistemas institucionais.

Por exemplo, o sociólogo da educação, Dubet (1994), mostrou que a noção de experiência se tornou um recurso incontornável para compreender o modo como os professores assumem a sua função pedagógica e as suas tarefas face aos alunos.

A nossa época caracteriza-se por diversos fenômenos que afetam a prática dos professores: a desestruturação do sistema educativo; a mudança de atitude das famílias que consideram a escola como um bem de consumo, um espaço em que as exigências do público dominam o respeito pelos valores do ensino e da educação; a manifestação por parte dos pais quer de um desejo de controle, quer, pelo contrário, de uma postura de abandono total e de absentismo; finalmente, a transformação do público escolar ligado à massificação do ensino e a emergência de uma "cultura jovem".

Face a esta situação, os professores deixaram de poder apoiar-se nos códigos do passado, nem definir a sua intervenção em referência a estatutos e aos papéis que eram definidos por uma instituição estável, mas que se tornaram caducos. Não têm outra saída senão apoiarem-se sobre a sua própria experiência para definir o seu trabalho e o modo de se conduzir face aos alunos. Esta experiência integra ao mesmo tempo as marcas das práticas que tiveram sucesso ou que fracassaram, bem como as provações ou os êxitos conseguidos na relação com os alunos e a consequente ressonância emocional.

Do mesmo modo, as mudanças observadas no campo da saúde modificam completamente a relação entre os pacientes e o pessoal do sistema de saúde, conferindo um lugar privilegiado à experiência do paciente na sua relação com a sua doença e com o seu tratamento. É neste campo que a investigação conseguiu a abordagem mais completa do saber experiencial.

Este caso ilustra as condições de elaboração e de transformação dos diferentes saberes e do seu encontro, tendo em conta que foi no campo da saúde que foram sempre reconhecidos o papel e a importância das representações sociais, tanto pelos antropólogos como pelos psicólogos sociais (JODELET, 2006).

Partindo desta nova situação que acabei de delinear em traços largos, de que modo vão conjugar-se as competências relativas dos profissionais e dos doentes, de que saberes estamos a falar?

Na operacionalização da educação terapêutica, os seus imperativos implicavam "a consciencialização dos doentes de seus tratamentos; em suma, as suas doenças; essa consciencialização foi assumida pelos enfermeiros, médicos e outros profissionais da saúde como um modo de melhor gerir a função terapêutica" (JOUET & FLORA, 2010, p. 31).

É portanto o melhoramento dos tratamentos, aquilo que está em causa, relativamente ao que não serão estranhas preocupações econômicas por parte das instâncias políticas. Mas ela corresponde igualmente à intenção de permitir ao indivíduo ser ator na sua saúde. Isto deu origem à concretização de estratégias psicopedagógicas centradas nas motivações, nas modalidades da gestão da doença, na apropriação das competências terapêuticas direcionadas para a aplicação a si próprio.

A validade e a utilidade da educação dos pacientes reconhecidas nos países desenvolvidos, estão ancoradas sobre três eixos principais: o doente é o sujeito dos cuidados que se lhe aplicam; o objetivo é a promoção da saúde e não a luta contra a doença; o processo da educação tem o primado sobre o da prescrição. Isto desemboca numa nova categoria de paciente: "o paciente especialista" que é susceptível de partilhar o seu saber com os outros atores do sistema de cuidados, de transmiti-lo no decurso da formação dos cuidadores e de se transformar em "paciente formador", um "parceiro auxiliar" cuja experiência é colocada à disposição dos outros pacientes.

De acordo com os especialistas "o reconhecimento da competência dos pacientes no seio das instituições de cuidados é uma das características mais significativas da época atual em matéria de evolução da representação da saúde" (JOUET & FLORA, 2010, p. 41).

Esta competência diz respeito ao saber desenvolvido a partir da experiência da vivência da doença, a experiência da aplicação dos tratamentos e das atividades desenvolvidas para assegurar o seu bem-estar.

Esta competência é formalizada no seio das formações realizadas em educação terapêutica. Mas o que é que acontece quando o profano se transforma em especialista?

Ele é o especialista da sua experiência e do modo como ele vive a sua relação com a doença, no quadro dos saberes coletivamente partilhados e acompanhados. Em que medida o acesso a estes saberes que são de natureza científica e médica lhe podem ser úteis e qualificá-lo para um melhor domínio ou aceitação da sua doença e do seu tratamento.

No estado atual desta iniciativa de formação, como já referi, um certo número de questões continuam por resolver. Umas estão relacionadas com o modo como o saber médico é assimilado e utilizado pelos pacientes.

No que toca aos doentes, a gestão dos cuidados supõe uma avaliação, fundada nas suas próprias reações, dos tratamentos propostos, o que introduz o fator subjetivo da relação do doente com a sua doença. No que toca aos profissionais cuidadores que deixaram de ser os únicos "especialistas" pode surgir o receio de que a transmissão das informações científicas possa conduzir os pacientes a reivindicar novas prerrogativas, ilegítimas e irrealistas.

Permanece todo um domínio a explorar de modo a analisar, no que diz respeito aos pacientes, os processos de transmissão e de assimilação dos conhecimentos médicos pelos pacientes. No que diz respeito aos cuidadores, as condições que favorecem uma partilha das experiências vividas, das atividades empreendidas para gerir a sua doença e o seu tratamento.

Por outro lado, como sublinham Taylor e Bury numa revisão da literatura (2007), pode existir nas recomendações de autogestão dos cuidados uma dimensão de pensamento mágico, de desigualdade e de normalização social, um apelo a um saber medicalizado que corre o risco de induzir uma falta de respeito para com as crenças dos pacientes, as suas diferenças étnicas, culturais e religiosas, bem como para com as decisões individuais que eles são levados a assumir sob a influência de fatores sociais e econômicos.

É aqui que encontramos a importância dos contextos particulares da produção dos saberes e das representações. No caso do saber experiencial dos pacientes seria possível retomar os eixos do questionamento proposto por Moscovici sobre as relações entre ciência e senso comum.

Valeria a pena examinar como é que, nos diferentes contextos de vida e de atividade dos pacientes, o saber experiencial integra os saberes científicos e os conselhos práticos ou em que medida eles são desviados por eles. Como é que estes últimos vão ser modulados pela experiência vivida dos episódios patológicos e o seu respectivo tratamento, de acordo com os contextos de vida em que se inscreve o paciente.

Um outro problema interessante para estudo diz respeito à parte da emoção e da incerteza quanto à eficácia e sucesso dos tratamentos na interiorização do saber sábio e a coloração da experiência vivida. Está implícita uma dimensão moral no possível sentimento de culpabilidade que o doente pode sentir perante o seu assumir da responsabilidade, uma vez que ele pode não se sentir armado com a mesma competência que o profissional.

No estado atual da minha familiaridade com este novo domínio de investigação, tentei apresentar-vos algumas linhas de exploração que poderiam tornar-se interessantes para desenvolver. Procurei sobretudo sensibilizar-vos para o estado de um setor de atividade social inovador, que nos oferece uma rara ocasião para aplicar e enriquecer a abordagem das representações sociais e combinar os contributos de setores de investigação e de intervenção, a saúde e a educação que, pela primeira vez, se encontram unidos.

Espero que a minha tentativa dê frutos.

Referências

BARBIER, J.M. (2004). *Savoirs théoriques et savoirs d'action*. Paris: PUF.

BERGER, P. & LUCKMAN, T. (1963/1986). *La construction sociale de la réalité*. Paris: Klincksieck.

BONNET, C.; FONTAINE, A.; HURET, J.; LOUX, F.; MULDWORF, P.A. & VELPRY, L. (2007). *Vivre et dire sa psychose*. Saint Agne: Erès.

CODOL, J.P. (1969). "Représentation de soi, d'autrui et de la tâche dans ne situation sociale". *Psychologie Française*, 14, p. 217-228.

DUBET, F. (1994). *Sociologie de l'expérience*. Paris: Seuil.

DURKHEIM, É. (1938/1969). *L'évolution pédagogique en France*. Paris: PUF.

FAIZANG, S. "Le pouvoir du patient face au médecin: entre expérience, compétence et savoir". In: JOUET, E. & FLORA, L. (eds.). "Usagers-experts: la part du savoir des malades dans le système de santé". *Revue Pratiques de Formation*, n. esp., p. 111-124.

FOUCAULT, M. (1976). *Histoire de la sexualité*: La volonté de savoir. Paris: Gallimard.

HALBWACHS, M. (1938/1969). "Préface". In: DURKHEIM, É. *L'Evolution pédagogique en France*. Paris: PUF.

HUSSERL, H. (1931). *Méditations cartésiennes*. Paris: Armand Colin.

JODELET, D. (2012). "Il valore e l'immagine – Sul contributo di Serge Moscovici a una teoria della conoscenza". In: GALLI, I. (ed.). *Cinquant'anni di rappresentazioni sociali* – Bilanci e prospetive di una teoria in continuo divenire. Milão: Unicopli, p. 29-44.

_____ (2011). "Returning to past features of Serge Moscovici's theory to feed the future". *Papers on Social Representations*, 20 (2).

_____ (2008). "Le retour du sujet et l'approche des représentations sociales". In: LIPIANSKY, M. & COSTALLAT FOURNEAU, M. (eds.). "Identité et subjectivite". *Connexion*, 89, p. 25-46.

_____ (2006a). "Culture et pratiques de santé". *La Nouvelle Revue de Psychosociologie*, 1, p. 219-239.

_____ (2006b). "Place de l'expérience vécue dans les processus de formation des représentations sociales". In: HAAS, V. (ed.). *Les savoirs du quotidien*: Transmissions, appropriations, repésentations. Rennes: Presses Universitaires de Rennes, p. 235-255.

_____ (2005a). "Contribuições das representações sociais para a análise das relações entre educação e trabalho". In: PARDAL, L.; MARTINS, A.; SOUZA, C.; DEL DUJO, A. & PLACO, V. (eds.). *Educação e trabalho* – Representações, competências e trajetórias. Aveiro: Universidade de Aveiro, p. 11-26.

_____ (2005b). "Experiência e representações sociais". In: MENIN, S. & SHIMIZU, A. (eds.). *Experiência e representação social*: questões teóricas e metodológicas. São Paulo: Casa do Psicólogo, p. 23-56.

JOUET, E. & FLORA, L. (eds.) (2010). "Usagers-experts: la part du savoir des malades dans le système de santé". *Revue Pratiques de Formation*, n. esp.

KELLEY, H. (1992). "Common sense psychology and scientific psychology". *Annual Review of Psychology*.

KNORR CETINA, K. (1981). *The manufacture of knowledge*. Nova York: Pergamon.

LAUTIER, N. (2001). *Psychosociologie de l'éducation* – Regard sur les situations d'enseignement. Paris: Armand Colin.

LE BRETON, D. (2005). *Anthropologie du corps et modernité*. Paris: PUF.

MERLEAU PONTY, M. (1964/2004). *Le visible et l'invisible*. Paris: Gallimard.

MOSCOVICI, S. (2012). "Préface". In: PERMANADELI, R.; JODELET, R. & SUGIMAN, T. (eds.). *Alternative Production of Knowledge and Social Representations*. Jakarta, Ind.: Graduate Program of European Studies/University of Indonesia.

SCHATZMAN, E. (1993). "Sciences de la nature et Sciences Sociales". In: SCHATZMAN, E. & PASSET, R. (eds.). *Sciences de la nature et représentations sociales*. Paris: Centre Galilée, p. 17-35.

SCHUTZ, A. (1987). *Le chercheur et le quotidien*. Paris: Méridiens Klincksieck.

SCHUTZ, A. & LUCKMANN, T. (1974). *The structures of the life-world*. Londres: Heinemann.

TAYLOR, D. & BURY, M. (2007). "Chronic illness, expert patients and care transition". *Sociology of Health and Illness*, 29 (1), p. 27-45.

TOURETTE TURGIS, C. (2010). "Savoirs de patients, savoirs de soignants: la place du sujet suppoé savoir en éducation thérapeutique". In: JOUET, E. & FLORA, L. (eds.). "Usagers-experts: la part du savoir des malades dans le système de santé". *Revue Pratiques de Formation*, n. esp., p. 137-154.

3
ÉTICA NA TEORIA DAS REPRESENTAÇÕES SOCIAIS*

*Ivana Marková***

Existem várias formas de responder à questão "O que torna os humanos diferentes das outras espécies?" Uma forma é referirmo-nos à capacidade dos humanos de raciocinar e tomar decisões racionais; outra é mencionar a capacidade dos humanos de falar e de se expressar por símbolos, referir a capacidade de fazer escolhas éticas, imaginar futuros eventos, estar cientes da sua própria mortalidade, e assim sucessivamente. Proponho falar aqui acerca da capacidade dos humanos fazerem escolhas éticas e analisar tal característica como parte da epistemologia do conhecimento do senso comum. Tal realçará também a distinção entre a nossa teoria e outras abordagens contemporâneas da psicologia social. Além disso, permitir-me-á argumentar que a Teoria das Representações Sociais pertence a um universo de conhecimento diferente, por exemplo, do da cognição social, do estudo das opiniões, das atitudes e preconceitos, entre outros.

1 Fazer escolhas éticas

A partir dos primeiros anos de vida, condicionados pela Segunda Guerra Mundial, pelo nazismo e pelo estalinismo, Serge Moscovici colocou o estudo das escolhas éticas, dos valores e das normas sociais no centro da sua atenção relativamente ao significado da humanidade. Conforme revela na sua autobiografia *Chronique des années egarées* (MOSCOVICI, 1997), na sua juventude encontrou inspiração nos pensamentos filosóficos de Nietzsche, nos *Pensées* de Pascal e na *Ética* de Spinoza. Es-

---

* Texto revisto por Jorge Correia Jesuíno.

** Departamento de Psicologia. Universidade de Stirling.

crutinou paixões que, durante o longo passado da humanidade, dividiram comunidades e voltou a aproximá-las. Em contextos históricos e culturais amplos, ponderou acerca dos valores éticos que orientam as crenças na justiça, na busca do progresso e no desejo que os humanos têm de imortalidade. Com base no seu retrato autobiográfico, existem várias fontes de ideias, pessoais e científicas, mas que convergem para as preocupações éticas de Moscovici.

Na vertente pessoal, a experiência do antissemitismo, a perseguição e a humilhação durante e após a guerra tornaram-se fundamentos formativos das ideias já expressas na sua primeira publicação na revista que coeditou com os seus amigos em Bucareste. Mais tarde, durante a sua pesquisa científica social na França, vieram à tona ideias inspiradas em Pascal, conforme descreveu em *Chronique des années egarées*, em particular as relacionadas com a ciência e religião, e ética e moralidade. Quando Moscovici tomou conhecimento da obra de Durkheim, concentrou-se no fato de a ética estar onipresente em todos os fenômenos sociais, e de estar conceitualizada de forma diferente nas esferas sagradas e nas esferas profanas. Para Durkheim, a ética era um fato social concebido de forma kantiana e relativamente estática; era a forma como a sociedade e as suas instituições exerciam a sua influência sobre os indivíduos. As regras morais implicavam obrigações e deveres. Ao contrário de Durkheim, e desenvolvendo as suas ideias acerca das representações sociais da psicanálise, Moscovici abriu uma nova forma de pensar relativamente à ética e aos valores. Desde o início, a sua abordagem tem sido muito dinâmica e repleta de ideias sobre como impulsionar as formas da inovação e invenção humanas. Trouxe para a discussão polêmicas intelectuais entre diferentes modos de pensamento como, por exemplo, o científico, o religioso e o público, que revelaram diferentes valores e padrões éticos. Moscovici perseguiu-os ao longo da sua carreira em todas as principais áreas dos seus estudos, em representações sociais, na inovação de minorias e em documentos ecológicos. Estas questões, na minha opinião, constituem a base da epistemologia do senso comum e, consequentemente, da Teoria das Representações Sociais.

2 Universo reificado e consensual

Começarei por recordar a distinção entre universos reificados e consensuais, uma distinção bem conhecida de todos os estudantes das representações sociais (relativamente a estas questões, cf. JESUÍNO, 2008, 2011). O conhecimento comum, de acordo com Serge Moscovici (2000a, p. 149), é "a essência do nosso universo consensual"; compreende os significados culturais e históricos das nossas experiências e atividades. É um conhecimento rico, altamente diversificado e específico de cada contexto. No universo consensual a sociedade torna-se a si própria visível (MOSCOVICI, 2000b, p. 34); é inovadora, possui voz, age perante o mundo respondendo ao mesmo e incita a alterações no mundo. Por outro lado, no universo reificado, "a sociedade é transformada num sistema de entidades invariáveis básicas e sólidas indiferentes à individualidade e às quais falta identidade" (p. 33-34). Este vê o mundo em termos de variáveis, objetos, atividades e indivíduos isolados.

No entanto, reconhecendo que a Teoria das Representações Sociais se baseia no universo consensual do pensamento, conhecimento e atuação do senso comum, este fato não está isento de problemas para diversos investigadores. As relações entre a ciência e o senso comum, bem como entre as representações sociais e o senso comum, deram origem a algumas questões inquietantes e intrigantes para muitos investigadores. Estas questões foram repetidamente discutidas, apesar de não terem sido resolvidas de forma satisfatória. Por exemplo, alguns investigadores continuam a perguntar se será correto separar o universo consensual do universo reificado. Analisando esta questão, muitos têm disputado a desconexão entre estes dois universos proposta por Moscovici, tendo até rejeitado tal separação como um mito. Argumentaram de forma razoável e bem justificada que a ciência, tal como o senso comum, é uma realidade dinâmica; e essa mesma ciência transforma-se em senso comum e vice-versa. Ambos os tipos de conhecimento são processos de duas vias; os cientistas baseiam-se em representações sociais e os estudiosos das representações sociais na ciência (p. ex., PURKHART, 1993; AUGOUSTINOS & WALKER, 1995).

É fácil concordar com os argumentos que demonstram que as relações íntimas entre a ciência e as representações sociais, bem como as suas transformações mútuas, estão bem fundamentadas. No entanto, gostaria de questionar se estes argumentos refletem, de fato, a matéria que está no cerne da distinção entre universos consensuais e reificados. Julgo que não, e existem pelo menos duas questões a colocar.

A primeira diz respeito à ética na Teoria das Representações Sociais. Não pretendo afirmar que a Teoria das Representações Sociais é uma teoria da moralidade ou ética. Em vez disso, pretendo realçar que a nossa teoria coloca a ênfase nos humanos como seres éticos, como seres que buscam paixões e fazem escolhas éticas. Fazer escolhas éticas é a disposição fundamental, a capacidade que torna a nossa espécie humana, e é a ética e a moralidade neste sentido que é um conceito fundamental na Teoria das Representações Sociais (MOSCOVICI, 1961; JODELET, 2011). Além disso, o enfoque na capacidade de fazer escolhas éticas é uma das principais características que distinguem a Teoria das Representações Sociais de outras teorias psicológicas sociais atuais, bem como das ciências naturais e de algumas ciências sociais como, por exemplo, as baseadas em teorias deterministas. O que pretendo dizer é que, mesmo que a ética seja trazida para a psicologia social, não é encarada como uma capacidade que torna humana a humanidade, mas sim como uma variável a ser avaliada e medida.

A segunda questão, intimamente relacionada com a primeira, diz respeito à relação entre o senso comum e as representações sociais. Descobrimos frequentemente que estas duas noções são utilizadas de forma intermutável; por vezes, afirma-se que o conhecimento científico se transforma em representações sociais e noutras ocasiões que se transforma em conhecimento do senso comum. Se é esse o caso, as representações sociais são diferentes do senso comum? Se estas noções são intermutáveis, por que precisamos de duas expressões? Por outro lado, caso sejam diferentes, de que formas divergem? Na minha opinião, tais questões não são triviais.

3 Conhecimento superior e inferior

Se a capacidade – ou a disposição – para fazer escolhas éticas é o que torna humanos os seres humanos, podemos argumentar que é algo que separa o universo reificado que estuda objetos no mundo externo e o universo consensual – que examina as formas como a sociedade se torna visível e em que os seus membros atuam e interagem com o mundo.

Nos seus escritos e conferências, Serge Moscovici afirma que ao longo da história da humanidade, desde Platão a Einstein, podemos encontrar sinais de dois tipos de conhecimento, um aristocrático e um plebeu, ou um conhecimento elitista e um conhecimento popular. O primeiro adjetivo em cada um destes pares refere-se ao conhecimento superior e o segundo refere-se ao conhecimento inferior. Para Serge Moscovici, estes dois tipos de conhecimento derivam de epistemologias diversas: uma subjacente ao universo reificado e a outra subjacente ao universo consensual. Começando com Platão, descobrimos que este atribuiu um nível mais elevado de realidade às ideias não materiais e abstratas do que a conhecer o mundo através das sensações e da experiência. As ideias de Platão influenciaram a filosofia moderna. Na obra-prima de Baruch Spinoza *Ética* (1667/1967), do século XVII, descobrimos que o *raciocínio* e a *intuição* são formas adequadas de conhecimento porque concebem a verdadeira natureza das coisas. A *Imaginação*, por outro lado, foi denominada por Spinoza como senso comum (SPINOZA, 1667/1967, p. 254), tendo-a encarado como o tipo mais baixo de atividade intelectual que mais não faz do que conduzir a ideias falsas e fictícias. Hegel, que admirava a filosofia de Spinoza, adotou os três tipos de pensamento de Spinoza, denominando-os de senso comum, ciência e filosofia (WALSH, 1946), deixando o senso comum na parte inferior da hierarquia. O ponto de vista de Hegel relativamente a estes tipos de pensamento permitiram a Mure, em *Introduction to Hegel* (1940, p. 1-2) afirmar: O "senso comum é um pensamento rudimentar", algo entre a sensação-percepção e a imaginação. Não é mais que uma tênue abstração da realidade. Deverá ser mesmo denominado de pensamento?

Albert Einstein, nas suas notas sobre Bertrand Russell, chama a atenção para o que denomina de duas ilusões do pensamento. Uma é o que ele descreve como uma ilusão aristocrática, ou seja, a crença num poder ilimitado do pensamento. A outra é uma ilusão plebeia do realismo ingênuo, "de acordo com o qual as coisas 'são' como são percebidas por nós através dos nossos sentidos" (EINSTEIN, 1944, p. 281). Esta última ilusão é comum na vida mundana das pessoas e dos animais, bem como o ponto de partida das ciências naturais.

O desenvolvimento da ciência europeia a partir do século XVII contribuiu para a convicção de que, um dia, as fantasias, os mitos e o pensamento mágico desapareceriam e que seriam totalmente substituídos pela razão e pelo pensamento racional. O *ethos* geral de erradicação do pensamento mítico dominou vários sistemas de pensamento, crenças e ideologia. Também o marxismo científico adotou firmemente uma perspectiva racionalista relativamente às teorias do materialismo dialético e histórico, à economia e à política. Para Moscovici, implicava que "le peuple ne pense pas" e que apenas os intelectuais são capazes do pensamento racional, ao passo que as outras pessoas não (MOSCOVICI & MARKOVÁ, 2000, p. 228).

Podemos concluir através da observação que os sistemas de educação europeus e norte-americanos a todos os níveis da sociedade, desde os berçários às universidades, da educação profissional à acadêmica, promovem a ideia de que a aprendizagem e o conhecimento estão virados para a racionalidade do indivíduo, para a procura da verdade, para a neutralidade de observação e para o descomprometimento relativamente ao objeto de estudo. Este tipo de abordagem ao conhecimento e à aprendizagem tem historicamente enraizado o nosso pensamento como um ideal pelo qual a humanidade luta. Este ideal tornou-se conhecido como uma passagem de uma forma inferior de pensamento para uma forma superior, ou "do senso comum para a ciência". Quando alguém pretende transmitir a um psicólogo que este não está a referir nada de interessante, diz "ah, isso é apenas senso comum".

No entanto, apesar das considerações do pensamento popular ou senso comum como uma forma inferior de conhecimento, uma análise rápida de uma quantidade enorme de literatura sobre senso comum nas suas perspectivas históricas, filosóficas e científicas sociais demonstra que o senso comum tem sido um conceito de interesse e importância duradouros. As noções que se referem ao senso comum ao longo da história, bem como os seus significados, são múltiplas e têm continuado a mudar. Têm sido constituídas por diferentes epistemologias e não podemos assumir que o significado e a utilização da noção do senso comum na Teoria das Representações Sociais sejam inquestionáveis.

Caso adotemos a perspectiva de que a Teoria das Representações Sociais se baseia no senso comum, proporcionando-nos "acesso direto a representações sociais" e permitindo-nos "compreender representações sociais *in vivo*, compreender a forma como são geradas, comunicadas e postas a operar no dia a dia" (MOSCOVICI, 2000a, p. 145 e 146), precisamos de entender de que formas este acesso direto ocorre e como gera representações sociais. Sem afirmar neste artigo que capturo de forma exaustiva as características da epistemologia do senso comum relativamente às representações sociais, concentrar-me-ei na ética do senso comum e nas suas características inter-relacionadas como, por exemplo, a imaginação, a inovação e a descoberta, e a linguagem.

4 O senso comum como uma epistemologia das representações sociais

4.1 Ética

Num dos seus mais recentes artigos, Serge Moscovici afirma que sempre se sentiu intrigado com o fato da "maioria das teorias ou discussões relativamente a preconceitos, estereótipos e relações entre grupos serem expressos em termos da lógica dos fatos e das categorias" (MOSCOVICI, 2011, p. 445; relativamente a esta questão cf. tb. MOSCOVICI, 2000c), ignorando totalmente os valores e as escolhas éticas. Escalas de opinião e atitude, questionários acerca de atribuições, estereótipos, preconceitos ou influências – todos têm como objetivo examinar fatos e categorias, informações e o pensamento racional dos cidadãos, *como se* os participantes em tais estudos fossem máquinas racionalizadas que expressam pensamentos sem qualquer envolvimento ativo relativamente a tais fenômenos socialmente valorizados.

Apesar da expressão "fatos *versus* valores" ter uma utilização relativamente moderna, e ter começado a ser utilizada durante o Iluminismo, podemos constatar que, ao longo da história, a distinção entre sabedoria prática e fatos científicos remonta a Aristóteles, que punha em evidência a pluralidade de pensamentos e a existência de diferentes tipos de conhecimento. A distinção entre o pensamento filosófico e científico, por um lado, e a sabedoria prática, por outro, tem sido mantida ao longo dos séculos subsequentes e marca a perspectiva relativamente à ética e às ciências até os dias de hoje.

Para Giambattista Vico, um erudito do início do século XVIII, a ética era a característica fundamental do *sensus communis*. Este rejeitava a abordagem à ética como ciência moral objetificada baseada em regras e proposições. Vico desenvolveu as suas próprias ideias sobre a ética, bem como a crítica ao método de Descartes e ao seu modelo matemático da racionalidade. Descreveu em detalhe o que considerou serem as diferenças entre a ciência e o senso comum, sendo este último de natureza ética e interdependente com imaginação e linguagem. Vico (1709/1965, p. 46-47) argumentou contra a sistematização das regras na ética e referiu que na vida real a conduta humana depende do bom-senso e, assim sendo, nada é menos inútil que o tratamento da ética como uma ciência objetiva e geral. Vico viu a natureza ética do senso comum na história e na comunidade. O senso comum é partilhado por todos: é "julgamento sem reflexão, partilhado por toda uma classe, todo um povo, toda uma nação ou toda a raça humana" (VICO, (1744/1948), axioma 142). É uma forma habitual, mas não refletida de pensar, comunicar e agir socialmente partilhada.

Trezentos anos mais tarde, a psicologia científica e algumas abordagens nas ciências sociais, esforçando-se para alcançar o ideal da "ciência objetiva", objetificaram a ética na forma como Vico tinha rejeitado. Além das razões científicas e ideológicas para estabelecer uma linguagem neutra e encarar a comunicação como uma transmissão de informações neutras, existiram também razões morais e éticas para a "neutralidade". Tais opiniões foram aplicadas acima de tudo na ética relativamente à educação e à comunicação na área da saúde. Por exemplo, durante os anos de 70 e 80 do século XX, os profissionais insistiram, por razões éticas, que os pacientes deveriam receber informações "neutras"' relativamente a várias condições médicas. Pensava-se que tal permitiria aos pacientes e às suas famílias tomar decisões bem-informadas e "sem desvios". Por exemplo, no aconselhamento genético, uma boa prática indicava que os pacientes e clientes deveriam receber informações acerca dos vários tipos de tratamento e acerca das ações que se poderiam tomar relativamente à prevenção ou tratamento de uma doença genética. Foi argumentado, com base em razões perfeitamente aceitáveis, que os clientes tinham de poder escolher livremente qual das ações oferecidas. Assim sendo, dar informações "neutras" estava estritamente separado de dar um conselho ou uma recomendação "tendenciosos". No entanto, quão realista é esta prática bem-intencionada? A nossa própria pesquisa (MARKOVÁ et al., 1984) na área do aconselhamento genético demonstrou que frequentemente os clientes não estavam certos da decisão a tomar e que confiavam em conselhos do profissional ou "deduziam" um conselho a partir do que o perito lhes dizia. Exploramos a experiência dos pacientes com as "informações neutras" que supostamente tinham recebido do profissional. As informações diziam respeito a opções disponíveis para o paciente no caso da existência de uma doença genética na família, no nosso caso a hemofilia. A nossa pesquisa demonstrou que, apesar de os profissionais estarem convencidos de que tinham facultado informações neutras aos seus clientes, estes, apesar disso, interpretaram as informações "neutras" como conselhos para ações específicas. Estavam ansiosos por escolher a ação certa e, assim sendo, leram um "conselho" no que os profissionais disseram ou no que não disseram; procuraram pistas em gestos não verbais e no tom de voz. Frequentemente, não prestamos atenção às deixas que emitimos ao participante dialógico. Os significados das palavras, a ordem em que são utilizadas, a expressão facial, o movimento das mãos – tudo isto fornece sinais a um cliente que procura desesperadamente a melhor solução para si e para o seu feto. Estas tentativas de misturar conhecimento científico e pensamento de senso comum originaram dificuldades de interpretação e, possivelmente, tornaram-se pouco éticas em nome da ética.

Moscovici (2011) reiterou o problema da separação de valores e fatos no seu recente artigo sobre a perseguição de minorias étnicas, onde o analisa como um processo de transformação do conhecimento "científico" em senso comum e vice-versa. Mais especificamente, Moscovici analisa a capacidade humana para as representações de bondade e maldade e liga-as ao nazismo e, em seguida, à experiência Milgram. A tendência para racionalizar e mecanizar as relações interpessoais e para levar as regras objetificadas para a ética atua como um lembrete permanente da suscetibilidade para separar fatos e valores. Moscovici (2011, p. 449) refere: "A condição desta racionalização é a bem conhecida separação de fatos e valores [...] a nossa ciência baseia-se na especialização facultada pela consciência e pelo conhecimento de testemunhos objetivos... Quando deixamos de ter uma consciência moral viva, deixamos de poder recusar obedecer à ordem que nos é dada pelos nossos superiores ou pelos 'gabinetes'".

A racionalização que conduz à separação de fatos e valores a que Moscovici se refere aqui faz lembrar o que Vico denominou de "barbárie da reflexão" (1744/1948, ponto 1.106). A poderosa análise da reflexão de Vico merece mais do que uma referência passageira. Nesta abordagem histórica ao estudo da ética, o autor mantém que as comunidades originais viviam na "barbárie dos sentidos", mas que, durante o longo passado, desenvolveram a "barbárie da reflexão" e a "malícia premeditada". Esta é uma etapa histórica quando um ser humano, através da reflexão, começa a pensar apenas nos seus próprios interesses em detrimento dos interesses da comunidade. Apesar da socialização superficial com outros, um indivíduo assim vive numa profunda solidão de espírito e "com suaves palavras e abraços, conspira contra a vida e a fortuna de amigos e pessoas íntimas" (ponto 1.106). Podemos referir que a barbárie da reflexão se refere hoje em dia às tentativas de justificar de forma racional as teorias científicas irracionais como o racismo e o nazismo. Estas, segundo Moscovici, "ocorrem em faculdades e universidades, não nas ruas" e, assim sendo, foram legitimadas por intelectuais com significativo poder da mente (MOSCOVICI & MARKOVÁ, 2000, p. 228).

Quanto à discussão relativa às diferenças entre ética e ciência, também Bernard Williams se vira para o problema da reflexão. Para apresentar o seu ponto de vista, Williams dá um exemplo de "sociedades hipertradicionais" fictícias (WILLIAMS, 1985, p. 142) que fazem julgamentos e escolhas éticas não objetivistas que são parte da sua experiência na história e cultura. Estes julgamentos são, em grande medida, não reflexivos. No entanto, o objetivo do conhecimento desde as ideias filosóficas de Sócrates tem sido a aquisição de pensamento racional e de reflexão, e esta perspectiva tem sido aplicada também ao conhecimento ético. Pelo contrário, como já vimos acima, o senso comum e a ética funcionam ao nível não reflexivo; desenvolveu--se através da experiência histórica e cultural da humanidade. Mas Williams vai ainda mais longe. Através da reflexão as pessoas tomam consciência das ações alternativas ou especulam relativamente a alternativas. Assim sendo, Williams conclui que na ética "a reflexão pode destruir o conhecimento" (p. 148). O que quer dizer é que a reflexão destrói o conhecimento original não reflexivo que mantém unidas as comunidades. Ao passo que esta conclusão poderá ser considerada altamente controversa, faz lembrar a "barbárie da reflexão" de Vico e os argumentos de Moscovici relativamente à justificação da obediência e às atrocidades em nome da ciência durante o nazismo e regimes totalitários similares.

4.2 Verum factum, *língua e imaginação*

Para compreender a epistemologia do senso comum na Teoria das Representações Sociais, devemos vê-la nos termos dos estudos e dos interesses de Moscovici na história da ciência dos séculos XVI e XVII que foram informados, entre outros, por Alexandre Koyré. É aqui que temos de procurar para avaliar a ênfase que Moscovici coloca na inovação, invenção, imaginação, criatividade e linguagem que descobrimos em toda a sua investigação relacionada com psicologia social.

Escrevendo acerca da história da ciência nos séculos XVI e XVII, Alexandre Koyré (1948/1961) sugeriu, muito antes de Thomas Kuhn (1962), que a ciência na Grécia antiga, tal como era pré--científica, era também pré-tecnológica. A ciência pré-científica grega era rígida; utilizava conceitos matemáticos, geométricos e físicos, mas estes não eram aplicáveis ao mundo dinâmico da vida do dia a dia. "Na natureza não existem círculos, elipses ou linhas diretas; seria ridículo medir exatamente os seres naturais como cavalos, cães ou elefantes", afirmou Koyré, (1948/1961, p.

312) porque as suas dimensões não são estritamente determinadas. Koyré sugeriu que o pensamento técnico e científico na antiga Grécia pertenceu a dois sistemas separados de pensamento. Em contraste com a ciência, o pensamento tecnológico foi o *pensamento do senso comum*. De acordo com Koyré, o pensamento tecnológico tinha a sua própria lógica e, em muitos aspectos, esta lógica foi uma reflexão da sabedoria prática de Aristóteles (1998). A sabedoria prática de Aristóteles (*endoxa*) nunca procurou caminhos desapaixonados, mas era avaliativa, crítica e ética; era essencial para executar atividades diárias e para o enfrentamento de situações concretas da vida. Devido à sua rigidez, o pensamento científico na antiga Grécia evitou qualquer transformação do senso comum tecnológico em ciência e vice-versa. Só os séculos XVI e XVII, pioneiros em ideias de múltiplos tipos de conhecimento e suas mudanças, bem como em ideias de inovação e imaginação (p. ex., MOSCOVICI, 1977; PANOFSKY, 1924/1968; ELKINS, 1992), viram as possibilidades de tais transformações. Através da tremenda expansão das ciências, das artes e da tecnologia, diferentes formas de conhecimento ficaram interligadas com a história intelectual. A descoberta da perspectividade na arte da Renascença influenciou não apenas as artes, mas também a tecnologia e a ciência. Múltiplas perspectivas que eram comparáveis adaptavam-se a diferentes utilizações e propósitos (ELKINS, 1992) e chamaram a atenção para a possibilidade de diversas representações e para diferentes tipos de conhecimento.

A concentração na criação de coisas, no artesanato e nas descobertas teve lugar em toda a Europa. Na Inglaterra, Francis Bacon (2007) argumentou que o intelecto humano e o pensamento abstrato não nos facultam qualquer certeza. Em vez disso, o intelecto humano é como um espelho que distorce o mundo. As sensações e percepções não refletem mais do que as representações que o indivíduo em questão tem do mundo. Em detrimento de se concentrar na sensação e percepção, Bacon realçou o papel da invenção, do conhecimento prático e empírico e o avanço da aprendizagem.

Na Itália, baseando-se parcialmente em ideias de Bacon, Giambattista Vico deu origem a uma nova orientação na ciência e na filosofia baseada na imaginação. Muito incompreendido durante a sua vida e esquecido após a sua morte, os seus profundos conhecimentos vieram à tona nos séculos XIX e XX. Podemos concordar com Berlin (2000, p. 22) que afirma que Vico "criou virtualmente uma nova área de conhecimento social". As suas ideias foram eminentemente relevantes para o estudo da mente humana, das diversidades da cultura e história humana, tendo assim alcançado várias ciências sociais e humanas. Seria bom incluí-las na psicologia social, o que Berlin não fez, presumivelmente porque a nossa ciência escolheu um caminho diferente, concentrando-se no estudo do indivíduo em detrimento dos fenômenos sociais.

Vico deu origem a uma nova orientação na ciência e na filosofia e, mais especificamente, propôs uma nova perspectiva relativamente ao pensamento do senso comum. Na sua época, o senso comum era encarado como uma capacidade sensorial que os humanos tinham para entender os fenômenos do mundo. Esta opinião foi transportada da filosofia aristotélica, de acordo com a qual o conhecimento do senso comum estava ligado às provas obtidas pelos sentidos. Descartes, apesar de crítico da filosofia aristotélica, também adotou a perspectiva perceptual do senso comum. Não confiava na evidência dos sentidos porque, por vezes, enganavam-no; era evidente para ele que qualidades como, por exemplo, o peso ou a cor eram avaliadas somente pela forma como as sentíamos. Assim sendo, pensou que era "mais sensato não confiar inteiramente em algo por que tenhamos sido uma vez enganados" (*Meditation I*, 1641/1931, p. 145).

Muito crítico do ceticismo de Descartes e da sua opinião relativamente ao senso comum enquanto algo derivado da sensação e percepção, Vico cunhou o termo *verum factum*: algo é verdadeiro não porque o compreendo, mas porque o faço. E consigo fazer algo porque imagino como poderá parecer. Podemos conhecer verdadeiramente a fundo uma coisa quando concebemos e criamos essa mesma coisa. Deste modo, para Vico, tal como mais tarde para Moscovici, a imaginação tornou-se uma característica indispensável da Teoria do Conhecimento.

Além disso, para Vico, *verum factum* era uma característica fundamental do *sensus communis*. Denominou-o como "um fantástico princípio" que se determina a si próprio como a lei natural da raça humana. Vico insistiu que o senso comum era uma capacidade uniforme com origem em toda a humanidade, em pessoas que não se conheciam e, assim sendo, o senso comum "deverá ter uma base comum de verdade" (1744/1948, axiom. 144). O senso comum é socialmente partilhado, mas não reflexivo; é uma forma habitual de pensar, comunicar e agir. Apesar de o senso comum ser uma capacidade universal de toda a humanidade, os "acordos subjacentes" são normas morais e éticas aceitas por membros das comunidades específicas e, assim sendo, estes acordos são específicos de cada comunidade. São transmitidos de geração em geração através da linguagem e da comunicação.

A comunicação não precisa ser verbal, mas os gestos, símbolos e significados deverão ser compreendidos por membros da comunidade e expressar as "necessidades e utilidades" da comunidade. Utilizando a linguagem de hoje em dia, conseguimos interpretar as ideias de Vico como dialógicas. As disposições éticas e compreender noções como obrigação, justiça, fazer escolhas e assim sucessivamente só faz sentido até ao ponto em que são algo encarado como relações entre o Ego e o Alter. Só posso exigir justiça até ao ponto em que o outro compreende o significado de justiça – ou porque vivo num Estado em que existem instituições que protegem a justiça. Caso o outro (um indivíduo ou o Estado) não partilhe do meu significado de justiça, as minhas exigências não serão de forma alguma atendidas. Tais significados são transmitidos através da comunicação e dos seus diferentes modos, verbais ou não verbais. Só se descrevermos os humanos nos termos dialógicos do alter-ego, poderemos falar razoavelmente de liberdade, justiça, solidariedade, dignidade ou perdão – sendo que todas estas são noções relacionais entre o Eu e os Outros (MARKOVÁ, 2003/2005).

Para construir o seu conhecimento acerca um do outro, os oradores complementam o seu conhecimento parcial imaginando como poderá ser o outro e o que esperar dele. A imaginação pode ser um diálogo interior com o próprio Eu, com outros ou com as circunstâncias; agimos com base nas imaginações criadas pelo diálogo interior. Imagino algo e fico zangado: a imaginação é comunicativa, é dialógica. As relações do alter-ego (ou do(s) eu--outro(s)) são caracterizadas pela abertura perante as realidades multifacetadas e heterogêneas e suas relações. Estas relações nunca são neutras: são éticas, ou seja, avaliativas e críticas. As palavras podem transmitir imaginação ao longo dos séculos.

Para Vico, a linguagem, e especificamente a nomeação, é uma atividade divina. Nos seus primeiros trabalhos (1710/2010, p. 25) refere-se às diferenças entre os fenômenos naturais e os fenômenos criados pelos humanos. Ele defende que o físico não pode atribuir às coisas a sua natureza; isso é algo que só Deus pode fazer. Por outro lado, o ser humano "define nomes e, tal como Deus, cria ponto, linha e superfície a partir do nada, como se do nada, pelo nome, compreenda algo que não tem partes". Deus define as coisas, mas o homem define os nomes.

A concentração na linguagem e comunicação na análise de Moscovici da psicanálise como uma representação social pode ser também encarada como uma característica do *verum factum*. A nomeação (MOSCOVICI, 2000c) assinala as formas como os humanos criam a sua realidade social e a fixam: um ser humano é o nomeador (p. 15). As cerimônias de atribuição de nome reforçam a importância das criações, atribuindo aos objetos ou às pessoas novos conteúdos e significados. É uma investigação imaginativa que expressa as escolhas éticas do nomeador: transmite esperança, julga e condena outros, avalia. Os nomes não só estabilizam as representações sociais como também iniciam outras (MOSCOVICI, 2000c, p. 18). Além disso, através da nomeação impomos limites, propriedades e estruturas ao objeto, à pessoa ou ao fenômeno nomeado. Para aumentar o impacto dos nomes, utilizamos metáforas como forma de objetificar ideias e transformá-las em realidade. Por exemplo, utilizando exemplos de tuberculose e cancro, e mais tarde de HIV/Aids, Sontag (1978, 1989) demonstrou a poderosa metáfora da doença que pode matar ou curar o indivíduo afetado. A nossa pesquisa relativamente à hemofilia e ao HIV/Aids (MARKOVÁ, 1991) demonstrou que compreender e conhecer a doença não implica o desaparecimento de imagens, mitos e representações sociais associadas ao problema.

4.3 Pensamento pré-reflexivo e reflexivo

Até ao momento discuti o senso comum como um pré-requisito epistemológico das representações sociais. Pretendo agora levantar questões que, possivelmente, diferenciam o conhecimento do senso comum das representações sociais. Ao longo deste capítulo, referi-me ao senso comum como um julgamento irreflexivo, como "ideias uniformes com origem em povos inteiros que não se conhecem" e que, assim sendo, "deverão ter uma base comum de verdade" (VICO, 1744/1948, axiomas 142 e 144). No entanto, devemos interrogar-nos sobre como surge uma tal uniformidade. Vários eruditos como, por exemplo, Lindenberg (1987), chamaram a atenção para uma observação de que existem vários tipos de uniformidade na vida na Terra que produzem experiências similares para todos os humanos. Estas podem ser de natureza física como, por exemplo, experiências relacionadas com o tempo, com marés, com o peso, com as qualidades de materiais como, por exemplo, a dureza, a suavidade ou a resistência; podem ser de natureza biológica como, por exemplo, o nascimento, o crescimento e a morte, a necessidade de comida, a sensação de dor, a necessidade de dormir e descansar e ainda de relações sociais como, por exemplo, o medo de desconhecidos, o amor de família, de amigos e assim sucessivamente. Diferentes culturas refletem sobre tais uniformidades de modos diferentes e têm diferentes expressões para as regularidades das experiências e para as relações. Apesar de tudo, são encaradas como consistências ou repetições; podem mudar ao longo do tempo, mas continuam a conduzir a experiências relativamente semelhantes facultando, deste modo, a base para o conhecimento do senso comum. Entre estas, os "acordos subjacentes" (cf. acima) e as relações com os outros são cruciais como base do sentido ético/moral. Encaixam na linguagem e na imaginação e são transmitidas pela comunicação.

Na sua apreciação da originalidade de Vico e do valor universal dos pensamentos de Vico, Donald Verene (1981), no seu livro *Vico's Science of Imagination*, caracterizou a sua abordagem da seguinte forma: "Esta filosofia coloca a imagem acima do conceito, o discurso acima do argumento e adivinhação mítica acima do fato" (p. 30).

Representações sociais são processos e produtos que incluem senso comum pré-reflexivo, bem como várias formas de conhecimentos e crenças pré-reflexivos e reflexões socialmente partilhadas, bem como experiências de realidade, rotinas, crises de vida, sonhos e tipos habituais de conhecimento. Alguns tipos de conhecimento são bastante gerais ou comuns, apesar de não serem de senso comum; outros tipos de conhecimento são mais idiossincráticos. Por exemplo, tal como podemos ter ideias de senso comum acerca da moralidade, acerca da limpeza ou do perigo, podemos ter conhecimentos socialmente partilhados acerca da Aids ou acerca dos direitos ou das pessoas com alguma deficiência. Estes tipos de conhecimento poderão ser não apenas pré-reflexivos e reflexivos como também relativamente estabilizados e incontroversos, bem como ter aspectos dinâmicos, controversos e argumentativos. Todos estes tipos de conhecimentos e crenças são características de representações e da representação social.

Por exemplo, a noção de *themata* (temas) (MOSCOVICI & VIGNAUX, 1994/2000; MARKOVÁ, 2003/2005) pode ser encarada como irreflexiva relativamente a dicotomias existentes de forma implícita no nosso senso comum. Representam constâncias, continuidades e alterações na progressão das experiências da vida, científicas e do pensamento popular. Poderão nunca ser trazidos para a ribalta no que diz respeito ao pensamento social, apesar de existir sempre a potencialidade de se refletir sobre os mesmos, destes entrarem ativamente na linguagem e de começarem a gerar representações sociais. Quando isto acontece, transformam-se de conhecimento irrefletido ou pré-refletido em dicotomias refletidas. Como é que isto acontece? Acontece quando, por uma ou outra razão ao longo do curso da história, os temas (*thêmata*) são questionados, se tornam o foco da atenção e uma fonte de tensão e conflitos. As escolhas éticas não questionadas como, por exemplo, as que se referem a uma desigualdade histórica entre homens e mulheres, entre aqueles com e sem estatuto social elevado etc., tornam-se uma fonte de atenção e deixa de existir um acordo relativamente às mesmas. Por outras palavras, ocorre uma reflexão relativamente às mesmas. Quando os temas (*thêmata*) entram no discurso, então a linguagem, as imagens, as interações e as escolhas éticas são todas mobilizadas, passando a contribuir para a formação de novas representações sociais.

Tem sido frequentemente afirmado que o senso comum tem uma natureza contraditória (para obter referências relacionadas com este tópico, cf. BILLIG, 1996; JESUÍNO, 2011). O conhecimento do senso comum é rico e altamente diversificado. Está repleto de tensão dialógica e diferentes perspectivas. No entanto, não é possível fazer reivindicações acerca da natureza contraditória do senso comum a menos que tenhamos em consideração as expressões do senso comum no contexto de que fazem parte. Uma coisa pode agora ser positiva e, em seguida, negativa, desejável e indesejável, dependendo das circunstâncias, do raciocínio e das intenções comunicativas dos oradores. Estas características podem ser encontradas em provérbios e ditados populares que utilizamos de uma ou outra forma dependendo do receptor, da situação, da intenção e da adequação no aqui e agora" (MARKOVÁ et al., 2007, p. 20). Por exemplo, dois provérbios na forma de duas únicas frases *in vacuo*, uma salientando a sabedoria dos velhos ("raramente os ditos de um velho são falsos") e outra mencionando a tolice dos mesmos ("o maior tolo é o velho tolo") só são contraditórios se forem tidos em consideração fora dos contextos de que fazem parte. No entanto, quando são encarados como interdependentes perante situações concretas para as quais foram criados, a contradição deixa de existir: o provérbio e o seu contexto constituem um todo dialógico. Igualmente, no dia a dia, vários fenômenos podem ser considerados positivos ou negativos, dependendo do contexto e da perspectiva do argumento.

Em conclusão, podemos considerar o senso comum um tipo de conhecimento irrefletido que nos orienta na realidade do dia a dia; permite-nos lidar com obstáculos e fazer julgamentos instantâneos e avaliações de situações. No entanto, existem situações múltiplas para as quais são requeridos tanto os julgamentos refletidos como irreflexivos, os modos de pensamento e o conhecimento; por exemplo, necessitamos de lidar com diversas experiências da realidade, rotinas diárias, crises de vida, sonhos ou tarefas instantâneas. Para lidar com estas, necessitamos de tipos gerais ou comuns de conhecimento, mas não senso comum; outros tipos de conhecimento podem ser mais idiossincráticos e específicos de indivíduos, grupos ou circunstâncias.

Tendo em consideração que o conhecimento do senso comum é apenas um tipo de conhecimento, apesar de altamente significativo, de que forma interage com outros tipos de conhecimento pertinentes para a Teoria das Representações Sociais?

Por exemplo, de que forma o senso comum interage com o conhecimento socialmente partilhado, com o conhecimento socialmente partilhado assumido, com o conhecimento profissional e institucional, bem como com o mito, as crenças irresistíveis, os valores e as questões éticas, que são também relevantes para a representação social?

É provavelmente impossível separar de forma empírica o conhecimento do senso comum de outros tipos de conhecimento que coexistem e interferem uns com os outros. Por exemplo, o conhecimento socialmente partilhado é, por natureza, caracterizado por tensões, contradições, imprecisões e ambiguidades, bem como por regularidades e temas recorrentes. O que presumimos acerca dos outros conduz frequentemente ao enfrentamento de problemas emocionais e relacionais que os participantes expressam através de uma série de meios simbólicos. Podem ter receio de sofrer alguma humilhação (*losing face*) ou outros tipos de medos socialmente induzidos; poderão expressar antagonismo perante os outros, e assim sucessivamente. Não só os participantes no diálogo tentam de forma ativa compreender o seu mundo, como também utilizam diversas habilidades ardilosas para enganar os outros e expressar certas intenções falsas nas quais querem que os outros acreditem. Podemos testar os limites do conhecimento partilhado socialmente, o que poderá ou não envolver o controle da autoimagem (*facework*), poderá ou não caracterizar-se por certas características sintáticas como, por exemplo, questões, sugestões, por certos conteúdos, e assim sucessivamente. Reconhecer um discurso ou parte de um discurso como limite de teste para conhecimento socialmente partilhado dependerá em parte dos temas (*thêmata*) (moralidade, confiança) envolvidos e das formas como são problematizados.

Finalmente, a perspectiva histórica que escolhi para falar de ética na Teoria das Representações Sociais tem um objetivo específico: sublinhar a ideia de que os avanços na Teoria das Representações Sociais não podem ser correspondidos ou comparados a abordagens nas quais os humanos são encarados como racionalistas individuais sem histórias, sem envolvimento no seu mundo, sem dialogicidade e imaginação e, acima de tudo, sem a capacidade de fazer escolhas éticas. A ética do senso comum está intimamente ligada a outras capacidades humanas como, por exemplo, a elaboração e criação de realidade social, a imaginação e a linguagem e nenhuma destas capacidades pode ser compreendida em separado. Concentrando-nos nas raízes epistemológicas do conhecimento do senso comum e no seu desenvolvimento histórico, podemos constatar que os universos reificados e consensuais são, de fato, universos irreconciliáveis: são construídos sobre pressuposições incompatíveis, individualistas *versus* sociais, estáticas *versus* dinâmicas, científicas *versus* éticas, a-históricas *versus* históricas, sendo possível continuar a mencionar muitos outros casos. Isto também significa que questões como estas: "Como poderemos colmatar o fosso entre a cognição social e as representações sociais?" "Como poderemos colmatar o fosso entre a análise de discurso e as representações sociais?" "Não deveríamos prestar atenção à ciência do cérebro?", não podem ser respondidas em qualquer nível superficial adicionando ou removendo algo. Se estamos verdadeiramente empenhados no que diz respeito à Teoria das Representações Sociais, precisamos tratá-la como uma teoria que pertence a um tipo diferente do universo de conhecimento. Caso Einstein tentasse aproximar-se de Newton, ou Darwin tentasse associar-se a Lamarck, nunca teriam feito o que fizeram. Foi a convicção da sua originalidade, intuição e imaginação que, apesar dos riscos que tomaram, orientou o desenvolvimento das suas teorias.

Referências

ARISTOTLE (1998). *The Nicomachean Ethics*. Oxford: Oxford University Press [Trad. e ed. de W.D. Ross, J.L. Ackrill e J.O. Urmson].

AUGOUSTINOS, M. & WALKER, I. (1995). *Social cognition*: an integrated introduction. Londres: Sage.

BACON, F. (2007). *New Organon* [Disponível em www.earlymo derntexts.com/f_bacon.html].

BERLIN, I. (2000). *Three critics of the Enlightenment*: Vico, Hamann, Herder. Londres: Pimlico.

BILLIG, M. (1996). *Arguing and thinking*: A rhetorical approach to social psychology. 2. ed. Cambridge: Cambridge University Press.

DESCARTES, R. (1641/1931). "Meditation I". *The Philosophical Works of Descartes*. Cambridge: Cambridge University Press [Trad. de E.S. Haldane e G.R. Ross].

EINSTEIN, A. (1944). "Remarks on Bertrand Russell's theory of knowledge". In: SCHILPP, P.A. (ed.). *The Philosophy of Bertrand Russell*. Evanston/Chicago: Northwestern University, p. 279-291.

ELKINS, J. (1992). "Renaissance Perspetives". *Journal of the History of Ideas*, 53, p. 209-230.

JESUÍNO, J.C. (2011). "Back to common sense". In: VALENTIM, J.P. (ed.). *Societal Approaches in Social Psychology*. Berna/Berlim: Peter Lang.

_____ (2008). "Linking science to common sense". *Journal for the Theory of Social Behavior*, 38 (4), p. 393-409.

JODELET, D. (2011). "Returning to past features of Serge Moscovici's theory to feed the future". *Papers on Social Representations*, 20, p. 19.1-19.11.

KOYRÉ, A. (1948/1961). "Du monde de l' 'à-peu-près' a l'univers de la précision". *Critique*, n. 28 [Reimpr. em KOYRÉ, A. *Études d'histoire de la pensée philosophique*. Paris: Libraire Armand Colin, p. 311-327].

KUHN, T.S. (1962). *The Structure of Scientific Revolutions*. Chicago: The University of Chicago Press.

LINDENBERG, S. (1987). "Common sense and social structure: a sociological view". In: HOLTHOON, F. & OLSON, D.R. (eds.). *Common Sense*: foundation for social science. Lanham/Nova York: University Press of America, p. 199-215.

MARKOVÁ, I. (2003/2005). *Dialogicality and Social Representations*. Cambridge: Cambridge University Press.

_____ (1991). "Scientific and public knowledge of Aids: the problem of their integration". In: CRANACH, M.; DOISE, W. & MUGNY, G. *Social Representations and the Social Bases of Knowledge*. Berna: Huber, p. 179-183.

MARKOVÁ, I.; FORBES, C. & INWOOD, M. (1984). "Consumers' views of genetic counselling in haemophilia". *The American Journal of Medical Genetics*, 17, p. 741-752.

MARKOVÁ, I.; LINELL, P.; GROSSEN, M. & SALAZAR-ORVIG, A. (2007). *Dialogue in Focus Groups*: Exploring Socially Shared knowledge. Londres: Equinox.

MOSCOVICI, S. (2011). "An essay on social representations and ethnic minorities". *Social Science Information*, 50, p. 441-461.

_____ (2000a). "The history and actuality of social representations". In: MOSCOVICI, S. *Social Representations*. Londres: Polity Press, p. 120-155 [Ed. de G. Duveen].

_____ (2000b). "The phenomenon of social representations". In: MOSCOVICI, S. *Social Representations*. Londres: Polity Press, p. 18-77 [Ed. de G. Duveen].

_____ (2000c). "What is in the Name?" In: CHAIB, M. & ORFA-LI, B. (eds.). *Social Representations and Communicative Processes*. Jönköping: Jönköping University Press, p. 12-77.

_____ (1997). *Chronique des années égares*. Paris: Stock.

_____ (1977). *Essai sur l'histoire humaine de la nature*. Paris: Flammarion.

_____. (1961). *La Psychanalyse*: son image et son public. Paris: Presses Universitaires de France.

MOSCOVICI S. & MARKOVÁ, I. (2000). "Ideas and their development: A dislogue between Serge Moscovici and Ivana Marková". In: MOSCOVICI, S. *Social Representations*. Londres: Polity Press, p. 224-286 [Ed. de G. Duveen].

MOSCOVICI, S. & VIGNAUX, G. (1994). "Le Concept de Thêma-ta". In: GUIMELLI, C. *Structures et transformations des représen-tations sociales*. Neuchatel: Delachaux et Niestlé, p. 25-72 [Reimpr. em MOSCOVICI, S. (2000). *Social Representations*. Londres: Polity Press, p. 156-183 [Ed. de G. Duveen].

MURE, G.R.G. (1940). *An Introduction to Hegel*. Oxford: Claren-don Press.

PANOFSKY, E. (1924/1968). *Idea* – A Concept in Art Theory. Nova York/Londres: Harper and Row [Trad. de J.J.S. Peake].

PURKHART, S.C. (1993). *Transforming Social Representations* – A social psychology of common sense and science. Londres/Nova York: Routledge.

SONTAG, S. (1989). *Aids and Its Metaphor*. Nova York: Farrar, Straus and Giroux.

_____ (1978). *Illness as Metaphor*. Nova York: Farrar, Straus and Giroux.

SPINOZA, B. (1677/1967). *Ethics*. Londres: Dent [Trad. de A. Boyle; Introdução de T.S. Gregory].

VERENE, D.P. (1981). *Vico's Science of Imagination*. Ithaca/Londres: Cornell University Press.

VICO, G. (1744/1948). *The New Science of Giambattista Vico*. Ithaca, NY: Cornell University Press [Trad. de T.G. Bergin e M.H. Fisch].

_____ (1710/2010). *On the Most Ancient Wisdom of the Italians*. New Haven/Londres: Yale University Press [Trad. de J. Taylor; Introdução de R. Miner].

_____ (1709/1965). *On the Study of Methods of our Time*. Indianápolis: The Bobbs-Merrill Company [Trad., introdução e notas de E. Gianturco].

WALSH, W.H. (1946). "Hegel and intellectual intuition". *Mind*, 55, p. 49-63.

WILLIAMS, B. (1985/2006). *Ethics and the Limits of Philosophy*. 2. ed. Londres: Fontana Press [com comentários de A.W. Moore].

4
MODERNIDADE & CIA.: REPORTÓRIOS DA MUDANÇA*

*Angela Arruda***

Parte 1

A Teoria das Representações Sociais (TRS) foi considerada pelo seu autor a antropologia do mundo moderno. Foi concebida com a intenção de fazer face à sociedade moderna do pós-guerra. Contudo, a modernidade tem uma duração demasiado larga, é díspar e confusa, atravessa mudanças e apresenta desafios. É questionada e colocada em causa. Desta forma, começou a manifestar novas características e a ser referida através de outros nomes, um indicador do surgimento de uma nova fase: modernidade líquida, modernidade tardia, pós-modernidade. Uma das características da modernidade tem sido o aumento exponencial da importância da ciência; esta, de acordo com Moscovici, tornou-se a nova religião do nosso tempo. A ciência abriu uma Caixa de Pandora, disseminando continuamente as suas descobertas e novas invenções, tornando-se uma autoridade importante nos tempos modernos.

A Teoria das Representações Sociais (TRS) começou a explorar esta transição do conhecimento científico para o discurso quotidiano. Tal é evidente no caso da psicanálise, que se tornou um fenômeno cultural nas décadas de 1950 e de 1960 (MOSCOVICI, 1961, 1976), e que, desde então, entrou a pouco e pouco na vida quotidiana e construiu a sua própria história – a história das Representações Sociais (RS) da psicanálise. Contudo, a ciência não é a única fonte de inovação que entrou nas nossas vidas diárias e as afetou. Wagner (1998), Wagner e Hayes (2005) já cartografaram a "mentalidade moderna" (WAGNER & HAYES,

---

* Em português no texto original.

** Instituto de Psicologia. Universidade Federal do Rio de Janeiro.

2005, p. 135) e as suas formas de expressão, que abrangem mais do que meras representações de conhecimento científico. Não irei abordar este tema em grande detalhe.

Hoje em dia, a velocidade frenética da informação e do progresso da tecnologia da informação transformou a forma como comunicamos, pensamos e construímos o nosso conhecimento. Os nossos alunos não conseguem imaginar a sua vida sem celular, internet, redes sociais, blogues etc. Também não conseguem imaginar como era possível viver no passado. As práticas de informação e comunicação mudam com rapidez, o que afeta os métodos de ensino e aprendizagem, bem como a forma como pensamos e interagimos uns com os outros. Tal também se reflete na psicologia e requer um desenvolvimento teórico. Os fenômenos psicológicos, como, por exemplo, a atenção e a memória, estão a passar por uma mudança e têm de ser reavaliados. Será a representação social imune a estas mudanças?

O indivíduo atravessa correntes de informação, sendo cada vez mais inundado pelas mesmas, e participa em grupos e instituições cada vez mais diversas e muitas vezes pouco duradouras. As velhas práticas foram substituídas por novas. A sociabilidade mudou. Os adeptos do futebol abandonaram os estádios, preferindo assistir aos jogos em pequenos grupos em locais como bares, restaurantes ou na casa de amigos. Por outro lado, as *raves* atraem multidões de pessoas que dançam e bebem toda a noite e dispersam ao amanhecer. A privacidade tornou-se pública na internet e nos sites de redes sociais, onde pessoas que nunca se teriam conhecido fora do ciberespaço se juntam e partilham detalhes íntimos das suas vidas com pessoas que nunca teriam conhecido pessoalmente. Esta disseminação de informações sobre si mesma faz de cada pessoa uma microcelebridade que é o seu próprio *paparazzo* e produz notícias diárias sobre si. Esta é parte do princípio da rede: a informação é distribuída de um dado ponto para outro sem um centro regulador, hierarquia e sem limites à disseminação.

Como resultado da globalização, a mobilidade social começou a diminuir. Os diversos partidos políticos e religiões, que são características das sociedades modernas conforme evocadas por Moscovici, tornaram-se uma espécie de transeuntes que, por sua vez, se movem a um ritmo cada vez maior. As pessoas podem mudar de crença religiosa, de profissão ou de cidade mais do que uma vez na vida.

As identidades fixas deixaram de existir e, apesar da sua flexibilidade, não conseguem acompanhar e acolher a variedade que poderiam alcançar. São agora identidades nômades, de acordo com Mouffe (s.d.), Braidotti (1993, 1994) e Canclini (1998). Para reforçar esta asserção, Canclini (1998) cita a comparação da vida com um contínuo atravessar de fronteiras feita por Michel de Certeau[13].

E de que forma está isto relacionado com a construção e dinâmica das RS? Estas características reduzem as hipóteses de surgimento e sobrevivência de determinadas representações? A representação tal como a conhecemos está a tornar-se uma entre várias formas possíveis de lidar com a inovação que inunda incessantemente a nossa sociedade? O conceito de representação está a tornar-se demasiado restrito para lidar com as formas de comunicação emergentes, pensamento social, agrupamento humano e um sentido de pertença?

É evidente que não tenho a resposta para estas questões, mas pretendo que possam ser incluídas na nossa agenda e no diálogo com outras ciências sociais, bem como noutros campos da psicologia. A minha apresentação tentará abordar os fatores que estão a mudar no presente (um presente que consiste em pontos e sistemas múltiplos de referência – modernidade tardia, líquida, branda e pós-modernidade), e depois abordará algumas questões levantadas pelo nosso trabalho de pesquisa relacionadas com a natureza dinâmica das RS, os caminhos em aberto por um lado, e os caminhos fechados por outro.

Este texto é constituído por duas seções. Começarei por discutir a modernidade nas relações com as RS dos dias de hoje. Irei questionar a modernidade enquanto conceito geral e a sua fase atual, em contraste com a modernidade na década de 1950

---

1. "[...] não existem bilhetes de identidade nos Estados Unidos, são substituídos pelas cartas de condução e pelos cartões de crédito, i.e. a capacidade de percorrer o espaço e a participação num jogo de confiança estabelece um compromisso entre os cidadãos americanos" (CANCLINI, 1998, p. 315).

e de 1960, quando a Teoria das Representações Sociais (TRS) foi criada. Na segunda seção, comentarei algumas novas definições que põem em causa a TRS ao lidarem com a mudança social e cultural que se verifica hoje em dia, considerando novas possibilidades para a expressão do pensamento social abertas pela contemporaneidade.

Modernidade acelerada, contemporaneidade limitada?

Duveen (1998, p. 467) destaca que

> O fenômeno das RS está ligado aos processos sociais tecidos em torno das diferenças na sociedade. E é a tentar justificar esta ligação que Moscovici sugeriu que as RS são *a forma de ideação coletiva em condições de modernidade*, uma formulação que sugere que, *mediante outras condições de vida social, a forma de ideação coletiva também poderá ser diferente* (o destaque no texto é de nossa autoria).

O contraste entre duas condições – pré-moderna e moderna – justificaria a opção de Moscovici relativa ao conceito de representação *social* para substituir a noção de Durkheim de representação *coletiva*. Duveen desenvolve com base nestes pressupostos. O fio condutor central no argumento de Moscovici acerca da transformação da ideação coletiva na transição para a modernidade estaria relacionado com a questão da legitimação. Nas sociedades pré-modernas, o poder do conhecimento legítimo e das crenças foi concentrado em duas instituições: a Igreja e o Estado. Por contraste, na modernidade, este poder está espalhado por diferentes origens e o conhecimento deixou de ser regulado da mesma forma:

> O fenômeno das representações sociais pode, neste sentido, ser visto como a forma através da qual a vida coletiva se adaptou às condições descentralizadas da legitimação. [...] A legitimação [...] tornou-se parte de uma dinâmica social mais complexa e contestada na qual as representações de diferentes grupos na sociedade procuram estabelecer uma hegemonia (DUVEEN, 1998, p. 468).

De acordo com Moscovici (1961, 1976), a ciência tem sido um dos centros que regula o conhecimento, apesar de o senso comum também ser um deles. Isto implica que as RS estariam estreitamente relacionadas com a legitimidade partilhada, isto é, ao poder de acesso ao conhecimento e crenças legítimas. Moscovici (1961) já tinha referido que as RS só se poderão desenvolver onde as pessoas com pontos de vista diferentes conseguirem falar e exprimir-se, por isso, sob uma ditadura severa que não deixe lugar à diversidade de pensamento, estas não se desenvolveriam. Por outras palavras, o surgimento das representações sociais iria depender, até certo grau, da democracia.

Os recentes acontecimentos políticos nos países árabes demonstraram como a comunicação online – uma fonte de legitimidade diferente que não estava disponível quando *La psychanalyse* foi escrita – ultrapassou a censura e ajudou a fomentar a mobilização. Esta caracterizou-se pela comunicação entre indivíduos de diferentes grupos da sociedade em rede, motivados por pensamentos e sentimentos comuns acerca do estado social e político. A convulsão resultante traduziu-se numa exigência de democracia. De acordo com os padrões ocidentais, será desta forma que definimos as sociedades modernas? Contudo, este foi um fenômeno de comunicação de massas, com a internet a agir como intermediário, com consequências importantes. Poderá dar-se o caso de existirem novas representações sociais a emergir relacionadas com o país, governo, política, direitos civis e políticos – todo um campo de representações em torno da ideia de democracia (de acordo com o jargão das ciências sociais ocidentais)?

Além disso, de acordo com Moscovici (1988):

> Uma representação muda indubitavelmente de um domínio para o outro à medida que toma forma e o ponto de vista do observador tem um papel importante. Mas estas transformações são um sintoma fundamental do estado de uma sociedade (p. 222).

Os debates sobre os estudos culturais consideraram a modernidade não apenas um estado para o qual ou a partir do qual migramos, mas uma condição que envolve aqueles que vivem nas cidades e no campo, bem como nas grandes cidades em países em desenvolvimento (CANCLINI, 1998, p. 356). Na verdade, hoje em dia qualquer pessoa e grupo com acesso à internet pode tornar-se um observador e, ao mesmo tempo, ser um participante ativo na rede. O ponto de vista do observador poderá influenciar os outros, ser influenciado em qualquer momento e tornar-se cada vez mais importante. O líder ambiental da Amazônia, Chico Mendes, costumava dizer que se tinha tornado ambientalista e líder por causa da internet. Antes da informação acerca desta luta começar a circular na rede, era apenas um trabalhador numa fábrica de extração de borracha. Não fazia ideia de que estava a lutar pelo ambiente.

Como é evidente, as representações sociais existiam antes da modernidade, tal como a história cultural já nos demonstrou (CHARTIER, 1989; PESAVENTO, 2005; SWAIN, 2000). Continuarão certamente a existir no futuro, tal como o cinema não morreu após o advento da televisão e o livro impresso não desapareceu devido ao surgimento dos livros digitais. Ainda não sabemos até onde os novos conceitos ou alguns dos antigos terão de ir para acompanhar as alterações constantes na cognição, atenção e na forma como as mentes lidam com a inovação. A questão que se coloca é: Será que a "topografia da mente moderna", tal como Wagner referiu em 1998 (p. 4), conseguirá acolher estas mudanças? E de que modo?

O princípio de que as representações sociais necessitam de um contexto de diversidade de fontes de modo a florescerem tem de ser desenvolvido. A concentração de fontes de legitimidade também dá origem a representações sociais, apesar de não o fazerem na mesma proporção que num contexto de fontes múltiplas. Será uma generalização excessiva considerar a modernidade a era da democracia, conforme demonstrado pelos mais recentes eventos referidos. O que implica é que a modernidade não é um período histórico homogêneo, nem um fenômeno social homogêneo; nem mesmo os grupos podem ser considerados homogêneos. A modernidade poderá não estar presente em todos os locais ao mesmo tempo e poderá mostrar diferentes facetas em diferentes locais. Também é uma circunstância política. Portanto, é verdade que poderá ser necessário algum grau de poder descentralizado e práticas democráticas para difundir fontes de regulação do conhecimento e das crenças, permitindo desta forma a existência de uma diversidade de pontos de vista.

Também é verdade que as restrições políticas, em conjunto com a insatisfação geral, poderão levar ao crescimento de um desejo latente de mudança e ao surgimento de minoria ativas. Também poderá estar aqui presente a interação da influência social.

A abordagem psicológica à comunicação eletrônica de multidões ainda tem de ser desenvolvida. Existe um efeito de contágio digital? De que forma a intermediação eletrônica influencia o tipo de resposta dado pelos correspondentes? A representação social emerge como resultado deste processo, ou é o processo que resulta da representação social já existente, evoluindo durante um longo período de uma experiência marcante ao abrigo deste tipo de regime e unificada através da internet? É provável que ambos os casos sejam verdade, mas é necessário mais pesquisa nesta área.

A Segunda Guerra Mundial apanhou-nos de surpresa com a ocorrência de fatos tão dolorosos e vergonhosos que preferimos olhar para este acontecimento como uma perturbação da modernidade em meados do século XX. Desde o final da década de 1930 até ao final da guerra, em conjunto com os enormes avanços tecnológicos que perspectivaram desenvolvimentos futuros, a guerra deu origem a um conjunto de ideias, crenças e práticas que eram consideradas como um retrocesso do mundo à antiguidade. Quando a guerra terminou, a modernidade parecia ter ressurgido, apesar de nunca ter desaparecido de cena. A guerra não foi mais do que o resultado de determinados desenvolvimentos socioeconômicos, de uma situação sociopolítica e de uma série de fenômenos psicológicos produzidos histórica e contingentemente. A guerra fez parte da lógica da modernidade e, por isso, foi um desenvolvimento da própria modernidade.

Se ignorarmos o contributo psicopolítico de Reich em *The mass psychology of fascism* (REICH, 1946), a influência do fascismo nas massas em geral ainda não tinha sido explicada para lá das fronteiras socioeconômicas e geopolíticas na década de 1950. A força da crença ainda não era entendida como um fenômeno psicológico no âmbito de uma perspectiva social. É por volta desta altura que, após viver sob a opressão nazista durante a guerra, Moscovici iniciou o trabalho de pesquisa que iria resultar na elaboração da Teoria das Representações Sociais.

A ciência ocupou um lugar de destaque nas nossas vidas e as comunicações desenvolveram-se e tornaram-se uma atividade constante desde o fim da guerra. Estes foram os dois principais ingredientes para o processo de representação social. Também foram duas das mais importantes fontes para a legitimidade do conhecimento, uma vez que ajudaram a disseminar a matéria--prima do conhecimento comum.

Portanto, podemos afirmar que o impacto da guerra na Psicologia Social não se limitou ao exílio de um número de cientistas promissores que tiveram de abandonar o continente e acabaram por trabalhar nas universidades americanas, influenciando desta forma a psicologia social americana (FARR, 1998). Este impacto não se limitou aos Estados Unidos. Também atingiu a Europa. Moscovici e Marková (2006) descrevem em detalhe a interessante relação entre a psicologia social europeia e norte-americana que começou depois da guerra. Independentemente disto, o próprio Moscovici foi um elo na corrente que ligou a posição da geração exilada relativamente à psicologia social e muito do que aconteceu em termos de desenvolvimentos subsequentes na psicologia social europeia (MOSCOVICI & MARKOVÁ, 2006). Na verdade, a TRS foi um desenvolvimento da psicologia social europeia preocupada com contextos; a visão social e a crítica da própria área tornaram-se mais prevalentes na década de 1960. Estava imbuída no seu tempo histórico e, como Moscovici (1961) demonstrou na sua obra, a representação social da psicanálise estava estreitamente ligada à organização da sociedade francesa de então.

Na década de 1950, as três principais formas de comunicação identificadas por Moscovici nos meios de comunicação escrita (disseminação, propagação e propaganda) confirmaram que a transição de uma fonte contemporânea principal de legitimação de conhecimento – a ciência – foi auxiliada por outras fontes intermédias. Estas fontes intermédias, que são protagonistas no processo de transição – a Igreja Católica, o Partido Comunista, os principais meios de comunicação – eram uma expressão do intenso debate que decorria na sociedade que conduziu à construção das representações sociais. A boa e velha Igreja entrou de novo em cena, mas com uma roupagem diferente.

Desta forma, o estudo de Moscovici identificou indícios da centralidade da legitimidade na transição para a fase seguinte. A Igreja também mudara e, desta forma, permanecera como uma das fontes uma vez que tinha uma vasta base de seguidores. Contudo, o seu impacto limitou-se aos seus próprios seguidores, número este que continuou a diminuir. A escolha de canais de comunicação social por parte de Moscovici mostrou que as fontes de legitimação multiplicam-se, não têm a mesma influência, não pretendem atingir o mesmo público e não têm o mesmo alcance. Por isso, podem ter mais ou menos importância na ajuda à produção de RS.

De acordo com Duveen, o que distingue a era moderna da pré-moderna, "e ajuda a distinguir as representações sociais como forma de ideação coletiva das formas autocráticas e teocráticas de sociedade feudal", é a produção e disseminação de ideias no âmbito destas diversas formas de comunicação (DUVEEN, 1998, p. 469).

Duveen pensava na modernidade em sociedades industriais europeias por contraste com as sociedades feudais. Cinquenta anos após a publicação de *La psychanalyse, son image, son public*, podemos perguntar: A modernidade continua a mesma no terceiro milênio? À luz das multidões que se conhecem virtualmente no ciberespaço para marcarem uma posição, como ficou evidenciado durante a primavera política árabe, e da capacidade de contactar em tempo real pessoas de todo o mundo (o conceito de aldeia global de McLuhan a tornar-se realidade), podemos continuar a dizer que as RS são a forma típica de pensar nestas sociedades? Não sentimos que, apesar de a comunicação nunca ter sido um foco muito importante nos estudos das RS – em geral, os resultados das pesquisas sobre RS (incluindo a minha) fazem parecer que continuamos a viver no mundo pré-digital dos meios de comunicação impressos, no qual a televisão e o cinema eram os mais recentes avanços na comunicação em massa?

Relativamente à América Latina – algo que provavelmente se aplica também a outros continentes, incluindo parte da Europa e dos Estados Unidos –, gostaria de realçar alguns aspetos. Em primeiro lugar, a modernidade não é completamente abrangente nem homogênea. Também nunca é alcançada na plenitude. As condições pré-modernas, modernas e pós-modernas (i. é, se quisermos utilizar a expressão "pós-moderno") coexistem nos nossos países. A modernidade não é igual em todo o lado. Assume as características do local e da época em que se efetiva. Tivemos vagas de modernização a ocorrer sobretudo após a independência dos países da América Latina, mas, na sua generalidade, a modernização e a democratização afetaram uma pequena minoria da população[2]. Era uma questão de expansão limitada do mercado, uma renovação de ideias, mas uma baixa eficiência dos processos sociais (CANCLINI, 1998).

E por que essa discussão sobre a modernidade? Porque é a condição para a circulação intensa de representações sociais, mas não existe uma modernidade com letra maiúscula: "Modernidade". Atualmente limitamo-nos a conhecer as suas nuanças e diversidade. Alguns autores consideram até que nunca fomos modernos (LATOUR, 1994) e tendo a concordar. Nos nossos países, e possivelmente na maioria dos países, era difícil fazer corresponder o modernismo cultural à modernização social. As chamadas mudanças estruturais entre as décadas de 1950 e de 1970 ajudaram a transformar esta relação, apesar de não o fazerem da mesma forma ou ao mesmo ritmo em todos os locais.

Existem provavelmente dois movimentos que, sendo aparentemente opostos, são complementares. Um consiste na proliferação de fontes de legitimação do conhecimento com o aumento exponencial de especialidades. Estas emergem e desaparecem continuamente, dando lugar a novas especialidades, ainda mais especializadas (p. ex., os cuidados com a saúde oral nalguns países deram origem a uma série de especialidades, como os cuidados dentários, a terapia dentária, a higiene dentária ou a cirurgia dentária). A multiplicidade de fontes conduz à multiplicidade de inovações das quais podem originar. Também deveremos considerar as espantosas mudanças no ritmo e intensidade das comunicações individuais e sociais.

---

2. Se comparamos o Brasil à Europa, no final do século XIX, a iliteracia era de cerca de 10% na Inglaterra; 84% no Brasil no mesmo período e continuava a ser de 57% em 1940. Contudo, isto não significa que houve atraso ou deficiência no nosso nível de modernidade relativamente aos países europeus (cf. CANCLINI, 1998).

Outro movimento referido brevemente acompanha as mudanças múltiplas pelas quais muitos indivíduos passam ao longo da vida, tais como as mudanças de profissão, religião ou local de residência. São um indicador do *pluralismo*. Este movimento está relacionado com a autorrepresentação, com a afiliação em grupos e com os resultados de uma mistura que Latour (1994) denominaria de "hibridização", a produção de híbridos – teorias, ideias, instituições, objetos, pessoas. Ambos os movimentos estão relacionados com o pluralismo, que é outra característica da modernidade de acordo com Berger e Luckmann (1995). Implica um elevado grau de formas diversas de vida numa sociedade que não partilha valores comuns (a um grau muito mais elevado do que noutras situações como, p. ex., o Império Romano), com a existência de um número de alternativas entre as quais optar.

O maior número de alternativas poderá provocar uma crise de significados numa comunidade. Ao nível individual isto poderá levar à fragmentação ou descentralização da identidade, à deslocação do sujeito. O sujeito perde o seu lugar e as identidades perdem a sua estabilidade. Esta é considerada uma característica do "aqui e agora" (seja referida como pós-modernismo ou modernidade tardia) por autores que se interessam pelos estudos culturais, tais como Hall (2002), Mouffe (s.d.) e outros. De fato, o sujeito torna-se um problema nas ciências humanas e sociais expresso por autores influentes como Foucault, Deleuze e Guattari, que rejeitaram a visão unitária do sujeito moderno como entidade racionalista autorreguladora (BRAIDOTTI, 2010) e advogam o surgimento de sujeitos descentralizados, múltiplos e nômades, como os novos tipos de subjetividades.

O fenômeno das RS está ligado aos processos sociais tecidos em torno das diferenças na sociedade. E é a tentar justificar esta ligação que Moscovici sugeriu que as RS são *as formas de ideação coletiva em condições de modernidade* e Duveen sugeriu que esta formulação implica que a *forma de ideação coletiva também poderá ser diferente sob outras condições de vida social* (o destaque no texto é de nossa autoria).

Nesta primeira seção comecei com as palavras de Duveen, que afirmou que a modernidade é a condição ideal para o surgimento das RS. Tentei discutir a condição moderna, comentando as mudanças que ocorreram nos últimos 50 anos. Concentrei-me em dois aspectos em particular. O primeiro consiste na natureza polifásica da modernidade: diferentes modernidades coexistem entre si; a modernidade não elimina aquilo que existia antes dela nem cumpriu a sua promessa até agora.

O segundo aspecto consiste na transformação provocada pela revolução digital e na sua influência nas comunicações sociais, nas relações humanas, nas formas de pensar e no conhecimento. Estes dois aspectos fizeram-me levantar algumas questões acerca do condicionamento das RS à modernidade e sobre o potencial das RS para lidarem com as mudanças na modernidade – se ainda pode ser referida como tal.

PARTE 2 – As representações sociais no terceiro milênio: desafios e mudanças

As novas definições tornaram-se mais influentes nas ciências sociais, na filosofia e nos estudos culturais nos finais do século XX e no início do século XXI. Por motivos de tempo e espaço, limitar-me-ei a referir apenas algumas das principais tendências que abraçam a crítica da modernidade e apresentam alguma afinidade epistemológica entre si.

Irei referir apenas conceitos contemporâneos do sujeito de uma forma bastante simplificada, dado que alguns deles constituem áreas de estudo e de pesquisa e fazem parte de projetos epistemológicos e teóricos bastante complexos e que não poderei discutir em profundidade. Talvez estejamos a enfrentar uma área de estudos de subjetividade muito vasta cuja fundação é a figura do sujeito *múltiplo e fragmentado*, por oposição a uma visão essencialista e imobilizada do sujeito. O sujeito contemporâneo não é unificado, nem é constantemente idêntico. Esta perspectiva é suportada por uma visão crítica de todas as hierarquias e dicotomias que, contudo, questionam a construção binária do Ocidente com base na estrutura e na ordem. A ciência moderna avança no sentido contrário à procura do universalismo, afirmando por vezes que a diferença é um valor. Estas ideias são transversais a todos os conceitos que irei referir mais tarde e, tendo um impacto no feminismo nas décadas de 1960 e de 1970, continuaram a ser a fundação epistemológica de muitas teorias críticas. Uma das áreas de evolução centrar-se-ia no movimento, um estado de transição, com duas perspectivas. Uma consiste nos *sujeitos* e *identidades nômades* (MOUFFE & BRAIDOTTI, 1993, 1994), que é transversal a diversas possibilidades no tempo e no espaço: mudanças na profissão, nas crenças, na morada (cidade, estado, país) que resultam na fragilidade das definições baseadas na identidade que estão ligadas a estas possibilidades. O sujeito nômade se caracteriza pela mobilidade, pela capacidade de mudança.

Outra perspectiva que faz geralmente parte da área dos Estudos Sociais nos Estudos Anglófonos pode ser resumida como o *sujeito pós-colonial*, teorizado por intelectuais que nasceram em países colonizados e que questionaram a condição colonial e a visão do mundo ocidental destes países. Esta perspectiva foi destacada por Edward Said (2003), Stuart Hall (2002) e Homi Bhabha (1998), por exemplo. As mulheres que não eram brancas, fossem ou não oriundas dos mesmos países, também contribuíram para esta perspectiva, já que sentiram que eram definidas como as "Outras" no modelo do sujeito ocidental padrão: branco, homem, dominante/colonizador. Desta forma, as posições anticolonialistas e feministas fundiram-se, contribuindo para os chamados *sujeitos subordinados* (SPIVAK, 1988). Há que observar que todas estas categorias de sujeitos podem ser encarnados em minorias ativas que tentam conquistar visibilidade e respeito. Disseminam ideias dissidentes na sociedade e poderão funcionar como um dos fatores de transformação das representações. São teorias, tal como as de Gayatri Spivak (1988), Bell Hooks (1989), Gloria Anzaldua (1987), Rosi Braidotti (2010).

A segunda evolução que, apesar de continuar a ter fundações semelhantes à parte anterior, abarca definições mais "radicais" consiste em: *subjetividade sem um sujeito* e o *sujeito pós-humanista* que é descrito por alguns pós-estruturalistas. Foucault (1982) mal reconhece o sujeito, apesar de alguns dos seus leitores terem tentado destacar que está presente no seu trabalho (PATTON, 1992). Deleuze e Guattari (1995) consideram a produção coletiva da subjetividade na qual o sujeito é uma mera circunstância, uma interseção de forças.

Por outro lado, na teoria ator-rede de Bruno Latour (2005), segundo a qual os humanos e não humanos são atores iguais ligados por redes, temos o *sujeito pós-humano*. A agência deixou de ser domínio exclusivo dos seres humanos. Os atores também podem ser objetos, forças ou ideias. O fundamento da teoria é a recusa em reduzir as explicações a categorias naturais ou sociais, já que estão totalmente interligadas em artefatos, híbridos ou quase objetos, outro conceito central. São simultaneamente reais, discursivos e sociais.

A maioria destes conceitos tem uma base comum na ideia explicada por Maffesoli (1996) segundo a qual a identidade era uma noção adequada para a modernidade, uma vez que o indivíduo tinha planos e expectativas futuras, mas na pós-modernidade, devido à saturação do indivíduo moderno, deixou de existir uma identidade singular e exclusiva: o que emerge são identificações e pessoas. A pessoa intrinsecamente plural (*persona*) apresenta diferentes máscaras de acordo com as circunstâncias através de identificações múltiplas. A pós-modernidade traria a aceleração, que precipita e enfraquece; o pluralismo, que remove o territorialismo. De acordo com Hall, na modernidade tardia, "[...] as identidades nunca são unificadas [...]" mas "tornam-se cada vez mais fragmentadas e fraturadas; [...] nunca singulares, mas construídas em múltiplas formas durante o discurso, as práticas e posições que podem interseccionar-se ou ser antagônicas [...], estando constantemente em processo de mudança e transformação" (p. 108).

Este conjunto de perspectivas aporta consigo questões e afinidades com a TRS que abordarei em seguida.

Como convergências, temos, em primeiro lugar, a abordagem construcionista social que, ao mesmo tempo, contempla três pilares teóricos abrangentes. O primeiro seria o fim de dicotomias como, por exemplo, indivíduo/sociedade, sujeito/objeto, razão/emoção e a adoção do triângulo ego-alter-objeto como protagonistas na construção do significado. Ao mesmo tempo, a posição de Moscovici na criação da TRS com contornos fluidos, como um trabalho em progresso, está em harmonia com o espírito de negação de que a ciência é uma verdade acabada. A TRS não adota a forma dominante da criação científica, estabelecendo o movimento como núcleo da sua construção. Este é o segundo pilar teórico.

Estes contornos fluidos são responsáveis pela possibilidade de futuro desenvolvimento da TRS e de confronto com o conceito contemporâneo de inovação. Desde este ponto de vista, a TRS está em sintonia com as abordagens contemporâneas, deixando a sua marca na posição crítica e inovadora que Boaventura Sousa Santos (1989, 2000) denominou de paradigma emergente da ciência. Relativamente à diluição do sujeito ocidental padrão, esta apresenta-se perante nós como um desafio. A TRS não adota como sujeito a figura que é contestada pelos autores de estudos culturais e de teorias feministas, com os quais convergem novamente. Além disso, como antropologia do mundo moderno, afasta-se das explicações generalizadas abrangentes quando utiliza as microvisões expressas pela variedade de "grupos" que as formulam. Como pano de fundo para a recolha do conhecimento do quotidiano, toma como sujeito aquele que tiver a capacidade para provocar, produzir ou disseminar representações sociais, sem estabelecer hierarquias entre os tipos de sujeitos e sem qualquer assimetria existente entre os tipos de conhecimento. Desta forma, ocorre a diluição do sujeito. A TRS não pode abranger a eliminação do sujeito, já que este é o seu protagonista. As RS não podem dispensar a figura do sujeito, apesar de este não ser necessariamente um indivíduo; também não é um sujeito solipsista que se isola da sociedade, mas um sujeito que a atravessa e é atravessado por ela.

A diluição e a fragmentação contemporâneas, a modernidade líquida identificada por Bauman, reforçam ou revivem de uma forma diferente o velho debate sobre quem é elegível para produzir representações sociais (HARRÉ, 1984; MOSCOVICI, 1976; WAGNER, 1998). A variação da representação não é apenas uma função de diferentes grupos com diferentes pontos de vista da mesma inovação, mas surge igualmente de uma situação, de uma interlocução. O lugar dos indivíduos na construção das RS não pode ser ignorado, tanto de um ponto de vista histórico e social, como de um ponto de vista situacional e circunstancial. A representação é relativizada mesmo que os seus autores não tenham diferentes pontos de vista, já que, em primeiro lugar, todos os grupos representam diferentes níveis de participação, de associação, entre os seus participantes. A representação social não é designada exatamente da mesma forma por todos os membros do mesmo grupo. Entre as variações da representação existente naquilo que é referido como um grupo existe um sentimento de família identificado que é semelhante a diferentes pontos de vista. Mas teria necessariamente de ser garantido por um só núcleo ou poderia ter uma composição mais flexível, consistindo por vezes em elementos que nem sempre são exatamente os mesmos para todos? Podem existir combinações variadas entre estes elementos, mantendo uma articulação que propicia semelhanças entre aqueles que estão numa relação? O sentimento de família não necessita de constituir um padrão constante e pode surgir como resultado de uma análise combinada.

Em segundo lugar, a representação é construída ao encontrar uma nova forma de posicionar o sujeito que, à medida que é conhecido, não é permanente, nem monolítico, uma vez que ninguém se fixa numa identidade única e permanente. Por exemplo, uma profissional da saúde não é definida pela sua profissão. É igualmente mulher, mãe, portuguesa, está no Brasil e é evangélica, o que significa que pode ser posicionada de diferentes formas dependendo do aspecto que é ativado pelo encontro com a inovação, outras pessoas ou o entrevistador. Para além da natureza heterogênea dos grupos, os sujeitos são igualmente heterogêneos, polifásicos e respondem às contingências e à interlocução (ORVIG, 2003). A teoria das posições clarifica o seguinte: a resposta à pergunta "quem é cada qual" depende das posições disponibilizadas nas práticas discursivas do próprio e de terceiros, das histórias através das quais entendemos a nossa vida e as vidas de terceiros (DAVIES & HARRÉ, 2007). A heterogeneidade, o posicionamento e a perspectiva andam de mãos dadas e são elementos da dinâmica das representações, bem como a fluidez relativa dos limites dos grupos.

Em discussões e em painéis de júris de teses, alguns colegas criticaram o que consideram ser uma naturalização dos sujeitos na pesquisa sobre as RS, o que toma o grupo como garantido, olhando para ele como algo estável e com uma tendência para a homogeneidade – uma entidade em si mesma. A definição categórica do grupo é colocada em causa.

Provencher (2011) refere que este conceito de "grupo" "[...] pode ser percebido como sendo demasiado rígido e desalinhado com o que está a acontecer nas sociedades contemporâneas" (p. 270). A este respeito, a TRS tem sido lenta a reconhecer e a dar resposta às implicações de uma situação que se encontra cada vez mais em tais sociedades. As pessoas optam por se definir utilizando mais do que uma dimensão:

> [...] a categorização dos indivíduos em termos de uma única dimensão (p. ex., a sua fé religiosa) ignora o fato de as pessoas serem sempre indivíduos complexos e multifacetados que selecionam as suas identidades a partir de uma vasta gama de alternativas econômicas, culturais e ideológicas. A teorização da relação individual social com os grupos tem por isso de ser redefinida de modo a considerar esta noção de pertença a grupos múltiplos e voláteis (PROVENCHER, 2011, p. 270).

A pertença já não pode ser considerada como algo inequívoco. São sugeridas algumas alternativas, ainda que timidamente, tais como a ideia de grupos fluidos (vagos), já abordada por Jesuíno (2002) e Wagner (2005), apesar de ainda não termos alcançado uma fase em que são colocadas em prática. Na verdade, tal como Provencher (2011) nos recordou, Duveen e De Rosa (1992) já tinham colocado a hipótese de um enquadramento mais flexível através do qual podemos examinar a associação dos indivíduos a diferentes grupos e a sua adoção de identidades sociais múltiplas, dependendo das tarefas e objetivos específicos que se pretende alcançar. Numa sociedade contemporânea caracterizada pela fragmentação do eu, como Hall (1992) afirmou:

> a ideia de que as crenças, atitudes e valores serão partilhados da mesma forma e com a mesma intensidade por todos os indivíduos sociais que fazem parte de um grupo específico já não pode ser defendida. Temos de aceitar a possibilidade de que os indivíduos sociais podem ter aquilo que, para alguns, podem parecer crenças contraditórias como reflexo das suas associações múltiplas" (PROVENCHER, 2011, p. 84).

Somos todos sujeitos polifásicos e, por conseguinte, tendemos igualmente a ser identificações e identidades sociais em sociedades nas quais a desregulação do trabalho continua e a desigualdade persiste, mas existe um número cada vez maior de especialidades, vivemos cada vez mais com a ajuda da ciência e da tecnologia, passamos cada vez mais tempo no mundo virtual, onde fazemos compras, lemos livros, visitamos locais e pessoas, estudamos e nos comprometemos, recebendo cada vez mais informação.

Não discutirei aqui os grupos que produzem as RS, tal como no final da década de 1980, mas gostaria de reintroduzir algumas propostas que já estão em campo e que afetam o alcance dos nossos hábitos de pesquisa. Um elemento como o conceito do sujeito e da identidade une a engenharia e a teoria. Afeta a resistência às identidades, a forma como um tema ou "objeto" é abordado, o decurso da pesquisa. Indica um avanço no paradigma emergente, abordando o entendimento da construção do conhecimento e, consequentemente, também afeta as fundações metodológicas da teoria.

Todas as representações sociais representam alguém e este alguém constitui o encontro de várias forças: políticas, sociais, culturais e outras forças que são expressas em práticas, na exposição aos meios de comunicação, em ligações institucionais etc. Todas as RS transportam consigo a marca deste alguém e dependem dele para a sua construção. Consideram o sujeito múltiplo e variado que consiste em identidades nômades que estão numa fase contínua de mudança, sem nunca estarem "prontos".

Estas características não podem ser generalizadas já que, tal como acontece com a modernidade, a fase atual, independentemente da sua denominação, também não é estabelecida em todo o lado, nem tem a mesma intensidade em todos os locais em que ocorre. A sua intenção também não é ignorar a exclusão digital, entre outras exclusões. Contudo, tal como na descrição da modernidade, existem alguns indícios significativos deste período e estes provocam a desestabilização de instituições que eram anteriormente consideradas sólidas, tais como a identidade, as grandes narrativas, o progresso ou a neutralidade da ciência. Como traduzimos a complexidade da contemporaneidade, com a sua multiplicidade de prismas, na nossa pesquisa sobre as RS?

Os hábitos metodológicos no campo das RS apresentam limitações ao lidar com a aceleração e fragmentação que ocorre quando se vive com a inovação. Para além da objetificação do "grupo", outro problema é o fato de as ferramentas da teoria tornarem-na mais adequadas para a confirmação *ex-post*, a identificação dos processos quando (e se) as RS já estão estruturadas. Apesar da sua natureza e história dinâmicas, as RS têm dificuldade em captar os processos da sua preparação *em progresso*. A "cultura metodológica" da Psicologia Social contribui para estas limitações, tendo em conta que resultado, a prova, é mais importante do que a criação do caminho, da construção do caminho – "a construção de". A TRS trabalha com a fase de "construção" do processo. Desta forma, as ferramentas conceptuais tendem a seguir esta via, acompanhando o filme em movimento e não fotograma a fotograma. Na maior parte das vezes, somos nós os responsáveis pela câmara de filmar, apesar de precisarmos de um realizador. A observação – a observação participativa –, quando ocorre, tende a servir como ponto de apoio ou pontos que são complementares àquilo que está a ser investigado nas entrevistas, questionários e recolhas livres. A observação é raras vezes objeto de análise do estudo do movimento das RS. Wagner e os seus colaboradores (2008), numa análise inspirada do filme *As bruxas de Salém* (1996), baseado na peça de Arthur Miller e realizado por Nicholas Hytner, observaram que as entrevistas a pessoas de quem se pode esperar que partilhe uma representação proporcionam uma visão estática de uma RS; este procedimento só revelaria uma sombra de uma representação caso não fosse acompanhada por uma observação de uma interação social concentrada ao longo do tempo. As representações tradicionais são vistas como unidades rígidas e localmente integradas, com limites claros. As unidades dinâmicas podem ser difusas, possuem propriedades emergentes que vão para além da formação da unidade e a destacam. As RS em ação podem ser modeladas como unidades dinâmicas de interações voláteis.

A mudança, o movimento do conhecimento de uma esfera para outra, a transformação da inovação e a matéria na fundação da criação da teoria por parte dos seus protagonistas continua a ser a motivação da maioria dos estudos referidos. Irei agora enumerar, de forma sucinta, alguns dos esforços que foram feitos com vista a elaborar exames profundos que pretendem preencher algumas destas lacunas.

Do ponto de vista da dinâmica da RS, irei abordar contribuições recentes para as chamadas três escolas da TRS, de Paris, com Moscovici e Jodelet, do Midi, com Flament, Abric, Guimelli e Rouquette e de Genebra, com Doise, e que são bastante conhecidas. Contudo, recentemente, o diálogo e perspectiva temática, por um lado, tornam o diálogo o ponto central da construção das RS (Marková, Jovchelovitch) e, por outro lado, adotam o *thêmata* (Marková) como ideia fundamental, o pano de fundo do pensamento, à qual se recorreria ou utilizaria quando necessário pelo pensamento social.

Uma das mais recentes contribuições para esta linha de pensamento, que também está presente na linha discursiva (WAGNER, 1999, 2000), é o desenvolvimento do conceito de polifasia cognitiva. A hipótese da polifasia cognitiva, conforme denominada por Moscovici (1961) ao apresentar a teoria, parece ser cada vez mais real e menos hipotética e tornou-se o alvo de desenvolvimentos recentes significativos, como os de Jovchelovitch (2008), Provencher (2011) e Priego-Hernandez (2011). Estas análises clarificam a dimensão deste processo na dinâmica das RS e, como estão associadas a outras TRS e a questões de pesquisa, abrem caminho para lidar com obstáculos que já foram identificados. Desta forma, o trabalho de Provencher, que identificou quatro exemplos que são característicos das diferentes formas de dar sentido e de envolvimento na polifasia cognitiva ao lidar com a controvérsia relativa à vacina SPR, uma vacina de imunização contra o sarampo, a papeira e a rubéola, propõe um conceito alternativo de grupo social, um que junta as pessoas que partilham uma posição comum relativamente a crenças de fundo nucleares e a tipologia da polifasia cognitiva. Inspirado nas reflexões de Duveen, propõe uma perspectiva mais flexível da noção de grupos que está mais em linha com as identidades fluidas das sociedades contemporâneas modernas: comunidades epistêmicas. Seriam "associações livres de indivíduos sociais que partilham estratégias cognitivas semelhantes em termos do seu posicionamento na dicotomia polifasia/monofasia cognitiva, dos tipos de conhecimento que utilizam para lidar com um problema específico e das representações sociais que utilizam para delinear este problema" (PROVENCHER, 2011, p. 271). Estas comunidades permitem a expressão da capacidade e agência dos indivíduos sociais para escolherem estratégias cognitivas adaptadas às suas circunstâncias específicas. A forma de conhecimento social que produzem toma uma forma que acompanha o objetivo que elas (as comunidades epistêmicas) pretendem alcançar.

Os desenvolvimentos em torno da polifasia cognitiva introduzem diversas posições, tais como a Priego-Hernandez (2011), que se afasta do modelo de encontros de conhecimento proposto por Jovchelovitch (2008) e considera a polifasia cognitiva a possibilidade ou opção de beber de vários tipos de conhecimento. Considera que, mesmo que a escolha de uma pessoa seja aparentemente inequívoca, concentrando-se apenas em uma alternativa, esta escolha tende a considerar outras formas de conhecimento, intersectadas pelo diálogo. Contudo, a polifasia cognitiva é o resultado intrínseco do dialogismo, sendo afetado por mudanças e pela influência de terceiros, possivelmente até por parte de minorias ativas. Priego-Hernández consegue captar o movimento da formação da polifasia, apresentando uma observação extensa e sensível de mexicanos indígenas jovens em entrevistas cujos conteúdos destroem a dicotomia tradicional-moderno clássica.

Contudo, a captação do movimento parece ser uma área de grande preocupação e renovação da TRS no momento. O modelo toblerone, por exemplo, proposto por Bauer e Gaskell (1999), introduz a vista da temporalidade contida no projeto, enfatizando um novo elemento de dinamismo, apesar de a aplicação do projeto ainda ser difícil.

Conclusão

Em resumo e para concluir, a modernidade já não é a mesma de há 50 anos e a RS típica dessa altura tem de ser reformulada para que possa ser situada no contexto do novo panorama contemporâneo. As mudanças a que o mundo assistiu deram origem a novas conceitualizações em linha com a aceleração do ritmo da vida, da comunicação e do tempo. Algumas destas conceitualizações colocam as TRS e o seu estilo de investigação em causa, revelando dificuldades para acompanhar e lidar com tudo isto. Ao mesmo tempo, a teoria tem no seu repertório elementos que perspectivam um desenvolvimento promissor, já que parecem estar em harmonia com as características da contemporaneidade, reforçando o entendimento do movimento e dinâmica das RS. Entender este movimento implica considerar a dinâmica dos sujeitos, as "comunidades epistêmicas" e o ritmo da construção do conhecimento. A polifasia cognitiva parece ser uma das formas de abordar o motor da mudança, mas esperemos que não seja a única. Será que as inovações e controvérsias que emergem em dado momento estão constantemente a ser derrubadas, mudando as formas de conhecimento e produzindo conhecimento e que ainda produzem RS? Terão uma estrutura, um núcleo figurativo ou central, que demonstra a sua existência enquanto RS, e continuarão a ser a forma característica do pensamento contemporâneo e futuro?

Estas são algumas das perguntas que nos são colocadas. A situação na qual a contemporaneidade nos coloca é semelhante à afirmação do poeta e compositor brasileiro Tom Zé que foi sempre pós e pré-moderno:

> Eu tô te explicando pra te confundir,
> Tô te confundindo pra te esclarecer...

Referências

ANZALDÚA, G. (1987). *Borderlands/La Frontera*: The New Mestiza. São Francisco: Spinsters/Aunt Lute.

BERGER, P.L. & LUCKMANN, T. (1997). *Modernidad, pluralism y crisis de sentido* – La orientación del hombre moderno. Barcelona/Buenos Aires: Paidós.

BHABHA, H. (1998). *O local da cultura*. Belo Horizonte: UFMG.

BRAIDOTTI, R. (2010). "Elemental complexity and relational vitality: the relevance of nomadic thought for contemporary science". In: GAFFNEY, P. (ed.). *The force of the virtual*: Deleuze, science and philosophy. Mineápolis: University of Minnesota Press, p. 211-228.

_____ (1994). *Nomadic subjects*: embodiment and sexuality in contemporary feminist theory. Nova York: Columbia University Press.

_____ (1993). "Embodyment, sexuality and the nomadic subject". *Hypatia*, vol. 8 (1), p. 1-13.

Brasil é o quinto maior país na internet [Disponível em http://co lunas.revistaepocanegocios.globo.com/tecneira/2010/07/27/bra sil-e-o-quinto-maior-pais-na-internet/ – Acesso em 02/06/2012].

CHARTIER, R. (1989). "Le monde comme representation". *Annales*, vol. 44, n. 6, p. 1.505-1.520.

DAVIES, B. & HARRÉ, R. (2007). *Positioning*: the discursive production of selves [Disponível em htpp://massey.ac.nz/~alock/position/position.htm – Acesso em 18/06/2012].

DELEUZE, G. & GUATTARI, F. (1995). *Mil platôs* – Capitalismo e esquizofrenia. Rio de Janeiro: Ed. 34.

DUVEEN, G. (1998). "The psychosocial production of ideas: social representations and psychologic". *Culture & Psychology*, 4 (4), p. 455-472.

FARR, R. (1998). *As raízes da Psicologia Social moderna*. Petrópolis: Vozes.

FROHMANN, B. (s.d.). *Taking Information Policy Beyond Information Science*: Applying The Ator Network Theory [Disponível em http://www.ualberta.ca/dept/slis/cais/frohmann.htm – Acesso em 07/06/2012].

GARCIA CANCLINI, N. (1998). *Culturas híbridas* – Estratégias para entrar e sair da modernidade. São Paulo: USP.

HALL, S. (2002). *A identidade cultural na pós modernidade*. Rio de Janeiro: DP&A.

HARRÉ, R. (1984). "Some reflections on the concept of 'social representation'". *Social Research,* 51, p. 927-938.

HOOKS, B. (1989). *Talking Back*: Thinking Feminist, Thinking Black. Boston: South End, 1989.

JESUÍNO, J.C. (2002). "Estruturas e processos de grupo". In: VALA, J. & MONTEIRO, M.B. (coords.). *Psicologia social*. Lisboa: Fundação Calouste Gulbenkian, p. 293-330.

LATOUR, B. (2005). *Reassembling the Social* – An Introduction to Ator-Network-Theory. Oxford: Oxford University Press.

_____ (1994). *Jamais fomos modernos* – Ensaio de antropologia simétrica. Rio de Janeiro: Ed. 34.

MOSCOVICI, S. (1988). "Notes towards a description of social representations". *European Journal of Social Psychology*, vol. 18, p. 211-250.

_____ (1984). "The myth of the lonely paradigm, a rejoinder". *Social Research*, 51, p. 939-967.

_____ (1961/1976). *La psychanalyse, son image, son public*. Paris: Presses Universitaires de France.

MOSCOVICI, S. & MARKOVÁ, I. (2006). *The making of modern social psychology* – The hidden story of how an internacional social science was created. Cambridge: Polity Press.

MOUFFE, C. (s.d.). *Por uma política da identidade nômade* [Disponível em http://www.miriamgrossi.cfh.prof.ufsc.br/pdf/mouffe_chantal.pdf – Acesso em 20/05/2012].

ORVIG, A.S. (2003). "Éléments de sémiologie discursive". In: MOSCOVICI, S. & BUSCHINI, F. (dir.). *Les methodes des sciences humaines*. Paris: PUF.

PATTON, P. (1992). "Le sujet de pouvoir chez Foucault". *Sociologie et Sociétés*, vol. 24 (1), p. 91-102 [Disponível em http://id.erudit.org/001546ar – Acesso em 30/05/2012].

PESAVENTO, S.J. (2005). *História e história cultural*. Belo Horizonte: Autêntica.

PROVENCHER, C. (2011). *Cognitive polyphasia in the MMR controversy*: a theoretical and empirical investigation. Londres: University of London [Tese de doutorado não publicada].

REICH, W. (1945). *The mass psychology of fascism*. Nova York: Orgone Institute.

SAID, E. (2003). *Orientalism*. Londres: Sage.

SANTOS, B.S. (2000). *A crítica da razão indolente* – Contra o desperdício da experiência. São Paulo: Cortez.

_____ (1989). *Introdução a uma ciência pós-moderna*. Rio de Janeiro: Graal.

SWAIN, T. (2000). "Las representaciones mentales del descubrimiento del Brasill". In: PEASE, F. (org.). *Historia general de America Latina*. Vol. II. Paris: Unesco, p. 173-196 [Les représentations sociales construisent l'histoire].

WAGNER, W. (1998). "Sociogênese e características das representações sociais". In: MOREIRA, A.S.P. & OLIVEIRA, D.C. *Estudos interdisciplinares de representação social*. Goiânia: AB, p. 3-25.

WAGNER, W. & HAYES, N. (2005). *Everyday discourse and common sense* – The Theory of Social Representations. Nova York: Palgrave Macmilan.

SEÇÃO II

CONTEXTOS POLÍTICOS E CULTURAIS

1
FUNDAMENTOS DE UMA REPRESENTAÇÃO SOCIAL EM CONSTRUÇÃO
A Revolução Tunisina*

*Dorra Ben Alaya***

A Revolução Tunisina é inovadora por vários motivos: não tem guia ou figura carismática, estratégia conhecida ou pano de fundo ideológico proclamado, nem qualquer programa explicitamente formulado. Podemos mesmo afirmar que o carisma estava nos manifestantes, de aspecto e dinamismo esteticamente marcantes, e que apareciam nessas fotografias amplamente divulgadas pelos *media* nacionais e internacionais. As reivindicações, nos últimos dias dos eventos que antecederam a fuga de Ben Ali e da sua família, resumiam-se às palavras "trabalho", "dignidade" e "liberdade", sendo o *slogan* emblemático gritado pelo povo "desanda!" Notamos ainda, em certos grupos e num certo período, um uso particularmente intensivo das redes sociais virtuais, nomeadamente do Facebook, como ferramenta de troca e comunicação sobre eventos. Tal torna-se, pelo menos para essas comunidades da internet, num meio passível de desempenhar um papel na construção de uma realidade social e política transtornada.

A Revolução Tunisina e a teoria do "choque das civilizações"

A singularidade dessa revolução não fica por aí. Esta revolução invalida a tese culturalista do despotismo nos países ditos "árabes" e "muçulmanos", categorias elas próprias atualmente polêmicas para determinados grupos na Tunísia. Essa tese,

---

* Texto revisto por Jorge Correia Jesuíno.

** ISSHT, Universidade de Tunis-El-Manar, Maison des Sciences de l'Homme (Casa das Ciências do Homem).

desenvolvida por Huntington (1997) depois da queda do muro de Berlim, estipula que teríamos passado de um mundo bipolar assente em diferenças ideológicas, políticas e econômicas, para um mundo multipolar onde os conflitos têm origem no confronto de civilizações irremediavelmente distintas, instaurando deste modo o que designa por "choque das civilizações". O atual jihadismo dos movimentos islamistas radicais seria, de acordo com essa tese, uma perfeita ilustração do referido choque. Nessa perspectiva, os conflitos entre comunidades resultariam não tanto das diferenças nacionais, mas das diferenças supranacionais dos sistemas de valores, estruturas sociais, tradições e visões do mundo cujo fundamento é religioso. Esta tese apenas reforçou um preconceito predominante desde a era colonial, segundo o qual os povos ditos "árabes-muçulmanos" seriam incapazes de se erguer contra os seus tiranos devido à sua relação arcaica com a autoridade. Encontramos ainda a ideia implícita de que o despotismo seria a única forma de governar os povos muçulmanos. Observamos assim indícios de uma interiorização desse preconceito através das fórmulas do discurso comum em certos tunisinos, tal como este provérbio em dialeto tunisino *"meu senhor, o árabe apenas gosta do bastão"*, ou uma mensagem publicada no Facebook em março de 2012 *"os árabes não merecem a democracia, nem revoluções, nem liberdade, nem nada. Os árabes merecem um ditador que manda aplicar as suas vontades, à semelhança de um cão podre para os guardar [...]"*. Huntington enuncia a ideia de que a ausência de democracia e prosperidade no mundo muçulmano se deve à própria cultura muçulmana. Subjacente a esta teoria, encontramos uma ideia análoga à dos próprios islamitas radicais, de impermeabilidade das civilizações, de essencialismo na sua concepção, de homogeneidade interna das culturas e explicação pelo fator religioso dos comportamentos e das orientações.

A revolução, uma ruptura de paradigma

Ora, o sobressalto observado na Tunísia invalida a ideia essencialista de uma civilização devidamente delimitada e hermética, caracterizada por um despotismo necessário. A Revolução Tunisina manifesta a possibilidade de uma dinâmica descontínua na evolução das sociedades ditas árabes. À semelhança da queda do muro de Berlim em 1989, rompe com o paradigma – para retomar uma ideia de Kuhn (1983) na sua análise da estrutura das revoluções científicas. Nesse sentido, obriga a alterar o âmbito em que formulamos as perguntas que nos colocamos, transtorno esse a que os representantes do antigo paradigma não tardaram a se opor. A esse respeito, a convicção que transparece em certos discursos de que, após a revolução, a Tunísia, tal como os outros países que conheceram a primavera árabe, cairá, por motivos estruturais do islamismo seria uma das expressões desse paradigma.

Consideramos que, se a revolução constitui um evento excepcional, tal não se deve tanto ao seu caráter repentino, brutal e envolvente (como é, p. ex., o caso das catástrofes naturais ou dos atentados), mas ao fato de possuir, de modo menos formal, convenhamos, características do que Kuhn descreve nos sobressaltos revolucionários da ciência. Aliás, torna-se interessante notar que, por sua vez, Kuhn integra na sua análise das revoluções científicas uma determinação sociológica. Esta encontra a sua expressão no caráter um pouco irracional das polêmicas criadas em torno das teorias científicas que se defrontam. Os debates dos peritos em tempos de revolução científica são determinados pelas suas visões do mundo, bem como por argumentos racionais. Para Kuhn, uma revolução científica corresponde a uma reviravolta dos postulados de base nos quais se fundem os quadros paradigmáticos. Deste modo, a ciência seria determinada por fatores culturais e sociais. Esta teoria, e é o que justifica que a possamos aplicar para descrever o processo das revoluções sociais e políticas, questiona os limites entre os processos científicos e não científicos.

No entanto, o objeto da nossa reflexão não se prende com a visão que os analistas exteriores possam ter da sociedade ou da Revolução Tunisina, mas com a visão dos que a viveram ou ainda vivem diretamente. E se a hipótese de uma homologia entre a estrutura das revoluções científicas e a da alteração de quadro de referência gerada pelas revoluções políticas e sociais pode ser validada, é-o a *fortiori* quando a aplicamos aos transtornos que se teriam dado ao nível da apreensão da realidade pelos próprios tunisinos. A revolução é uma experiência primordial, fundadora para a comunidade que a vive. Esta tem, de forma urgente e imperiosa, de reorganizar a vida coletiva e manter uma certa ordem. Tal implica a reapropriação rápida da realidade, na medida do possível. Ora, sendo a revolução um transtorno das próprias instituições, que por sua vez têm de manter a ordem, é necessário reinventar os fundamentos de uma ordem inédita. Nesse sentido, os tunisinos estariam em fase de reconstrução, num plano cognitivo, da nova realidade que estão a viver.

Para retomar o paralelo com a análise de Kuhn sobre as revoluções científicas, encontramos ainda analogias entre as tensões vividas na Tunísia e aquelas descritas por Kuhn quando da transição de um paradigma científico para outro. Kuhn defende que demora frequentemente uma geração após o emergir de um paradigma concorrente a ocorrer uma revolução científica. O desaparecimento dos representantes do antigo paradigma e a entrada em palco de jovens cientistas, menos constrangidos pelas teorias prevalecentes, constituem uma condição favorável à consideração de um novo paradigma. O regime de Ben Ali durou 23 anos, ou seja, o tempo necessário para aqueles que nasceram em 1987 se tornassem adultos e estivessem confrontados com a realidade social e política do país enquanto atores. Vinte e três anos corresponde à idade em que se conclui o primeiro ciclo universitário, chegando à conclusão de que a melhor perspectiva de futuro é aquela oferecida por uma embarcação clandestina para Lampedusa, devendo ainda suportar, pela primeira vez, o não direito, sendo ainda confrontados com o constrangimento das liberdades pelo regime etc. Mas, independentemente do caso, somos obrigados, com vinte e três anos, a decidir o nosso futuro, como atores, sendo-nos ainda proibido, sob o regime de Ben Ali, de nos tornarmos realmente adultos.

O sistema de Ben Ali, um paradoxo pragmático

Para retomar esta noção de lógica de comunicação patogênica descrita pela escola de Palo Alto (WATZLAWICK et al., 1972) na sua análise das interações humanas, esta geração esteve, mais do que nunca, confrontada com um paradoxo pragmático. Este paradoxo situava-se na Tunísia, entre, por um lado, uma política de educação de massas, uma referência permanente nos discursos oficiais a um estado de direito, ou até ao respeito dos direitos do homem etc., e, por outro lado, a existência de regras práticas que denegam aos indivíduos a sua inteligência, consciência e os seus direitos (autoridade infantilizadora, censura, controle policial permanente das opiniões e atividades, clientelismo e corrupção, injustiças, espoliações etc.)[1]. Uma das particularidades desta geração, relativamente à anterior que já havia beneficiado de uma política de educação de massas desde a independência, em 1956, consiste no fato de ter nascido com o acesso, pela primeira vez, aos canais televisivos por satélite e de ter crescido, pelo menos para as categorias urbanizadas, com as novas tecnologias da informação. Esses meios de comunicação poderiam ter permitido a possibilidade de uma forma de metacomunicação relativa à lógica de duplo constrangimento em que estavam fechados os tunisinos. Esta geração jovem é ainda caracterizada por uma diminuição considerável das perspectivas de futuro (elevada taxa de desemprego, desvalorização dos diplomas, agravamento das disparidades sociais e regionais, marginalizações etc.) e pela necessidade de enfrentar um sistema cada vez mais corrupto. O suicídio de uma extrema e espetacular violência cometido por Bouazizi e vários outros em dezembro de 2010 é uma maneira de exprimir a violência psicológica gerada pelo paradoxo e escapar-lhe definitivamente. Pode-se ainda considerar que arriscar a sua vida ao atravessar clandestinamente o mar para as costas europeias participa dessa mesma lógica radical de saída de um sistema que não oferece nenhuma saída legítima. Trata-se de atos de exasperação, um sentimento amplamente partilhado, embora o seu objeto explícito não seja necessariamente idêntico para todos os grupos sociais mobilizados quando dos eventos que se seguiram. Os manifestantes do interior do país, que foram os primeiros a erguer-se (já em 2008 nas bacias mineiras de Gafsa), estavam exasperados devido à falta de consideração pela autoridade administrativa. A 14 de janeiro de 2011, dia da queda do regime, o povo que se manifestava em Tunes exprimia a sua exasperação quanto à falta de liberdades. Ao suicídio, substitui--se uma ruptura da lógica do medo.

---

1. Não nos esqueçamos que, para além desse paradoxo, existiam ainda condições socioeconômicas objetivamente difíceis para certos grupos sociais, resultantes de uma política de desenvolvimento não igualitária entre as regiões do país, uma taxa elevada de desemprego jovem, um aumento da taxa de pobreza etc.

À procura dos postulados de uma realidade pós-revolucionária

Para retomar a descrição de Kuhn relativa às revoluções científicas, as lacunas observadas na aplicação de um paradigma prevalecente são denegadas pela comunidade científica maioritária até ao eclodir de uma crise, instaurando deste modo a entrada numa fase de "ciência extraordinária". No seu decorrer, deixa-se de se ter em conta os únicos argumentos racionais para validar ou invalidar um modelo, mas considera-se os próprios postulados que o fundam, procurando ainda novas regras. Em tempo normal, um paradigma único é geralmente objeto de consenso. Nesta fase de "ciência ordinária", a função do paradigma consiste em definir os problemas que lhe são compatíveis. O paradigma restringe, deste modo, o campo das perguntas que nos colocamos. Trata-se de enigmas cujas soluções podem existir no âmbito do paradigma. Todas as outras perguntas não são consideradas como pertinentes. Por outras palavras, o paradigma determina as problemáticas com as quais é compatível. No que diz respeito à "ciência ordinária", o cientista não tem, nos seus trabalhos, de "edificar tudo partindo dos primeiros princípios, justificando o uso de cada conceito novo introduzido" (KUHN, 1983, p. 41). No entanto, na fase de "ciência extraordinária", várias teorias entram em concorrência até emergir um novo paradigma para integrá-las. Na Tunísia, após a ruptura definitiva da lógica do medo, a 14 de janeiro de 2011, e após um período de caos, assiste-se à instalação progressiva de novas forças no domínio político e social, propondo projetos de sociedade em concorrência. Categorias sociais anteriormente marginalizadas tornam-se visíveis, sendo que vários partidos políticos (mais de cem em outubro de 2011) e diferentes orientações ideológicas se defrontam atualmente numa luta feroz pelo poder. A tensão gerada pela incompatibilidade entre certas tendências levará eventualmente à emergência de um modelo integrativo inédito. No entanto, tendo em conta a atualidade, a Tunísia situa-se ainda numa fase de grande conflito entre modelos societais.

Com base na descrição do processo em curso nas revoluções científicas, pensamos que, durante os primeiros meses que seguiram a queda da ditadura na Tunísia, uma redefinição dos postulados em que virá fundar-se a elaboração coletiva da nova realidade social e política estava a decorrer. Situar-nos-íamos a um nível infraliminar fundamental relativamente ao quadro consensual das representações sociais. A esse nível infraliminar correspondem, ao nível institucional, os debates em torno dos princípios fundamentais da vida coletiva, os da segunda constituição do país e o respectivo trabalho de redação.

Revolução e indiferenciação

A procura de um quadro paradigmático consensual nas ciências corresponderia, ao nível das representações sociais, a um processo paralelo. Para aqueles que a vivem do interior, a revolução não é tanto um objeto devidamente delimitado, mas antes uma ampla faceta da realidade. Para além disso, não se restringe a um momento, mas estende-se a uma certa duração. Não se trata apenas de um evento, mas ainda de um processo que poderíamos qualificar de maciço, total, abrangendo várias esferas da vida dos indivíduos, dos grupos e das instituições. O 14 de janeiro de 2011 foi, sem dúvida, um momento ontológico. Corresponde a um paroxismo da crise e, ao ponto de ruptura (com a fuga, de noite, de Ben Ali e da sua família do país), momento após o qual surgiu uma ameaça iminente de caos, em suma, um momento muito raro na escala de uma vida humana, de indiferenciação. Um comentário publicado no Facebook algumas semanas depois da queda do regime descreve bem esse estado excepcional de uma situação alucinada: "um presidente que foge, um primeiro-ministro que chora na televisão, um blogger que sai da prisão para tornar-se secretário de Estado, policiais que são presos pelos habitantes, um juiz expulso de uma emissão televisiva, uma manifestação de polícias, um advogado que gere o trânsito, patrões demitidos pelos empregados e que desatam a correr, um exército com flores nos tanques, um presidente que governa 23 anos seguido por dois outros presidentes que governam 23 horas, três reorganizações de governo em menos de um mês... não, a *canabis* não foi legalizada, somos apenas tunisinos!" Acrescentemos a isso *snipers* nos tetos e que disparam aleatoriamente, vigias noturnas nos bairros, rumores de ataques com sabre nas casas, prisões que se esvaziam dos seus prisioneiros etc. Assim que tiver passado o choque gerado pela ameaça de caos, compreendemos, por pouco que nos interessemos pela construção social da realidade, que estamos diante de um processo que ultrapassa a formação, se assim ousamos dizer, de uma simples representação social. Mais do que nunca, podemos afirmar, ao estudar a representação social da Revolução Tunisina e referindo-nos a Moscovici (1989, p. 82), que se trata de "compreender, não tanto a tradição, mas a inovação; não tanto uma vida social já feita, mas uma vida social em construção". À semelhança das revoluções científicas em que "as crises se resolvem não por um ato de reflexão voluntária ou de interpretação, mas por um evento relativamente repentino e não estruturado que se assemelha à reviravolta da visão das formas" (KUHN, 1983, p. 172), uma nova apreensão da realidade estará a ser construída na Tunísia após o estado de indiferenciação e ameaça de caos iminente provocados pela queda do regime.

Não existia nenhuma possibilidade de debate ou polêmica pública relativa à realidade política e social sob o antigo regime. Apenas um discurso propagandístico a propósito duma realidade enganadora era autorizado a circular, discurso sempre grandiloquente, fanfarrão e caracterizado pela língua de pau. Este discurso constrangido veiculava o estereótipo de um país muito esquemático, de postal, próspero e livre. Podíamos ler, por exemplo, num mesmo artigo do jornal francófono *Le temps* com data de sexta-feira, 15 de janeiro de 2010: "[...] iniciativas do presidente da República e as suas realizações de vanguarda [...] os seus esforços a favor da difusão dos nobres valores de diálogo, liberdade, solidariedade e paz no mundo, [...] abordagem pertinente iniciada pelo presidente da República com confiança e consciencialização civilizacional com vista à edificação de um Estado forte e próspero assente em bases sólidas de ciência, de vasta perícia, competência e fé profunda nos valores de justiça, equidade e direitos do homem. [...] elevada consideração de que beneficia o chefe de Estado nas instâncias internacionais e o lugar que ocupa a Tunísia sob a sua pertinente direção, como modelo a seguir em matéria de diálogo entre as civilizações, de salvaguarda das suas especificidades e modernidade. [...] homenagem ao chefe de Estado para as suas abordagens previdentes quanto a questões relacionadas com a juventude e para a experiência tunisina em matéria de diálogo com os jovens e o seu papel no desenvolvimento através do domínio das ciências e do saber e da proteção contra o extremismo e o sentimento de marginalização e exclusão".

Apesar do caráter fortemente estereotipado do discurso oficial, era exercida uma censura sobre os indivíduos e grupos. Para a grande maioria, apenas se podia criticar o regime entre amigos íntimos ou em família. Os que o faziam publicamente estavam, na melhor das hipóteses, inquietos ou, na pior, postos de lado pela perseguição, ameaça, prisão ou obrigados ao exílio. Num tal contexto, a realidade apenas podia ter uma binaridade simples, uma dimensão única. Existia o sistema implementado e o seu cortejo de privilegiados do regime, por um lado, e tudo aquilo que não o integrava, por outro. Éramos membros do "Partido" no poder (quase único há 50 anos, sendo que os restantes partidos faziam ofício de figuração), ou exteriores. No nosso ponto de vista, um dos efeitos mais devastadores e de longe a mais profunda das ditaduras, consiste no constrangimento, não tanto da expressão ou das atividades (revoltante, concordemos), mas antes do próprio pensamento naquilo que tem de mais fundamental: o seu sistema de categorias. Ao reduzir a realidade a um funcionamento binário, limitamos o próprio campo dos possíveis, tais como o pensamento e, por conseguinte, da própria ação.

Ao nível institucional, estávamos diante de uma realidade constantemente fingida. Existia a decoração (a de um estado de direito) e o revés da decoração (o da opressão), que remete, uma vez mais, para uma forma de comunicação assente num paradoxo patogênico. Chega a revolução e a realidade social e política torna-se multiaxial. Por outro lado, é, pela primeira vez, expressa sem artifícios ou esquematização e, por isso, sem toda a sua complexidade. Essa complexificação pode potencialmente tender ao infinito, de acordo com as polarizações. Deixamos de ser apenas pró ou antissistema, para passar a ser laicos ou islamitas, não somos apenas islamitas, mas ainda moderados ou radicais etc. É então o próprio sistema das categorias através do qual se pensa na realidade que fica transtornado. À semelhança das situações de crise científica em que os sábios são constrangidos a rever radicalmente a sua visão do mundo perante fatos inexplicados pelo seu paradigma, os que vivem a revolução elaborariam novos axiomas para pensar nos lados de realidade cobertos pela "revolução", bem como para se pensar como cidadão. Para ilustrar esse último ponto, e em referência a Rouquette (1999), quando dos eventos extraordinários, estamos diante de um "cidadão pensado" sabendo que, antes da revolução, a noção de cidadão não fazia muito sentido na Tunísia devido à denegação da cidadania pelo regime. Ora, ao contrário do "cidadão pensador" e "ator", o "cidadão pensado" corresponde a um arquétipo, o que releva de um nível mais fundamental que o nível representado, isto é, o dos *thêmata* conforme a definição de Moscovici e Vignaux (1994). Remete para uma categoria de nível supraordenado relativamente à da cidadania ordinária. Esta referência ao nível superior permite ao grupo apoiar o inabitual. Com a revolução, a atualização do hino nacional proferido pelos manifestantes, tendo sido uma passagem transformada em *slogan*[2], a recorrência muito forte da referência à Tunísia como pátria, uma glorificação da "tunisianidade" e a reapropriação da bandeira nacional como símbolo forte do orgulho e da dignidade são indícios dessa mesma categoria.

Após a revolução, teríamos então, na Tunísia, não apenas uma realidade sociopolítica diferente, como ainda uma nova visão. Este ponto atualiza uma anterior interrogação sobre as relações entre representações sociais e realidade (BEN ALAYA, 2011). Foi demonstrado que a Teoria das Representações Sociais (MOSCOVICI, 1961) enriquecia a reflexão filosófica sobre si própria, bem como o debate da epistemologia sobre a relação do indivíduo que conhece com o objeto de conhecimento. Registramos várias ideias da teoria que contribuem para a mesma: a de uma indiferenciação entre universo interior e exterior do indivíduo, a do papel fundamental desempenhado pelo *alter* no conhecimento do mundo pelo indivíduo, a de uma heterogeneidade dos modos de conhecimento, como ainda da própria realidade diante do processo de representação e, finalmente, a ideia de que o sujeito cria, ao mesmo tempo em que se constitui ele próprio, o objeto. Trata-se então, nesta teoria, da concepção da relação com o mundo e da origem do conhecimento. Um dos questiona-

---

2. "Se o povo aspira, um dia, à vida, o destino deve responder-lhe", extraído de um poema de Abou Kacem El Chebbi. Este verso, declinado em "O povo quer...", foi retomado nas manifestações do Egito, da Síria, e até no *sit-in* de Wall Street durante o ano de 2011.

mentos de Moscovici (1961) que está subjacente ao seu trabalho refere-se à "transformação dos processos de compreensão do real". Através desta indicação, transparece a ideia fundamental de que a relação do ser humano com a realidade não é um dado, mas o resultado de um processo. Acrescentamos a isso a ideia de que estes processos podem ser, eles próprios, objeto de transformação. Nesse sentido, a relação com a realidade não é direta, não sendo estáveis os processos que a geram.

Tal como indica Gaffié (2005), o exame de estudos sobre as representações sociais mostra que a sua expressão participa na negociação e definição das próprias referências. Ao passo que outros mostram que os elementos centrais de uma representação social [em referência à teoria do núcleo central de Abric (1987)] correspondem a palavras polissêmicas de modo a que possam ter conteúdos com significações diversas (BATAILLE, 2002). Neste sentido, após ter constituído elementos de coesão e consensos durante as primeiras semanas que seguiram a queda do regime, as noções de "pátria" ou "Tunísia", bem como a bandeira como símbolo comum puderam, com a aproximação das eleições de uma assembleia constituinte em outubro de 2011 e até hoje, tornar-se pontos de polêmica feroz entre os diversos grupos que começam a confrontar-se no palco político e social. O debate sobre o primeiro artigo da nova constituição (que diz respeito à definição da Tunísia como país) ou o assunto da bandeira nacional (movimentos salafistas radicais tentam substituí-la por um estandarte no topo dos edifícios públicos) são exemplos disso. "Tunísia" ou "tunisinos" seriam, portanto, "palavras amálgamas" (BATAILLE, 2002). Nesse sentido, ganhariam em ser estudadas como categorias da realidade ou como *thêmata*, mais do que como elementos de um conteúdo. À semelhança do que acontece na inversão total de percepção nas experiências feitas no âmbito da Teoria da Gestalt (apud KUHN, 1983) em que, ao perceber uma nova forma numa figura ambígua, não é apenas a percepção que é alterada, mas o próprio conceito do que é percebido, um estudo da representação social de um evento extraordinário como uma revolução deve ter em conta um transtorno a um nível fundamental, o dos princípios que a geram.

O nível fundamental, os *thêmata*

As representações sociais "inscrevem-se em quadros de pensamento preexistentes" tributários, entre outros, "das imagens do ser e do mundo" (MOSCOVICI & VIGNAUX, 1994, p. 26). Para voltar a montante do fenômeno das representações sociais, existem os axiomas ou princípios organizadores que o fundam. Estes, formulados pela Escola de Genebra (apud MOSCOVICI & VIGNAUX, 1994, p. 31) no estudo das representações sociais (DOISE et al., 1992; CLÉMENCE et al., 1994) são genéricos. Ordenam as ideias e imagens conferindo-lhes um sentido e garantindo a sua coerência. Moscovici e Vignaux (1994, p. 35) referem-se, de modo mais geral, a "processos orientados para temas comuns" e formas de elaboração de conhecimentos como ideias primeiras admitidas, e que estariam na base da cognição. Estabelecendo um paralelo com a ideia de que a revolução, na Tunísia, possa ter estado na origem de um transtorno ao nível do sistema das categorias da realidade, notamos que, para Moscovici e Vignaux (1994, p. 38), "[...] os indivíduos, ao tornar algo temático, pertinente para a sua consciência, transformam-no [...] num objeto que pertence a uma realidade escolhida entre todas as realidades possíveis ou anteriores". Para melhor compreender esta ideia, Moscovici e Vignaux especificam que nem tudo o que experimentamos é objetivado. O que o é aquilo que é saliente no campo da consciência, num determinado momento. E o tema é o que liga diferentes "regiões de realidade" (p. 39) objetivadas por nós. Constitui uma noção primeira, primitiva, no pano de fundo de "famílias de representações" (p. 43) num certo domínio. Em referência a Holton (1982), Moscovici e Vignaux (1994) falam em arquétipos, em *thêmata*. Estes situam-se em níveis ontológicos da cognição e estão na origem de "imagens arquetípicas do mundo, da sua estrutura ou da sua gênese" (p. 45). Assim, num esquema da arquitetura cognitiva proposta por Moscovici e Vignaux (p. 65), as representações sociais são geradas ao nível infraliminar por imagens genéricas arquetípicas ("elementos centrais"). Constituem, em geral, locais de ancoragem de sistemas de oposição, como seria, por exemplo, o caso da Tunísia para a noção de teocracia *versus* Estado secular, de que decorrem *thêmata* conceptuais como democracia *versus* ditadura que, por sua vez, constituem "núcleos semânticos" geradores e organizadores dos discursos e tomadas de posição como o islamismo *versus* um "laicismo muçulmano". Estamos aqui diante de um nível não negociável e estável (o da oposição teocracia/Estado secular) e outro, negociável e evolutivo (o da definição da ditadura e da democracia que opõe islamitas radicais e laicos muçulmanos). Deste modo, podemos observar, hoje, na Tunísia pós-revolucionária (retomando o modelo do exemplo citado por MOSCOVICI & VIGNAUX, 1994, p. 67-68), dois tipos de tematizações opostas:

- Deus decretou leis. Estando Deus no topo dos homens, apenas um regime fundado nas suas leis conforme consignadas na "charia"[3] é legítimo.

- Deus criou o homem dotado de razão e a "charia" não é mais do que a obra dos "ulemas"[4]. O regime deverá assentar em leis seculares.

À procura de postulados ontológicos no discurso sobre a Revolução Tunisina

Tendo em conta o contexto revolucionário e pós-revolucionário da Tunísia, a hipótese que se nos apresentava nas primeiras semanas que se seguiram à queda do regime era de poder captar, diretamente, alguns vestígios dos axiomas ontológicos de uma representação social em construção, através do discurso sobre a revolução.

Um método de identificação dos thêmata

A análise estrutural de conteúdo conforme fundada a partir da abordagem estrutural da linguística de De Saussure (GREIMAS, 1986) permite explorar os *thêmata* relativos à

---

3. Conjunto de leis inspirado pela interpretação do Corão e da tradição do profeta no islamismo.

4. Exegetas do islamismo.

apreensão da realidade dos tunisinos em pós-revolução uma vez que permitem atualizar as disjunções que a fundam, bem como o denominador comum que relaciona essas disjunções. Por outro lado, este método permite atualizar combinações complexas dessas estruturas de base que são as disjunções, reconstituindo a sua hierarquia, os seus cruzamentos e implicações mútuas. Trata-se de um tipo de análise semântica. Uma das suas características consiste no fato de que procuramos o sentido dado do ponto de vista dos indivíduos que o produzem. Assim, o ponto de partida não é um sistema de categorias construído pelo analista, mas um processo dedutivo. No que diz respeito a esses objetivos, e ao contrário do que é prescrito pelos analistas lógico-semânticos, tal como o caso em análise temática, por exemplo, vamos para além do conteúdo manifesto para aceder a uma estrutura semântica implícita que gera o significado do discurso. O exame incide mais especificamente sobre as relações entre os elementos que o constituem. A ideia subjacente é a de uma expressão não ordenada das representações através de um discurso (PIRET et al., 1996). Concretamente, o método consiste em identificar pares de palavras ou grupos de palavras que "têm algo em comum sendo simultaneamente diferentes", ou seja, por outras palavras, palavras que "se referem ambas a uma mesma categoria de realidade" (PIRET et al., 1996, p. 14). Outra operação consiste em identificar ou definir essa categoria comum da realidade que as une através de um "eixo semântico", de uma designação comum. Esse eixo equivale, no estudo da representação social da Revolução Tunisina, ao *thêmata*. Quanto às tematizações, são dadas pelos termos das disjunções. As estruturas subjacentes ao discurso atualizadas dessa forma podem ser posteriormente combinadas para gerar estruturas mais complexas, como as estruturas paralelas que descrevem relações de implicação mútua entre estruturas elementares; as estruturas hierarquizadas em que um dos termos de uma disjunção constitui um *thema* definindo uma disjunção de segundo nível (ou mais) embutida na primeira; ou as estruturas cruzadas que combinam duas disjunções que não se encontram numa relação de implicação, podendo por vezes assumir a forma de "dilema". Essas diferentes formas de articulação das disjunções baseiam-se, de acordo com Piret et al. (1996), na estrutura das próprias representações sociais.

O material

Uma análise estrutural do discurso, conforme descrita, foi aplicada a um conjunto de respostas a uma pergunta aberta divulgada através de uma conta Facebook criada para esse efeito: "escrevam tudo o que quiserem sobre os acontecimentos da Tunísia com a queda do regime". Esta formulação ampla deixa a liberdade aos respondentes para mobilizar os *thêmata* que fundam a sua representação da situação, com poucos constrangimentos. Por outro lado, a palavra "revolução" não foi introduzida na pergunta para deixar aos respondentes a liberdade de designar a situação revolucionária de acordo com os seus próprios pontos de vista.

O momento de produção do discurso analisado

O questionário foi divulgado todos os meses com intervalos regulares a partir de 14 de fevereiro de 2011 (a 14 de janeiro, um mês antes, Ben Ali fugia). O presente estudo focou-se no discurso compilado, precisamente, a 14 de fevereiro de 2011. Nesse período, era ainda perceptível uma situação de insegurança e desordem, estando implementado um primeiro governo contestado de transição para gerir os assuntos correntes do país. Nenhum dos inúmeros partidos políticos representantes das principais orientações que deveriam mais tarde aparecer na cena política existia oficialmente.

A rede dos respondentes

Os respondentes ao questionário eram membros, de perto ou de longe, da rede constituída através da conta Facebook, através da qual foram recolhidas as respostas à pergunta, sabendo que não se havia deixado de aceitar novos membros à medida que se respondia ao inquérito. No final, a rede contava com 443 membros. O questionário era transmitido entre conhecidos. Membros da rede imediata respondiam ao questionário e divulgavam-no, por sua vez, aos seus "amigos" que procediam da mesma maneira etc. O questionário incluía perguntas-filtros permitindo excluir os não cidadãos tunisinos bem como os cidadãos não residentes quando da queda do regime. Vinte e dois respondentes foram aleatoriamente extraídos entre os que haviam respondido a 14 de fevereiro de 2011: 9 homens e 13 mulheres, cuja idade média é de 45 anos (desvio-tipo = 14,76). O nível de estudos mínimo no grupo corresponde ao ensino secundário, sendo o máximo o doutoramento. Quanto às profissões, correspondem às do nível socioeconômico médio a superior. O questionário estava redigido em língua francesa e as respostas também o foram, apesar de ter havido alguns casos de *code-mixing* entre dialeto tunisino e o francês nas frases, o que é habitual na Tunísia em situações informais. Estávamos, portanto, diante de respondentes francófonos (o que não exclui que também pudessem ser arabófonos).

O discurso sobre a revolução a 14 de fevereiro de 2011

O que aconteceu na Tunísia com a queda do regime é designado pela palavra "revolução" de modo quase consensual. Determinados respondentes fizeram referência às palavras "revolta" ou "levantamento" para designar os primeiros momentos da revolução.

A análise estrutural permitiu libertar um grande número de *thêmata* após uma condensação das estruturas subjacentes ao conjunto do *corpus*. Quando da apresentação dos resultados, apenas os *thêmata* e tematizações relativas à definição da própria revolução serão apresentados.

Tabela 1 Síntese da estrutura implícita do discurso sobre a revolução, um mês após a queda do regime

THÊMATA	TEMATIZAÇÕES*	
1 Definição da Revolução Tunisina	O que o povo pôde e soube fazer	O que ninguém imaginava
2 O que as pessoas pensam sobre a revolução	Glorificação	Azar semeado por Ben Ali

Estruturas paralelas e hierárquicas

3 Os detalhes da revolução	3.1 A origem			3.2 A consequência	
	A reativação das injustiças	3.1.1 O papel das forças estrangeiras		Aquisição	Perigo
		As revelações de Wikileaks	Conjura americana		
4 Os eventos da revolução	A imolação de Bouazizi pelo fogo			A fuga do presidente	

Estruturas paralelas e hierárquicas

5 Os momentos da revolução	Primeiro período	Agora
6 A natureza do momento	Extraordinário	Momento crítico
7 As ações efetuadas	Sacrifícios em vida	Sabotagem
8 O estado vivido	Sonho	Acordar difícil
9 Os sentimentos	Euforia	Choque
10 O estado da situação	Libertação	Caos
11 As relações humanas	Solidariedade	Egoísmo
12 O estado de espírito	Revolta	Pânico
13 O estado da sociedade	Consenso	Fratura
14 A relação com a realidade	Incredulidade	Ressaca
15 A natureza das ações	Viragem de Ben Ali	Pós-revolução laboriosa

16 Os atores da revolução	16.1 Os benevolentes		16.2 O campo adverso	
	Os jovens	Os outros revoltados	16.2.1 Os antigos do regime	Os sabotadores (grevistas, pilhantes, desencadeadores de problemas)
			Anteriormente lambe-botas	"Lech Walesa" hoje

17 Sentido da evolução da revolução			Agravamento (desordem, anarquia, nova ditadura)
	17.1 Melhoria (reconstrução, democracia)		
	Situação atual crítica	Estabilização reconfortante a decorrer	

* Os termos das disjunções são numerados quando constituem os *thêmata* de estruturas embutidas de nível hierárquico inferior. O seu número remete para o *thema* de nível superior e indica o nível hierárquico na estrutura.

Parece que a revolução é representada como moldada por dois momentos radicalmente disjuntos:

1) Um momento de ontologia, o da "revolta" propriamente dita, correspondendo à "libertação" e derrube de Ben Ali, sendo esse momento descrito como "extraordinário", "eufórico"...

2) O período que seguiu, que é um momento de "pânico", de "caos", um "momento crítico" e que remete para um estado de "choque".

É notável que esses dois momentos sejam marcados por estados de espera diferentes: o primeiro é um "sonho" incrível ("incredulidade"); o segundo é um "acordar difícil", uma "ressaca". Esta descrição quase mística dos dois momentos lembra estranhamente o mito fundador das sociedades descrito por Girard (1982), o do paroxismo de uma crise e da sua resolução pelo sacrifício de um bode expiatório (apesar de a vítima sacrificial ser realmente culpada). O estado de gozo extático vivido no primeiro momento corresponde ao da fase de indiferenciação, ao paroxismo da crise em que as relações são invertidas e os grupos sociais fundidos e orientados para o mesmo movimento. O segundo é o momento em que, uma vez o "sacrifício" realizado, o estado de indiferenciação torna-se fonte de angústia porque gera uma desordem (a angústia do caos sendo uma constante antropológica) e de perigo iminente. Seria o momento preciso em que a sociedade revê os seus fundamentos, questiona a sua estrutura social e reorganiza as suas instituições políticas. Trata-se de um momento de grande perigo devido aos campos do possível abertos pelo abalo dos fundamentos da vida social.

Tudo isso ocorre como se as tematizações que estruturam o discurso sobre a revolução estivessem numa relação de homologia com o processo de ruptura-redefinição dos axiomas de base da representação (ou inversão de paradigma) a montante; e com a desestruturação-reestruturação da realidade social, a jusante. O sentimento de "caos" corresponderia, simultaneamente, à situação concreta realmente vivida, e ainda à ruptura dos axiomas. Quanto ao estado de "choque" expresso, este seria o equivalente ao estado provocado por uma inversão de gestalt, conforme descrito na Teoria da Forma. A revolução é definida como sendo "aquilo que o povo pôde fazer", em oposição "àquilo que ninguém imaginava". O que é significado pelos termos desta disjunção tem as propriedades das figuras ambíguas utilizadas no âmbito da Teoria da Gestalt. Uma das formas não poderia ser percebida, ou até mesmo concebida, em simultâneo. O que o povo realizou não podia ser concebido antes de o ser. Estes dois momentos, o do "fazer" e o do "aquilo que não poderia ser imaginado", são incompatíveis.

A "fratura" social que decorre após o consenso, a disjunção entre os atores ("benevolentes" *vs.* "campo adverso"), na atitude para com a revolução ("glorificação" *vs.* "azar"), nas ações ("sacrifícios em vida" *vs.* "sabotagem") e nas relações sociais ("solidariedade" *vs.* "egoísmo") fazem estado de uma desagregação social resultante da fusão do "povo" num único corpo (o "cidadão pensado" de Rouquette) no primeiro momento da revolução.

Foram ainda atualizadas duas estruturas mais complexas. Encontram-se sintetizadas da seguinte maneira:

Tabela 2 Síntese da estrutura cruzada da análise feita da situação pelos respondentes

	Com a revolução	Com a ditadura
Resultados imediatos	Franqueamento	Furto, crueldade e rapacidade do ditador e da sua família
Resultados que demoram chegar	Instalação difícil da democracia	*(Realidade não encarada pelos respondentes)*

Tabela 3 Síntese da estrutura cruzada da análise sob forma de dilema do balanço da revolução

	Ganho	Perda
Com a revolução	Consciência de estar vivo para os sobreviventes	Morte real de concidadãos
Sem a revolução	*(Realidade não encarada pelos respondentes)*	Ausência de consciência de estar vivo, para todos

As duas estruturas refletem, a nosso ver, o motor psicológico profundo da revolução. Esta parece significar uma necessidade. As perdas em vidas humanas e a dificuldade de instalação da democracia são duas realidades negativas geradas pela revolução, mas que permitem, por um lado, impedir que toda a gente "não se sinta viva" (neste caso, não valerá a pena estar vivo) e, por outro lado, ser vítima de crueldade e rapacidade. Não se sentir vivo torna inteligível o suicídio tão violento de Bouazizi e dos outros, como ainda a transgressão definitiva da lógica e do medo pelas multidões revoltadas. A lógica subjacente seria a ideia de que não se tinha nada a perder, nem mesmo a vida, em se revoltar uma vez que, sem isso, não temos vida.

Conclusão

A ideia da existência de vestígios da ruptura dos axiomas fundamentais da representação e das estruturas sociais e políticas reais, no discurso sobre a revolução, deve ser retomada no âmbito da teoria de uma homologia estrutural entre os processos cognitivos implementados nas representações sociais e na estrutura social (CLÉMENCE et al., 1994). Nesse contexto, os princípios geradores que constituem as representações sociais estão relacionados com as inserções específicas dos indivíduos no conjunto das relações sociais. Os princípios que organizam essas relações correspondem, eles próprios, a estruturas sociais interiorizadas. Ora, a priori, a revolução transtorna irreversivelmente a ordem estabelecida e, por conseguinte, as próprias relações sociais. Compreendemos então que não são apenas abaladas as estruturas sociais, como ainda as estruturas cognitivas por um retorno do ciclo.

Em abril de 2012, altura em que esse capítulo é concluído, já haviam ocorrido eleições para uma assembleia constituinte, estando a ser redigida a constituição e reorganizadas as instituições. Esse período foi marcado por uma forte polarização da vida social. Polêmicas mobilizadoras de correntes ideológicas e políticas adversas criaram intensos debates públicos, até mesmo violentos. Um processo de organização e diferenciação acabou por substituir o caos e a indiferenciação dos primeiros momentos. Após a implementação dos postulados de base comuns, assistiu-se ao emergir das tomadas de posição opostas em que cada grupo social envolvido pretendia impor um ponto de vista sobre a nova realidade. Tratar-se-ia de um período de definição das referências. Nesse período, as relações sociais começaram a tomar uma nova forma, relações essas em que os indivíduos se tentam situar para se definir.

Referências

ABRIC, J.C. (1987). *Coopération, compétition et représentations sociales*. Cousset/Friburgo: Delval.

BATAILLE, M. (2002). "Un noyau peut-il ne pas être central?" In: GARNIER, C. & DOISE, W. (ed.). *Les représentations sociales*: balisage d'un domaine, d'études. Montreal: Nouvelles, p. 25-34.

BEN ALAYA, D. (2011). "Abordagens filosóficas e a Teoria das Representações Sociais". In: ALMEIDA, A.M.O.; SANTOS, M. F.S. & TRINDADE, Z.A. (ed.). *Teoria das Representações Sociais*: 50 anos. Rio de Janeiro: Techno Politik, p. 261-281.

CLÉMENCE, A.; DOISE, W. & LORENZI-CIOLDI, F. (1994). "Prises de position et principes organisateurs des représentations sociales". In: GUIMELLI, C. (ed.). *Structures et transformations des représentations sociales*. Neuchatel: Delachaux et Niestlé, p. 25-72.

DOISE, W.; CLÉMENCE, A. & LORENZI-CIOLDI, F. (1992). *Représentations sociales et analyses de données*. Grenoble: Presses Universitaires de Grenoble.

GAFFIÉ, B. (2005). "Confrontations des représentations sociales et construction de la réalité". *Journal International sur les Représentations Sociales*, 2 (1), p. 6-19.

GIRARD, R. (1982). *Le bouc émissaire*. Paris: Grasset.

GREIMAS, A.J. (1986). *Sémantique structurale*. Paris: Presses Universitaires de France.

HOLTON, G. (1982). *L'invention scientifique*: thêmata et interprétation. Paris: Presses Universitaires de France.

HUNTINGTON, S. (1997). *Le choc des civilisations*. Paris: Odile Jacob.

KUHN, T.S. (1983). *La structure des révolutions scientifiques*. Paris: Flammarion.

MOSCOVICI, S. (1989). "Des représentations collectives aux représentations sociales. In: JODELET, D. (ed.). *Les représentations sociales*. Paris: Presses Universitaires de France, p. 62-86.

_____ (1961). *La psychanalyse, son image et son public*. Paris: Presses Universitaires de France.

MOSCOVICI, S. & VIGNAUX, G. (1994). "Le concept de thêmata". In: GUIMELLI, C. (ed.). *Structures et transformations des représentations sociales*. Neuchatel: Delachaux et Niestlé, p. 25-72.

PIRET, A.; NIET, J. & BOURGEOIS, E. (1996). *L'analyse structurale* – Une méthode d'analyse de contenu pour les sciences humaines. Paris/Bruxelas: De Boeck Université.

ROUQUETTE, M.-L. (1999). "Sur une catégorie particulière des représentations sociales en psychologie politique". *Psychologie et Société*, 1 (2), p. 33-41.

SAUSSURE, F. (1969). *Cours de Linguistique Générale*. Paris: Payot.

WATZLAWICK, P.; BEAVIN, J.H. & JACKSON, D.D. (1972). *Une logique de la communication*. Paris: Seuil.

2
RACISMOS: REPRESENTAÇÕES SOCIAIS, PRECONCEITO RACIAL E PRESSÕES NORMATIVAS*

*Jorge Vala***

Neste capítulo, argumenta-se em favor de uma análise do racismo como uma representação social. Argumenta-se também em favor da diferença e da complementaridade entre uma análise do racismo como representação social e o preconceito racial. Em terceiro lugar, este texto propõe-se contribuir para a análise do impacto das pressões da norma antirracista nas transformações e mutações das crenças racistas[1].

Propomos que a análise do racismo como representação social nos permite estabelecer uma distinção teoricamente coerente entre preconceito racial e racismo (VALA & PEREIRA, 2012; VALA; PEREIRA & COSTA-LOPES, 2009) na medida em que oferece os necessários elementos teóricos para compreender o racismo como uma teoria social; estimula o diagnóstico de diferentes tipos de ancoragem do racismo e da sua institucionali-

---

* Em português de Portugal no original.

** Instituto de Ciências Sociais da Universidade de Lisboa.

1. Agradeço a Jorge Correia Jesuíno o convite para participar na XI Conferência sobre Representações Sociais para a qual preparei a comunicação que deu origem a este capítulo, bem como o estímulo e os comentários à sua primeira versão. Uma palavra de agradecimento a Paula Castro que comentou a apresentação que fiz na referida conferência e cujos contributos foram fundamentais no desenvolvimento do argumento aqui apresentado. Agradeço também a preciosa colaboração de Cícero Pereira e Rui Costa-Lopes na revisão de uma versão prévia deste texto. Uma palavra de reconhecimento é devida a Alexandra Raimundo pelo apoio na preparação da versão inicial do texto. A Nicha agradeço a revisão da versão em francês que apresentei na Conferência. Lembro com infinita gratidão as conversas que tivemos sobre racismo e a "banalidade do mal", enquanto, em Évora, eu preparava a versão final da minha apresentação e relíamos Joseph Conrad (*O coração das trevas* e *Le nègre du Narcise*). A sutileza intelectual e a ponderação criativa da Nicha foram sempre inspiradoras e contribuíram decisivamente para melhorar este texto.

zação; e permite investigar as modalidades de objetivação dos conceitos que o sustentam. Finalmente, a Teoria das Representações Sociais oferece um quadro analítico que possibilita a análise psicossocial do racismo numa perspectiva histórica (ALEXANDRE, 1999; BETHENCOURT, 2014; BETHENCOURT & PEARCE, 2012; CASTELO, 1998; FREDRICKSON, 2004; JAHODA, 1998; MATOS, 2006; SOBRAL, 2004; XAVIER, 2012; POLLARES-BURKE, 2012; HENRIQUES, 2011) e no quadro da memória coletiva (CABECINHAS & FEIJÓ, 2010; LICATA & KLEIN, 2010; LICATA & VOLPATO, 2010; VALENTIM, 2008).

O nosso posicionamento teórico sobre as transformações das crenças racistas está baseado em princípios socionormativos (SHERIF & SHERIF, 1953; BEAUVOIS & DUBOIS, 1988; CIALDINI; KALLGREN & RENO, 1991; PEREIRA & COSTA-LOPES, 2012), na hipótese de que o preconceito decorre da conformidade com normas sociais (PETTIGREW & MEERTENS, 1995), nas relações entre grupos (DOISE, 1976; TAJFEL, 1982) e na Teoria da Identidade Social (TAJFEL, 1982; GAERTNER & DOVIDIO, 2005).

Em análises anteriores sobre o racismo temos salientado a sua articulação com os conflitos intergrupais e identitários (VALA; BRITO & LOPES, 1999; PEREIRA; VALA & COSTA-LOPES, 2010; PEREIRA; VALA & LEYENS, 2009; VALA & PEREIRA, 2012; VALA; PEREIRA; COSTA-LOPES & DESCHAMPS, 2010; VALA; PEREIRA; LIMA & LEYENS, 2012), por vezes considerando até o racismo como uma simples modalidade das relações intergrupais tal como estudadas pela Teoria da Identidade Social. Neste texto olhamos o racismo a partir da Teoria das Representações Sociais (MOSCOVICI, 1962) que articulamos com o campo de estudo das relações intergrupais. A reflexão que vamos desenvolver decorre, assim, dos estudos que desde 1999 temos apresentado em várias publicações, mas é sobretudo tributária da distinção entre o racismo como representação social e o preconceito racial, que só recentemente introduzimos nos nossos trabalhos (VALA & PEREIRA, 2012), na linha do caminho aberto por Moscovici e Pérez (1997). Aliás, na pesquisa sobre o racismo e a sociedade portuguesa publicada em 1999 defendemos uma equivalência entre preconceito racial e racismo, equivalência conceptual da qual nos afastamos progressivamente, nomeadamente a partir dos estudos sobre normas sociais e preconceito racial de Lima (2002). De todo o modo, a preocupação conceptual e metodológica que nos move insere-se num debate para cuja renovação queremos contribuir. Referimo-nos ao debate em torno da distinção entre racismo e preconceito racial iniciado por Jones em 1972 e depois retomado por vários autores, entre os quais salientamos alguns que o promoveram a partir do conceito de representação social (AUGOUSTINOS, 2009; SANCHEZ-MAZAS, 2004; HOWART & HOOK, 2005), ou ainda a partir de identidade social como o fizeram Augoustinos e Reynols (2001).

Desenvolveremos o nosso argumento em três etapas que serão progressivamente articuladas. Num primeiro momento, refletiremos sobre o racismo como representação social, onde são centrais as crenças sobre as diferenças entre grupos humanos e a sua hierarquização e que se distingue do preconceito racial, conceito que consideramos exprimir atitudes e sentimentos negativos, flagrantes ou sutis, face a grupos definidos com base em categorias raciais. Num segundo momento, apresentaremos uma análise exploratória das ancoragens sociais, míticas, sócio-históricas e institucionais do racismo. Na terceira etapa deste texto, focaremos o papel das pressões normativas antirracistas sobre a retração do preconceito racial explícito e sobre as transformações e a evolução adaptativa das teorias racistas de senso comum.

1 Representações sociais, racismo e preconceito racial

A literatura da Psicologia Social utiliza quase indistintamente os termos racismo e preconceito racial. Com raras exceções, a maioria dos estudos analisou o racismo como um conjunto de atitudes negativas contra grupos sociais específicos como os negros, os judeus ou os ciganos. Nesta perspectiva, Leyens e coautores (LEYENS et al., 2000; LEYENS, 2012) estabelecem, de forma fundamentada, uma continuidade profunda ou uma quase equivalência entre os processos de discriminação intergrupal e o racismo. Neste sentido, podemos dizer que a investigação tem estabelecido uma grande homologia entre racismo e preconceito racial ou, de uma forma mais geral, entre racismo e atitudes intergrupais negativas explícitas ou implícitas, como é exemplo a definição clássica de preconceito proposta por Gordon Allport (1954) e a investigação que inspirou (para uma revisão, cf. FISKE, 1998) e como se infere do grande estudo de Pettigrew e Meertens (1995) sobre o preconceito racial flagrante e sutil.

Em oposição a esta perspectiva, propomos uma distinção entre racismo e preconceito racial, especificando que o racismo não é uma simples avaliação negativa de um grupo social específico, ainda que possa incluir atitudes negativas contra os grupos racializados, ou seja, definidos em termos de categorias raciais.

Podemos, no entanto, admitir a hipótese de um racismo sem atitudes negativas para com o grupo racializado e inferiorizado, baseadas em sentimentos de piedade e construídas em nome da ideia de progresso humano e de progresso civilizacional. Não é por acaso que Voltaire era fortemente antiescravagista, em nome da piedade, não deixando, porém, de considerar os negros um grupo inferior, mas que mereceria a nossa compaixão (cf. COHEN, 2003).

O racismo distingue-se ainda do preconceito racial dado que é uma teoria social inscrita nas instituições sociais e no pensamento social e não um traço de personalidade, nem um fenômeno simplesmente atitudinal de natureza individual ou intergrupal. Trata-se de um fenômeno que organiza as relações entre grupos sociais, mas que é mais do que uma posição individual. O preconceito, porém, na literatura da Psicologia Social, exprime uma posição individual relativamente a um grupo, ainda que tal posição individual possa ser relativamente consensual, como propõe o conceito de estereótipo cultural sobre "raças" ou "etnias" desenvolvido por Devine e Monteith (1993). Gostaríamos ainda de sublinhar três outros aspectos que podem contribuir para o debate teórico que propomos.

Em primeiro lugar, a literatura sobre o racismo e o preconceito racial sublinhou, sobretudo, o papel de fatores individuais que estão na sua gênese. De acordo com a clássica revisão de literatura de Duckitt (1992), que no entanto faz economia dos fatores cognitivos e identitários, a pesquisa sobre o preconceito racial pode ser organizada em quatro grandes grupos: 1) Predisposições genéticas e evolutivas; 2) Diferenças individuais; 3) Fatores societais e institucionais que organizam padrões de relações intergrupais (leis, normas de organização das relações sociais etc.; 4) Mecanismos de influência social que operam nas interações entre grupos e entre pessoas (e.g., influências parentais, *mass media*, sistema educativo, estrutura e funções da organização do trabalho). Na nossa perspectiva, apenas os dois últimos níveis de análise convêm ao estudo do racismo como teoria social de senso comum. É nesse contexto que adquire sentido a diferença entre uma categorização baseada em processos intraindividuais, uma categorização baseada nas interações sociais e uma categorização baseada em relações de dominação.

Deste modo, na lógica teórica e empírica que adotamos, o preconceito racial decorre frequentemente do racismo, mas não decorre necessariamente dele. Quantos de nós sentem desconforto ou mesmo receio perante pessoas negras e não acreditam consciente ou inconscientemente em hierarquias baseadas na raça? Por outro lado, pelo menos em teoria, podemos exprimir racismo sem recorrer a atitudes negativas como acima ilustramos com o exemplo de Voltaire, e como poderia ser mostrado através da evocação de histórias literárias e de episódios históricos onde se descrevem relações afetivas positivas fortes entre brancos e negros num quadro de dominação racial também forte.

Finalmente, estabelecendo uma articulação com a conceitualização proposta por W. Doise (2005), diríamos que o preconceito estará próximo do etnocentrismo, enquanto o racismo exprime, numa expressão de D. Jodelet (2005), um sentimento de alteridade radical, na medida em que as diferenças entre grupos, baseadas em critérios biológicos ou culturais, seriam percebidas como profundas e geradoras de hierarquias sociais dificilmente ultrapassáveis ou apenas ultrapassáveis no tempo longo da história.

Foi no quadro desta opção conceptual que propusemos, num trabalho recente (VALA & PEREIRA, 2012), que o racismo pode ser conceitualizado como uma representação social sobre a natureza da humanidade assente nos seguintes processos psicológicos e sociais fundamentais: categorização (crença na humanidade como estando organizada em grupos raciais ou étnicos, a humanidade não seria um conjunto de indivíduos, nem de categorias equivalentes, mas de categorias hierarquizadas); diferenciação (os grupos humanos teriam diferenças profundas entre eles); hierarquia (certos grupos são, de forma estável, superiores aos outros); essencialização (as diferenças seriam imutáveis; as diferenças entre comportamentos teriam subjacentes diferenças biológicas a que corresponde um essencialismo biológico, enquanto as diferenças culturais gerariam essências que sustentam o que podemos chamar de essencialismo cultural) (ROTHBART & TAYLOR, 1992); "alteridade radical" (nem todos os grupos terão todas as essências que o senso comum considera como distintivas dos humanos).

Uma contribuição empírica para este debate encontra-se numa pesquisa que publicamos em colaboração com Cícero Pereira e Rui Costa-Lopes (VALA et al., 2009) e que passamos a resumir. Nessa pesquisa os autores examinaram as relações entre crenças raciais de natureza biológica ou cultural que não se referem a grupos sociais específicos, mas que remetem para crenças gerais sobre a organização dos grupos humanos (ex.: a espécie humana está dividida entre diferentes grupos raciais; a espécie humana está dividida entre diferentes grupos étnicos; a espécie humana está dividida em grupos culturais muito semelhantes; alguns grupos humanos são mais civilizados do que outros etc. (PEREIRA, 2013) e dimensões do preconceito racial.

As dimensões do preconceito racial aplicado a pessoas negras que foram estudadas nesta pesquisa eram as seguintes: *ontologização*, baseada na oposição natureza/cultura, tal como definida por Moscovici e Pérez (1997); *infra-humanização*, assente na oposição entre emoções (natureza) e sentimentos (cultura), tal como estudada por Leyens et al. (2000); e ainda a *heteroetnicização*, ou acentuação de diferenças culturais entre o grupo próprio e outros grupos inferiorizados, como definido na nossa própria pesquisa (VALA et al., 2009). A estas três dimensões, acrescentamos ainda a dimensão mais evidente do preconceito racial, ou seja, a dimensão avaliativa, explicitamente baseada na oposição bom/mau, agradável/desagradável etc.

Figura 1 Relação entre crenças raciais e dimensões do preconceito

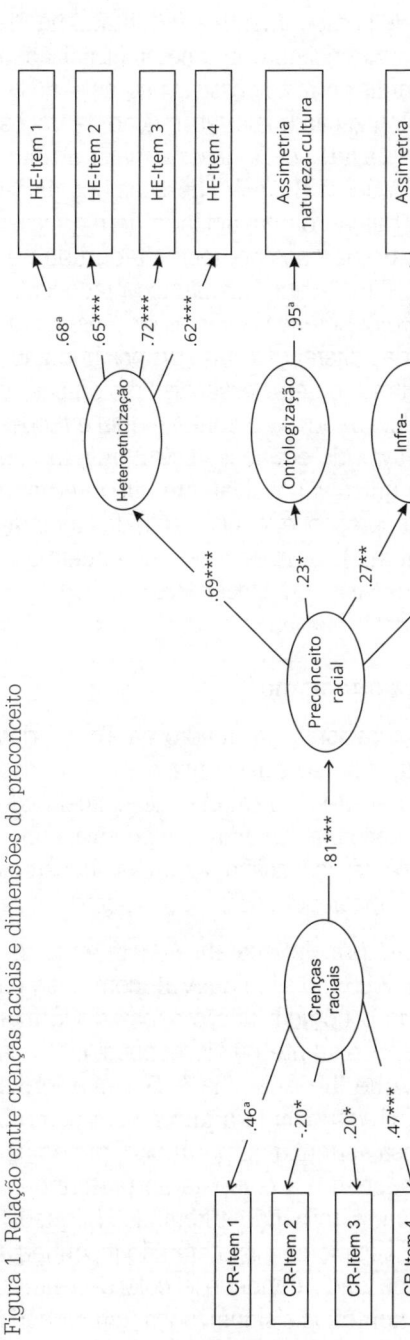

CR-item 1: A espécie humana está dividida em diferentes grupos raciais.
CR-item 2: A espécie humana está dividida em grupos culturais muito semelhantes.
CR-item 3: A mistura de diferentes grupos humanos pode enfraquecer a evolução biológica da espécie humana.
CR-item 4: Alguns grupos humanos são mais civilizados do que outros.

HE-item 1: Percepção de diferença nos valores ensinados aos filhos.
HE-item 2: Percepção de diferença nas crenças e práticas religiosas.
HE-item 3: Percepção de diferença nos valores e comportamentos sexuais.
HE-item 4: Percepção de diferença na preocupação com o bem-estar da família.

*p<.05; *p<.01; *p<.001
ªParâmetro constrangido para a identificação estatística do modelo.

Fonte: Vala, Pereira e Costa-Lopes, 2009.

Como se mostra no modelo sumariamente apresentado na Figura 1, os resultados obtidos evidenciam que a heteroetnicização (percepção de diferenças culturais entre as pessoas negras e, neste caso, os portugueses); a ontologização (maior atribuição de traços naturais a pessoas negras do que aos portugueses e maior atribuição de traços culturais a portugueses do que a pessoas negras); a infra-humanização (maior atribuição da capacidade de expressar sentimentos aos portugueses do que aos negros); e a atitude negativa são dimensões de um fator a que chamamos preconceito racial; e que este fator é predito por crenças racistas ou representações sociais sobre a natureza das diferenças entre grupos humanos baseadas em "essências culturais" ou em "essências biológicas" e na sua hierarquização. O modelo alternativo contra o qual o modelo apresentado foi testado através de equações estruturais foi um modelo que considerava uma única variável latente que integraria crenças raciais e dimensões do preconceito. Os resultados mostraram que o nosso modelo (Figura 1) era melhor do que aquele que não distinguia entre crenças raciais e preconceito racial.

2 Ancoragens sociais do racismo

Como se referiu, pensar o racismo no quadro da Teoria das Representações Sociais facilita não só questionar a sua redução ao preconceito racial, como pensá-lo no quadro do conceito de objetivação e do conceito de ancoragem numa perspectiva sócio-histórica e contextual. Apresentamos, assim, algumas sugestões analíticas sobre o processo de ancoragem social do racismo.

Jahoda (1998) lembra que o princípio da ancoragem ou da familiaridade foi enunciado por Vico, no século XVIII, com base na formulação seguinte: "Quando o homem não é capaz de formar uma ideia sobre qualquer coisa distante ou desconhecida, julga uma tal coisa no quadro do que lhe é familiar". De uma forma mais diferenciada, Moscovici (1984) definiu a ancoragem como o processo que integra uma coisa estranha ou perturbadora no nosso sistema particular de categorias e a compara ao protótipo da categoria que julgamos adequada, tornando-a familiar. No quadro do conceito de ancoragem, o racismo consiste em não reconhecer como totalmente humana uma dada entidade e colocá-la numa categoria não humana, cujas fronteiras e significados têm mudado ao longo da história, que a torna inteligível. Retomando a distinção estabelecida por Moscovici (2002) entre pensamento social *simbólico* e *estigmatizante*, Kalampalikis e Hass (2008) propõem duas modalidades de ancoragem, uma distinção que pode ajudar a compreender melhor como o processo de ancoragem intervém na constituição do racismo: "a primeira forma de ancoragem é compatível com o pensamento *simbólico* e introduz e veicula familiaridade; a segunda é compatível com o pensamento *estigmatizante* e veicula estranheza. Assim [...] podemos conceber uma outra forma de familiarização com o desconhecido, isto é, familiarização com o não comum, o não familiar, o estranho, o não eu, que garante, orquestra ou institui a diferença" (p. 456).

Edward Said – A ancoragem do racismo no protótipo negativo da humanidade

Uma análise exemplar do que entendemos por ancoragem do racismo enquanto representação social foi levada a cabo por Edward Said (1978/2007) na sua obra sobre a construção do Oriente pelo orientalismo, um movimento intelectual, político e colonialista que desde o início do século XIX produziu doutrina e imagéticas sobre o próprio Oriente. A análise que Said realizou desta vasta produção sobre o Oriente cabe no quadro do conceito de ancoragem. Com efeito, na análise de Said, o *outro* torna-se familiar através da sua representação como radicalmente diferente do protótipo do humano ocidental, mas também como profundamente semelhante a tudo o que é julgado inferior pelo Ocidente, como os delinquentes, os loucos, os pobres. Segundo Said, de Renan a Marx, de Lane a Sacy, de Flaubert a Nerval, todos têm em comum o fato de falar do Oriente como diferente, desigual e inferior, como "um lugar que necessita do Ocidente redentor" (p. 241), um lugar que é, afinal, o inverso negativo do Ocidente positivo.

Gustav Jahoda – O racismo e os mitos sobre a sociogênese do humano

Num livro que se tornou um clássico sobre as imagens do *outro*, Jahoda (1998) descreve a representação do selvagem e a sua ligação com a emergência do racismo.

Entre estas imagens, salientamos algumas daquelas que Jahoda descreve longamente: a imagem da criança como proto--humano, a imagem do desenvolvimento interrompido, e a imagem do louco ou do degenerado. Estas imagens remetem para as oposições civilizado/primitivo e natural/cultural. Estas oposições podem ser vistas no quadro da evolução e então o *outro* é visto como passível de retomar o caminho do humano, nomeadamente, através da fé cristã ou da escolarização. Porém, quando a diferença está associada a uma diferença genética, a um erro genético ou degenerescência, a evolução torna-se impossível. A este propósito tomamos como exemplo Oliveira Martins, um intelectual português do século XIX, para quem, de acordo com o espírito do tempo, a "civilização das pessoas negras através da educação" seria impossível devido à sua própria natureza (cf. ALEXANDRE, 1999).

George Fredrickson – A ancoragem do racismo em diferentes contextos históricos

Descrevemos agora um outro tipo de ancoragem do racismo. Tomando como ponto de referência a análise histórica do racismo conduzida pelo historiador americano George Fredrickson (2004), descrevemos a ancoragem do racismo em três contextos históricos.

A este propósito importa, contudo, introduzir uma nota prévia: falamos do contexto sócio-histórico do racismo no mundo ocidental. É evidente, porém, que consideramos que os processos sociopsicológicos mobilizados pela inferiorização radical de um *outro* relativamente a um *nós* serão, fundamentalmente, os mesmos em qualquer contexto sócio-histórico, uma vez que se trata sempre de compreender as relações sociais entre humanos, tal como são construídas pelos próprios humanos. Mas estes processos psicossociais não serão mobilizados da mesma forma, nem interagirão entre eles de forma similar em todos os contextos sociais e históricos, cuja diferenciação produzirá problemáticas também diferentes. Prudentemente, Fredrickson faz uma história do racismo ocidental, e não uma história do racismo universal. Situando-nos, pois, no "mundo ocidental", exploramos em seguida a ancoragem do racismo no racismo no contexto cultural-religioso medieval, no contexto científico da Modernidade, e no contexto político-institucional da primeira parte do século XX.

A ancoragem religiosa do protorracismo antijudeu e antinegro

Como sabemos, durante toda a Idade Média, as relações entre cristãos e judeus foram marcadas por uma hostilidade permanente, acompanhada por momentos de grande violência, especificamente na Península Ibérica, no final do século XV e começo do século XVI. Esta hostilidade que acompanhou expulsões e discriminações de todo o tipo estava apoiada em crenças antijudaicas supostamente baseadas nos evangelhos que colocam os judeus fora do grupo dos humanos: como está descrito no Evangelho de São João (8,44.48), Jesus teria dito sobre os judeus "sois filhos do diabo" e estes teriam respondido "Tu és samaritano e possuído pelo diabo". Os judeus têm sido pensados pelos cristãos como estando na margem do humano, não devido a uma inferiorização biológica, mas cultural, em que o religioso é central.

Uma outra crença fundamental na relação cristãos-judeus é a de que é possível converter um judeu ao cristianismo, mas que esta conversão não será genuína porque a "essência religiosa" é imutável. Os judeus convertidos serão sempre "cristãos novos", mas nunca cristãos, simplesmente. São estas crenças que justificam a separação, a exclusão e o genocídio como modos dominantes das relações sociais entre a Cristandade e os judeus só recentemente atenuados. Como recorda Connelly (2013), a relação entre cristãos e judeus foi demasiado grotesca ao longo da história, tão grotesca que não parece real. A reativação dos *pogrom* medievais em pleno século XX tinha subjacente a inferioridade biológica dos judeus, como evocamos adiante. Mas o fator religioso como essência permanece. Connelly (2013) cita a este propósito dois intelectuais católicos alemães dos anos de 1930. Para Joseph Eberle, os católicos deveriam afastar-se dos judeus, mesmo daqueles que se haviam convertido, "pois o sangue e a raça não são apagados pelo batismo". E o mesmo autor cita ainda Karl Adam, para quem Cristo não era um judeu, uma vez que a imaculada conceição de Jesus através de Maria o separou "das características que se transmitem através do sangue de judeu para judeu".

No que se refere às relações dos povos europeus com os povos de cor negra, desde muito cedo se verifica na Idade Média uma associação recorrente entre as pessoas negras e os descendentes do filho de Noé que foi condenado à escravatura. Esta crença conferiu legitimidade às relações de separação e dominação, nomeadamente, sob a forma de escravatura, sendo a escravatura igualmente legitimada pelo fato de decorrer do reconhecimento devido pelo batismo com que os brancos agraciavam os negros (por regra, os escravos eram batizados, muitos deles antes de deixarem a África (cf., p. ex., LARA, 1999).

Este protorracismo antinegro, tal como o protorracismo antijudaico, está ancorado no campo cultural com caução religiosa, e não no campo biológico com caução científica, como acontecerá mais tarde. A caução religiosa, um fator fundamental no processo de legitimação, foi claramente questionada por Las Casas não só a propósito dos índios, mas também das pessoas negras (1552/1989), que defendeu vigorosamente.

Modernidade e racismo científico

É o contexto científico do século XVIII que introduz o biológico no racismo, em oposição ao cultural-religioso. Podemos considerar como nuclear no movimento intelectual que conduziu ao "racismo científico" o trabalho que Lineu desenvolveu no seu estudo sobre a taxonomia dos seres vivos, e que viria a criar em 1758 (cf. JAHODA, 1998) a ordem dos primatas, subdividida em homo, símia etc. O homo estava, por sua vez, subdividido em *sapiens* e *silvestris*. Por sua vez, o *sapiens* estava subdividido em 4 categorias: americanos, europeus, asiáticos e africanos. Mais tarde, Gobineau, no seu 'ensaio sobre a desigualdade' publicado em 1853 (GOBINEAU, 1967) completará esta arquitetura intelectual, construindo uma categorização hierárquica das raças e uma relação entre fenótipos e cultura. Estas abordagens popularizam-se nomeadamente através da sua difusão nas enciclopédias, como se mostra neste extrato do Larousse de 1866 sobre o *nègre* (apud JAHODA, 1998): "A cor da pele não é a característica mais relevante que diferencia as espécies negras das espécies brancas. A estrutura anatômica é importante por uma outra ordem de razões, uma vez que coloca o negro entre o orangotango e o branco ou as espécies caucasinas..." Do plano cultural e religioso, na Idade Média, passamos, na Modernidade, ao plano biológico com caução científica: novas categorizações dos humanos e não humanos organizam-se como uma nova visão do mundo, popularizam-se entre o "pensamento culto" e tornam-se senso comum. Tudo ficou então preparado para a entrada do racismo num novo contexto no qual será investido de novos significados: o campo político-institucional.

O campo político-institucional

Na Modernidade é a caução científica que vai permitir legitimar diferentes formas de relação social decorrentes das crenças racistas, como a segregação, a exclusão e a dominação ou o genocídio. Mas é a entrada das teorias racistas nas instituições políticas que vai permitir legislar e burocratizar o racismo, tornando as categorias raciais tão familiares e legítimas como qualquer outra categoria burocrática. As raças tornam-se categorias administrativas como outras, a sua hierarquização leva a legislar para manter essa ordem natural hierárquica. Vai ser possível, assim, em diferentes contextos institucionais, definir o que é um negro, o que é um judeu, bem como os direitos de cada grupo. Vai ser possível, também, legislar sobre quanto tempo é necessário para purificar os descendentes de uma raça e para que seja possível atribuir-lhes uma outra natureza racial. Trata-se de incluir as crenças racistas e o essencialismo racial no quadro da lógica das decisões político-administrativas, sendo que são estas que vão finalmente tentar resolver as "ambiguidades" das pertenças raciais e, dessa forma, definir o que é uma raça e como se transmite.

Esta lógica político-administrativa atingiu o seu auge no Regime Nazi-alemão, mas alimentou também o "regime" conhecido por "Jim Crow" nos Estados Unidos, que apenas foi extinto vinte anos após a Segunda Guerra Mundial; e o regime de *apartheid* na África do Sul, instituído depois da Segunda Guerra Mundial, depois da Declaração Universal dos Direitos Humanos e da Declaração da Unesco sobre a raça. Nos três casos referidos, os grupos-alvo de exclusão foram objeto de extermínio na Alemanha e de dominação legalizada nos Estados Unidos e na

África do Sul, em consonância com legislação que proibia a mistura entre a "raça superior" e as "raças inferiores", que ordenava a segregação racial (bairros, escolas, instituições de saúde, lazer etc.), que determinava a exclusão dos direitos cívicos dos grupos vistos como inferiores, bem como lhes limitava os direitos econômicos, aprofundando o seu empobrecimento.

No âmbito da atribuição de sentido ao racismo no quadro político-institucional devemos dar um relevo especial às exposições que celebraram as "raças estranhas" e a sua inferioridade, o que sucede no contexto de legitimação da expansão dos impérios coloniais na África. A exposição *L'Invention du Sauvage-Exhibitions* no Museu do Quai Branly em 2011/2012 evocou as exposições da "inferiorização do outro" entre 1890 e 1940. Durante cinquenta anos, as exposições dos povos colonizados popularizaram-se nas capitais das potências coloniais, acentuando as diferenças, estabelecendo as fronteiras do humano e celebrando o nacionalismo. No que se refere a Portugal, Matos (2006) fez um inventário exaustivo e bem sistematizado desta forma de espetáculo e pedagogia da legitimidade do colonialismo. Matos chama a atenção para o fato de Portugal ter aderido ao "movimento das exposições internacionais" ainda no século XIX, participando em exposições realizadas no estrangeiro, por exemplo em Paris (1855, 1867 e 1879), Londres (1862), Viena (1873), Filadélfia (1876), Amsterdã (1883), para além de ter organizado também algumas exposições no país, nomeadamente, no Porto (1861 e 1865) e em Lisboa (1863 e 1882). De destacar, a Exposição do Mundo Português inaugurada em 1940 para celebrar a fundação de Portugal. Nesta exposição, como nas precedentes, participaram pessoas trazidas das colônias, agora em maior número, que foram exibidas em "cenários realistas" que celebravam o seu "atraso civilizacional" e o papel protetor e redentor dos portugueses (MATOS, 2006).

3 Dinâmicas das crenças raciais e norma do antirracismo

O horror da Segunda Guerra Mundial, o sucesso dos movimentos de libertação africana, o êxito da luta dos negros americanos pelos direitos cívicos, a progressiva expansão da Declaração Universal dos Direitos Humanos de 1948 e outros movimentos sociais, são outros tantos momentos importantes do processo de deslegitimação da ideia de raça e das desigualdades sociais fundadas sob a raça que corroeu igualmente os fundamentos do nacionalismo. Tais processos sociais mostram a progressiva difusão da norma do antirracismo e levantaram obstáculos ao triunfo da ideia de raça. De representação social hegemônica, o racismo passa a adquirir os contornos de uma representação social polêmica, objeto de disputa e conflito regulado pela legislação antirracista e pela difusão da norma social antirracista.

O preconceito racial escondido

Estas transformações têm sido melhor estudadas no domínio da análise do preconceito racial do que no domínio do estudo do racismo enquanto tal.

Foi no quadro dos estudos sobre o preconceito que se mostrou que a atribuição de traços estereotípicos negativos às pessoas negras nos Estados Unidos decresceu significativamente entre os anos de 1930 e os anos de 1990 (DOVIDIO et al., 1996). No início da década de 1990, vários estudos realizados na Europa mostraram igualmente uma redução da atribuição de traços negativos a pessoas de grupos racializados. Por exemplo, Pérez (1996) mostrou que na Espanha os inquiridos atribuíam mais traços negativos aos espanhóis do que aos ciganos. Ou seja, os inquiridos procuravam claramente manifestar-se não preconceituosos face a um grupo que, na Espanha, se encontrava protegido pela norma do antirracismo.

Por outro lado, no estudo de Pettigrew e Meertens (1995), realizado em quatro países europeus, sobre o preconceito racial relativamente a imigrantes, os autores mostraram que o preconceito racial se exprimia através da negação de emoções positivas associadas aos imigrantes (e não da afirmação de emoções negativas). No estudo que na mesma década realizamos em Portugal (VALA et al., 1999), obtivemos os mesmos resultados que aqueles autores haviam encontrado em outros países europeus e mostramos ainda que o preconceito antinegro se exprimia pela atribuição de mais traços positivos a portugueses do que a negros e não pela atribuição de mais traços negativos a estes do que àqueles.

Estes, como outros trabalhos, mostram que não é percebido como normativo exprimir abertamente avaliações negativas sobre membros de grupos que são ou foram alvo de racialização (p. ex., nos estudos citados, os ciganos na Espanha, os negros em Portugal, os antilhanos e indianos no Reino Unido, os surinameses e os turcos na Holanda, os norte-africanos e as pessoas provenientes do Sudeste Asiático na França, e os turcos na Alemanha). Expressões escondidas do preconceito racial têm sido igualmente diagnosticadas fora da Europa e dos Estados Unidos, especificamente no Brasil no que toca ao preconceito antinegro (e.g., CAMINO; SILVA; MACHADO & PEREIRA, 2001) e anti-índio (e.g., BRAGA & CAMPOS, 2012).

Porém, a linha de pesquisa inaugurada por Gaertner e McLaughlin (1983) com medidas de associação automática entre palavras (positivas *vs*. negativas) e alvos de avaliação (ex.: brancos *vs*. negros) viria a mostrar que o preconceito racial permanecia muito ativo. Esta linha de pesquisa tornou-se célebre através da difusão dos estudos realizados por Greenwald e colaboradores (e.g., GREENWALD; McGHEE & SCHWARTZ, 1998; NOSEK; BANAJI & GREENWALD, 2002), com base no conhecido Implicit Association Test (IAT). Este teste e outras medidas do mesmo tipo, que usam latências de resposta, e que são verdadeiras medidas não obstrutivas de atitudes (FAZIO & OLSON, 2003), permitiram questionar se o preconceito racial estaria a sofrer uma redução genuína.

De fato, a natureza destas medidas não permite o controle consciente das respostas e, portanto, a configuração dessas mesmas respostas de acordo com a norma antirracista. Ou seja, o que as medidas de preconceito implícito vieram mostrar é que o preconceito racial se "escondeu", ou encontrou formas menos explícitas de expressão.

Críticas a este tipo de medidas têm proposto que tais análises do preconceito revelam sentimentos muito profundos, mas sem impacto nos comportamentos. Tal não parece ser o caso. Por exemplo, num domínio bem sensível como o da prescrição de trombólise em situação hospitalar, o preconceito implícito, medido através do IAT, prediz mais frequente recomendação de trombólise para brancos do que para negros com um quadro clínico idêntico (GREEN et al., 2007).

Nós próprios (VALA; LIMA; PEREIRA & LEYENS, 2012) usamos medidas implícitas para medir o tempo que pessoas brancas investem para formar uma impressão sobre pessoas brancas e pessoas negras, uma outra medida do preconceito racial escondido. A nossa hipótese era a de que os participantes mostrariam um enviesamento intergrupal do tempo (Intergroup Time Bias, ITB), isto é, que os participantes investiriam mais tempo para formar uma impressão sobre pessoas brancas do que sobre pessoas negras. O tempo significa, neste contexto, o grau de interesse, consideração e motivação pessoal investida numa pessoa-alvo de formação de uma impressão. Para testar a nossa hipótese, realizamos uma série de estudos, os quais mostraram, como previsto, que os participantes brancos investiam mais tempo para formar uma impressão sobre outros brancos do que sobre negros (Figura 2).

Mostramos ainda que o ITB se correlacionava com outras medidas não obstrutivas de preconceito e com a homogeneização das pessoas negras. Os nossos estudos evidenciaram ainda que o ITB é predito por medidas explícitas de racismo e não se correlaciona com a motivação interna e externa para controlar o preconceito (PLANT & DEVINE, 1998).

Figura 2 Tempo investido na atribuição de traços a pessoas brancas e negras numa tarefa de formação de impressões

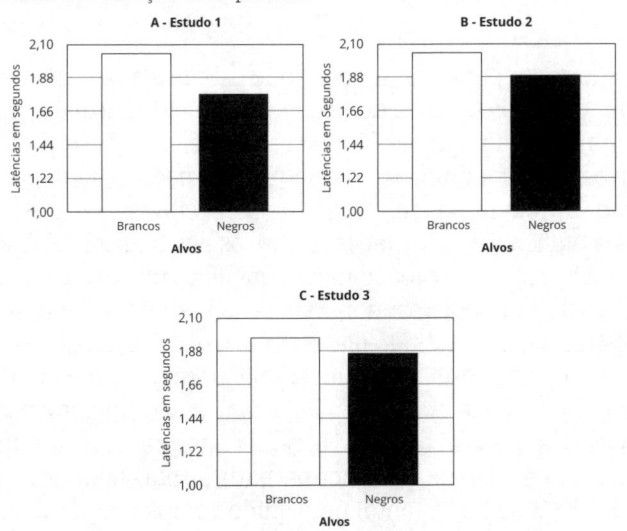

Fonte: Vala, Lima, Pereira e Leyens, 2012.

Figura 3 Valência da atribuição de traços a pessoas brancas e negras numa tarefa de formação de impressões

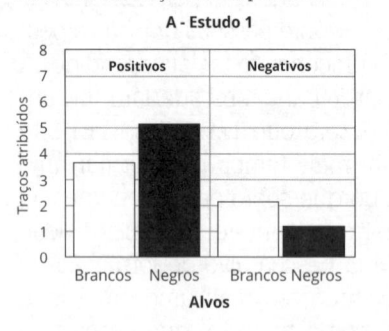
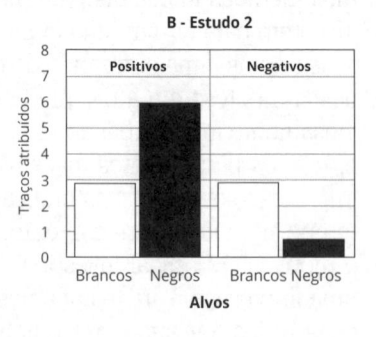

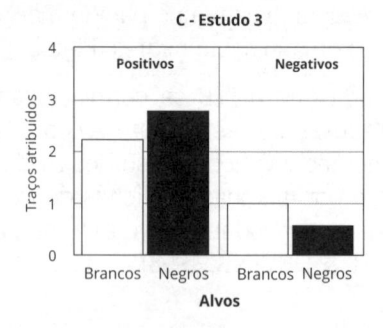

Fonte: Vala, Lima, Pereira e Leyens, 2012.

Importante para o argumento que estamos a desenvolver é o fato de os nossos estudos demonstrarem que os participantes investem mais tempo na atribuição de traços, quer negativos quer positivos, para os brancos do que para os negros (Figura 3). No entanto, atribuem sempre mais traços positivos aos negros do que aos brancos, e mais traços negativos aos brancos do que aos negros. Ou seja, num procedimento que não controlam (a medida implícita do tempo investido), manifestam enviesamento em favor dos brancos, investindo mais tempo para brancos do que para negros, enquanto que, num procedimento que controlam (a atribuição explícita de traços), manifestam enviesamento positivo em favor das pessoas negras. Na nossa interpretação, a primeira medida não é afetada pela norma antirracista, enquanto a segunda o é. Mais importante, um estudo complementar realizado com grupos mínimos (Klee *vs.* Kandinsky) mostrou favoritismo endogrupal no investimento de tempo (medida implícita), quer na valência dos traços atribuídos (de fato, a norma antipreconceito não incide sobre este tipo de grupos imaginários).

Os estudos referidos permitem verificar que a norma antirracismo tem impacto na expressão aberta do preconceito, mas não na sua expressão implícita. Por outro lado, importa evidenciar que a norma do antirracismo não se exerce da mesma forma sobre todos os grupos racializados, nem em todos os contextos culturais. Se acima mostramos como no caso português a norma antirracista protege as pessoas negras, o mesmo não sucede com as pessoas ciganas (AGUIAR et al., 2008; CORREIA; VALA & AGUIAR, 2007; CORREIA et al., 2005). Porém, o mesmo não acontece na Espanha, país em que a norma protege as pessoas ciganas (PÉREZ, 1996; CORREIA et al., 2005), mas não os negros.

De qualquer forma, devemos sublinhar que nos trabalhos empíricos até agora referidos o papel da norma antirracista foi sobretudo invocado, mas não demonstrado. Poucos estudos têm testado esta norma no sentido de observar os seus efeitos na expressão do preconceito racial. Como exceções, refiram-se os trabalhos iniciais de Katz e Hass (1988), e os trabalhos mais recentes de Lima e colaboradores (2006) realizados no Brasil, de Costa-Lopes, Wigboldus e Vala (2013), bem como de Monteiro, França e Rodrigues (2009), e ainda de Falomir, Gabarrot e Mugny (2009). Nos dois primeiros casos, mostra-se como a norma do igualitarismo antirracista tem impacto na redução do preconceito implícito; nos dois últimos mostra-se como a mesma norma tem impacto no preconceito e na discriminação racial aberta.

Transformações adaptativas do racismo: um vírus em evolução

Mostramos como a pressão normativa e a força dos movimentos sociais provocaram uma retração do preconceito racial que, apesar de vivo, manifesta-se mais de forma escondida do que explícita. Uma nova pergunta pode agora ser colocada: O que sucedeu com as representações sociais que organizam os grupos sociais e os hierarquizam com base em fenótipos de que deduzem genótipos que associam a padrões culturais? A hipótese que propomos é a de que, uma vez deslegitimada a ideia de hierarquias raciais pela ação da norma antirracista, ocorreram transformações nas representações sobre as diferenças entre os grupos humanos, e as "essências" que os diferenciam desloca-ram-se do plano do biológico para o plano da cultura. Esta trans-formação adaptativa permite que o racismo permaneça de uma forma que não é ameaçada pela norma antirracista.

Esta hipótese decorre dos trabalhos realizados ainda nos anos de 1970 nos Estados Unidos sobre o chamado "racismo moderno" antinegro (SEARS & McCONAHAY, 1973) e dos estudos sobre o chamado preconceito sutil anti-imigrante conduzidos por Petti-grew e Meertens (1995), na Europa, nos anos de 1990, e ainda da teorização sobre o racismo cultural proposta por Balibar (2007).

Pela nossa parte, mostramos que a norma antirracismo difi-culta, também, hoje em dia, a expressão aberta do racismo cul-tural, da hierarquização de culturas e da inferiorização cultural de pessoas percebidas como pertencendo a outras raças, cul-turas ou religiões. Devido à pressão normativa, a inferiorização cultural faz-se hoje sobretudo de forma indireta, ou escondida, através da simples acentuação das diferenças culturais (VALA et al., 1999) entre o endogrupo de pertença e os exogrupos an-teriormente abertamente racializados. Na linha dos estudos de Taguieff (1987), chamamos a este processo heteroetnicização a que no passado correspondeu o processo de heterorracialização. Mostramos também que os grupos "etnicizados", ou seja, aos quais é atribuída uma diferença cultural relativamente ao grupo maioritário, reagem negativamente à atribuição dessa diferença. Aliás, quanto mais consideram que são percebidos como cul-turalmente diferentes, mais exprimem o sentimento de que são objeto de discriminação (VALA; LOPES & LIMA, 2008).

É, pois, neste contexto que propomos que o racismo tem sido objeto de transformações adaptativas que permitem manter os aspectos fundamentais das crenças raciais tradicionais, sem colocar em causa as instituições democráticas e uma autorrepre-sentação não racista ou preconceituosa. Metaforicamente, pode-mos pensar o racismo como um "vírus em evolução", metáfora proposta por Dovidio e Gaertner (1998). O que é novo no uso que fazemos desta metáfora (VALA & PEREIRA, 2012) é o fato de o racismo, tal como um vírus, ser capaz de se adaptar às pressões do meio externo, ou seja, às pressões da norma do antirracismo.

São as mutações que o racismo como representação social tem sofrido, nomeadamente, a deslocação do biológico para o cultural, que permitem a sua permanência difusa e socialmente eficaz.

Figura 4 Expressão do racismo biológico, do racismo cultural e do racismo antinegro em sete países europeus

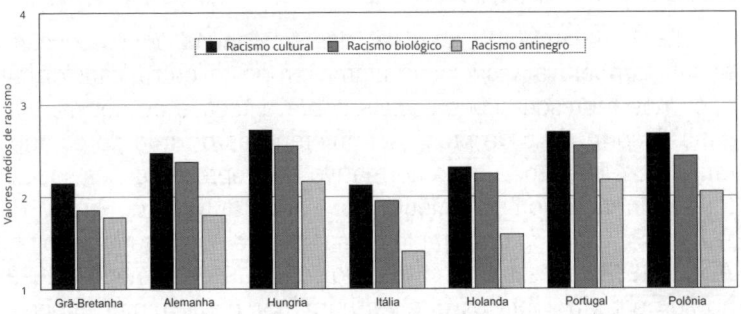

Fonte: Vala e Pereira, 2012.

Uma ilustração que nos parece bastante convincente da dinâmica da nossa hipótese sobre os efeitos positivos da norma antirracismo e, ao mesmo tempo, da forma como essa norma provocou transformações nas crenças racistas que permitem a sua persistência, encontra-se num estudo realizado em sete países europeus em que analisamos a expressão aberta de racismo antinegro (alvo de forte pressão da norma antirracismo), de racismo biológico sem evocação de alvo (também censurado pela norma antirracista) e a expressão do racismo cultural (alvo dessa mesma norma, mas em menor grau).

Como mostram os resultados apresentados na Figura 4, verifica-se, em todos os países estudados, o mesmo padrão de resposta: é mais fácil mostrar acordo com as crenças que sustentam o racismo cultural, as menos sujeitas a pressões normativas, do que com aquelas que exprimem racismo biológico, claramente antinormativas; e é mais difícil a expressão de racismo antinegro do que racismo cultural ou biológico (VALA & PEREIRA, 2012)[2]. Estas diferentes formas de racismo coexistem, embora com graus

---

2. Estes dados foram recolhidos na pesquisa internacional sobre Group-Focused Enmity, coordenada por Wilhem Heitmeyer Andreas Zick.

variáveis de expressão aberta. Ao mesmo tempo, neste mesmo estudo, mostramos que não só o racismo biológico, mas também o racismo cultural, são preditores do racismo antinegro. Ou seja, as crenças racistas de base cultural não são simples organizadores da percepção social, mas podem predizer o racismo tradicional contra grupos específicos.

Tal como referido no caso das mudanças no preconceito racial, também a associação acima proposta entre transformações nas representações sociais sobre a raça e as normas sociais decorre mais de processos inferenciais do que de estudos empíricos. De fato, o peso normativo das representações sociais foi sublinhado nomeadamente por vários autores do grupo de Aix-en-Provence, por exemplo numa obra coletiva organizada por Abric (1994), mas também por Doise, Spini e Clémence (1999) no seu estudo sobre os direitos humanos como representações sociais normativas e por Castro (2012) nos estudos sobre o ambiente, mas não há, que conheçamos, estudos empíricos que incidam diretamente sobre transformações sociais e normativas e transformações nas representações sobre a raça.

Conclusão

A diversidade dita racial ou étnica constitui uma das características sociais das sociedades europeias contemporâneas. Trata-se de uma diversidade sem retorno que continuará a aprofundar-se e que poderá ser vivida numa conflitualidade latente que alterna com conflitos abertos, como tem acontecido, ou que poderá ser vivida de forma relativamente pacífica com vantagem para todos os grupos envolvidos. Esta última possibilidade supõe o reconhecimento dos direitos de todo o tipo de minorias, nomeadamente das que são objeto de racialização e etnicização.

É no quadro deste desafio que será importante o conhecimento das representações sociais que criam e legitimam processos de diferenciação e hierarquização dos humanos e produzem categorias e grupos como se fossem entidades naturais. A ilegitimação das categorias criadas com base na biologia deixou aberta a porta à transformação das mesmas categorias em entidades culturais, também elas percebidas como naturais. A inevitabilidade da construção social das diferenças, da sua categorização, nomeação e hierarquização parece, pois, real. Mas são também reais os efeitos dos constrangimentos políticos e institucionais na aceleração dos conflitos ou na sua atenuação. As leis antirracistas e a norma social antirracismo produziram de fato efeitos, como se descreveu. Curiosamente, o racismo antijudeu e antinegro nasceu com caução cultural e religiosa, o "racismo científico" ofereceu uma caução biológica ao racismo enquanto tal e verifica-se hoje, por várias razões, mas também por efeito das pressões socionormativas, uma ocultação do racismo de base biológica e o seu regresso à matriz religioso-cultural.

Para analisar estes processos sociais e os seus correlatos psicológicos propusemos aqui neste texto três eixos de reflexão complementares das análises mais frequentes do racismo. O primeiro propõe uma diferenciação entre o conceito de racismo e de preconceito racial, o que não impede que tenham alguns pontos em comum quer nas consequências, quer na origem, quer nos mecanismos sociais e psicológicos que os sustentam.

O segundo propõe que se conceitualize o racismo no quadro das representações sociais, o que convoca para a sua análise o tempo histórico, a memória e as mentalidades coletivas, os processos de ancoragem e objetivação e, sobretudo, uma visão dinâmica do pensamento social (JESUÍNO, 2011). Pela nossa parte, consideramos fundamental a articulação entre o pensamento social e processos psicológicos fundamentais como a categorização e a comparação social, a negociação e a identidade. A articulação entre as representações sociais e estes processos é ainda incipiente e mais investigação é necessária para entendermos o que há de social e psicológico nas representações sociais.

O terceiro se refere à necessidade da introdução das normas sociais na análise do preconceito racial e do racismo. Procuramos mostrar como as pressões normativas provocaram uma deslocação do preconceito aberto para o preconceito latente ou escondido e obrigaram a uma reconfiguração das representações sociais sobre as diferenças e organização dos grupos humanos, retirando-as do campo do biológico para o campo da cultura.

Estimulados pela obra de Duster, *Backdoor to Eugenics*, a pergunta que deixamos é a seguinte: Será que os avanços da pesquisa na biologia e nas neurociências que têm passado com grande sucesso para o senso comum irão, de novo, provocar o regresso à representação do biológico como principal organizador dos comportamentos e principal fonte de categorização dos grupos sociais?

Referências

ABRIC, J.C. (1994). *Pratiques sociales et représentations*. Paris: Presses Universitaires de France.

AGUIAR, P.; VALA, J.; CORREIA, I. & PEREIRA, C. (2008). "Justice in our world and in that of others: Belief in a just world and reactions to victims". *Social Justice Research*, 21, p. 50-68.

ALEXANDRE, V. (1999). "O império e a ideia de raça, séculos XIX e XX". In: VALA, J. (ed.). *Novos racismos*. Oeiras: Celta, p. 133-144.

ALLPORT, G.W. (1954). *The Nature of Prejudice*. Cambridge, MA: Addison-Wesley.

AUGOUSTINUS, M. (2009). "Racism(s): One or many?" *International Journal of Psychology*, 44, p. 43-45.

AUGOUSTINUS, M. & REYNOLDS, K. (2001). "Prejudice and racism – Defining the problem, 'Knowing' the Experience". In: AUGOUSTINUS, M. & REYNOLDS, K. *Understanding Prejudice, Racism and Social Conflict*. Londres: Sage.

BALIBAR, E, (2007). Is there a neo-racism? In: GUPTA, T.; JAMES, C.; MAAKE, R.; GALABUZI, G. & ANDERSEN, C. *Race and Racialization*. Toronto: Canadian Scholar's Press.

BEAUVOIS, J.-L. & DUBOIS, N. (1988). "The norm of internality in the explanation of psychological events". *European Journal of Social Psychology*, 18 (4), p. 299-316.

BETHENCOURT, F. (2014). Racisms: from the crusades to the twentieth century. Princeton: Princeton University Press.

BETHENCOURT, F. & PEARCE, A. (2012). *Racism and Ethnic Relations in the Portuguese-speaking World*. Oxford: USA Professional.

BRAGA, C. & CAMPOS, P. (2012). "Invisíveis e subalternos – As representações sociais do indígena". *Psicologia & Sociedade*, 24, p. 499-506.

CABECINHAS, R. & FEIJÓ, J. (2010). "Collective Memories of Portuguese Colonial Action in Africa: Representations of the Colonial Past among Mozambicans and Portuguese Youths". *International Journal of Conflict and Violence*, 4 (1), p. 28-44.

CAMINO, L., SILVA, P., MACHADO, A. & PEREIRA, R.C. (2001). "A face oculta do racismo no Brasil: uma análise psicossociológica". *Revista de Psicologia Política*, 1 (1), p. 13-36.

CASTELO, C. (1998). *"O modo português de estar no mundo"* – O luso-tropicalismo e a ideologia colonial portuguesa, 1933-1961. Porto: Afrontamento.

CASTRO, P. (2012). "Legal Innovation for Social Change: Exploring Change and Resistance to Different Types of Sustainability Laws". *Political Psychology*, 33, p. 89-106.

CELSO, P.S. (2012). "A memória histórica numa perspectiva psicossocial". *Morpheus* – Revista Eletrônica em Ciências Humanas, 9, p. 94-103.

CIALDINI, R.; KALLGREN, C.A. & RENO, R.R. (1991). "A focus theory of normative conduct". *Advances in Experimental Social Psychology*, 24, p. 201-234.

COHEN, W.B. (2003). *The French encounter with Africans*: white response to Blacks. Bloomington: Indiana University Press.

CONNELLY, J. (2013). *From enemy to brother*: the revolution in catholic teaching on jews. Cambridge: Harvard University Press.

CORREIA, I.; BRITO, R.; VALA, J. & PEREZ, J. (2005). "Normes antiracistes et persistance du racisme flagrant: analyse comparative dés attitudes face aux Tziganes et face aux noirs au Portugal". *Psichologia Sociala*, 15, p. 7-22.

CORREIA, I.; VALA, J. & AGUIAR, P. (2007). "Victim's Innocence, Social Categorization and the Threat to the Belief in a Just World". *Journal of Experimental Social Psychology*, 1 (43), p. 31-38.

COSTA-LOPES, R.; WIGBOLDUS, D. & VALA, J. (2013). *Priming meritocracy increases implicit prejudice* [Texto não publicado].

DEVINE, P.G. (1989). "Stereotypes and Prejudice: Their Automatic and Controlled Components". *Journal of Personality and Social Psychology*, 56 (1), p. 5-18.

DEVINE, P.G. & MONTEITH, M.J. (1993). "The role of discrepancy-associated affect in prejudice reduction". In: MACKIE, D.M. & HAMILTON, D.L. (eds.). *Affect, cognition, and stereotyping*: Interactive processes in intergroup perception. São Diego, CA: Academic, p. 317-344.

DOISE, W. (2005). "Préface". In: SANCHEZ-MAZAS, M. & LICATA, L. (eds.). *L'autre*: Regards psychosociaux. Grenoble: Presses de l'Université de Grenoble.

_____ (1976/1984). *A articulação psicossociológica e as relações entre grupos*. Lisboa: Moraes.

DOISE, W.; SPINI, D. & CLÉMENCE, A. (1999). "Human Rights studied as social representations in a cross-cultural context". *European Journal of Social Psychology*, 29, p. 1-29.

DOVIDIO, J.; BRIGHAM, J.; JOHNSON, B. & GAERTNER, S. (1996). "Stereotyping prejudice and discrimination – Another look". In: MACRAE, N.; STANGOR, C. & HEWSTONE, M. (eds.). *Foundations of stereotypes and stereotyping*. Nova York: Guilford.

DOVIDIO, J. & GAERTNER, S. (1998). "On the nature of contemporary prejudice: the causes, consequences and challenges of aversive racism". In: EBERHARDT, J.L. & FISKE, S. (eds.). *Confronting Racism*: the problem and the response. Thousand Oaks: Sage.

DUCKITT, J. (1992). "Psychology and prejudice: A historical analysis and integrative framework". *American Psychologist*, 47 (10), p. 1.182-1.193.

DUSTSER, T. (1990). *Backdoor to Eugenics*. 2. ed. Nova York: Routledge.

FALOMIR-PICHASTOR, J.; GABARROT, F. & MUGNY, G. (2009). "Group motives in threatening contexts: When a loyalty conflict paradoxically reduces the influence of an anti-discrimination ingroup norm". *European Journal of Social Psychology*, 39, p. 196-206.

FAZIO, R. & OLSON, M. (2003). "Implicit mechanisms in social cognition research: their meaning and use". *Annual Review of Psychology*, p. 297-397.

FISKE, S.T. (1998). "Stereotyping, prejudice and discrimination". In: GILBERT, D.; FISKE, S. & LINDZEY, G. (ed.). *Handbook of Social Psychology*. Vol. 2. Boston, MA: McGraw-Hill, p. 357-411.

FREDRICKSON, G.M. (2004). *Racismo*: uma breve história. Porto: Campo das Letras.

GAERTNER, S.L. & DOVIDIO, J.F. (2005). "Understanding and addressing contemporary racism: From aversive racism to the common ingroup identity model". *Journal of Social Issues*, 61, p. 215-239.

GAERTNER, S. & McLAUGHLIN, J. (1983). "Racial stereotypes: associations and ascriptions of positive and negative characteristics". *Social Psychology Quarterly*, 46, p. 23-30.

GOBINEAU, C. (1853/1967). *Essai sur l'inégalité des races humaines*. Paris: Pierre Belfond.

GREEN, A.; CARNEY, D.; PALLIN, D.; NGO, L.; RAYMOND, K.; IEZZONI, L. & BANAJI, M. (2007). "Implicit Bias among Physicians and its Prediction of Thrombolysis Decisions for Black and White Patients". *Journal of General Internal Medicine*, 22, p. 1.231-1.238.

GREENWALD, A.G.; McGHEE, D.E. & SCHWARTZ, J.L.K. (1998). "Measuring Individual Differences in Implicit Cognition: The Implicit Association Test". *Journal of Personality and Social Psychology*, 74 (6), p. 1.464-1.480.

HENRIQUES, I.C. (2011). *Catálogo da Exposição Os Africanos em Portugal* – História e memória, séculos XV-XXI. Lisboa: Comité Português do Projeto A Rota da Escravatura.

HUNTINGTON, S.P. (2004). *Who Are We?* – The Challenges to America's National Identity. Nova York: Simon & Schuster.

HOWARTH, C. & HOOK, D. (2005). "Towards a critical social psychology of racism: points of disruption". *Journal of Community and Applied Social Psychology*, 15 (6), p. 425-431.

JAHODA, G. (1998). *Images of Savages*: Ancient Roots of Modern Prejudice in Western Culture. Londres: Routledge.

JESUÍNO, J. (2011). "Knowledge in a raft: Comments to Denise Jodelet". *Papers on Social Representations*, 20, p. 40.1-40.6.

JODELET, D. (2005). "Formes et figures de l'altérité". In: SAN-CHEZ-MAZAS, M. & LICATA, L. (ed.). *L'Autre*: regards psycho-sociaux. Grenoble: Presses de l'Université de Grenoble, p. 23-47.

JONES, J.M. (1972). *Prejudice and Racism*. Reading: Addi-son-Wesley.

KATZ, I. & HASS, R. (1988). "Racial ambivalence and american value conflict: correlational and priming studies of dual cognitive structures". *Journal of Personality and Social Psychology*, 55, p. 893-905.

KALAMPALIKIS, J. & HAAS, V. (2008). "More than a Theory: A New Map of Social Thought". *Journal for the Theory of Social Behaviour*, 38, p. 449-450.

LARA, S.H. (1999). *Ordenações filipinas*. Livro V. São Paulo: Companhia das Letras.

LAS CASAS, B. (1552/1989). *Brevisima relación de la destruccion de Africa*. Madri: San Esteban.

LEYENS, J.-P. (2012). *Sommes-nous tous racistes?* Bruxelas: Mardaga.

LEYENS, J.P.; DEMOULIN, S.; VAES, J.; GAUNT, R. & PALADI-NO, P. (2007). "Infra-humanization: The wall of group differen-ces". *Social Issues and Policy Review*, 1 (1), p. 139-172.

LEYENS, J.-P.; PALADINO, P.M.; RODRIGUEZ-TORRES, R.; VAES, J.; DEMOULIN, S.; RODRIGUEZ-PEREZ, A. & GAUNT, P. (2000). "The Emotional Side of Prejudice: The Attribution of Se-condary Emotions to Ingroups and Outgroups". *Personality and Social Psychology Review*, 4 (2), p. 186-197.

LICATA, L. & KLEIN, O. (2010). "Holocaust or Benevolent Pater-nalism? – Intergenerational Comparisons on Collective Memo-ries and Emotions about Belgium's Colonial Past". *International Journal of Conflict and Violence*, 4 (1), p. 45-57.

LICATA, L.; KLEIN, O. & GÉLY, R. (2007). "Mémoire des conflits, conflits de mémoires: une approche psychosociale et philoso-phique du rôle de la mémoire collective dans les processus de réconciliation intergroupe". *Social Science Information*, 46 (4), p. 563-589.

LICATA, L. & VOLPATO, C. (2010). "Introduction – Collective Memories of Colonial Violence". *International Journal of Conflict and Violence*, 4 (1), p. 4-10.

LIMA, M.; MACHADO, C.; ÁVILA, J.; LIMA, C. & VALA, J. (2006). "Normas sociais e preconceito – O impacto da igualdade e da competição no preconceito automático contra os negros". *Psicologia*: reflexão e crítica, 19, p. 309-319.

LIMA, M.E. (2002). *Normas sociais e racismo* – Efeitos do individualismo meritocrático e do igualitarismo na infra-humanização dos negros. [s.l.]: ISCTE [Tese de doutorado].

LIMA, M.E. & VALA, J. (2004). "As novas formas de expressão do preconceito e do racismo". *Estudos de Psicologia*, 9 (3), p. 401-411.

MATOS, P.F. (2006). *As cores do império* – Representações raciais no império colonial português. Vol. 41. Lisboa: Imprensa de Ciências Sociais.

MONTEIRO, N.; FRANÇA, L. & RICARDO, R. (2009). "The development of intergroup bias in childhood: How social norms can shape children's racial behaviours". *International Journal of Psychology*, 44, p. 29-39.

MOSCOVICI, S. (2002). "Pensée Stigmatique et Pensée Symbolique: deux formes élémentaires de la pensée sociale". In: GARNIER, C. (ed.). *Les formes de la pensée sociale*. Paris: PUF.

_____ (1984). "The phenomenon of social representations". In: FARR, R.M. & MOSCOVICI, S. (eds.). *Social Representations*. Cambridge: Cambridge University Press, p. 3-69.

_____ (1962). *La psychanalyse: son image, et son public* – Étude sur la représentation sociale de la psychanalyse. Paris: PUF.

MOSCOVICI, S. & PÉREZ, J.A. (1997). "Prejudice and social representations". *Papers on Social Representations*, 6 (1), p. 27-36.

NOSEK, B.A.; BANAJI, M.R. & GREENWALD, A.G. (2002). "Harvesting implicit group attitudes and beliefs from a demonstration website". *Group Dynamics*, 6 (1), p. 101-115.

PEREIRA, C. (2013). *Describing and measuring biological and cultural racism* [Texto em preparação].

PEREIRA, C. & COSTA-LOPES, R. (2012). *Normas, atitudes e comportamento social*. Lisboa: Imprensa de Ciências Sociais.

PEREIRA, C.; VALA, J. & COSTA-LOPES, R. (2010). "From Prejudice to Discrimination: The Legitimizing Role of the Perceived Threat in Discrimination Against Immigrants". *European Journal of Social Psychology*, 40 (7), p. 1.231-1.250.

PEREIRA, C.; VALA, J. & LEYENS, J.-P. (2009). "From Infra-Humanization to Discrimination: The Mediation of Symbolic Threat Needs Egalitarian Norms". *Journal of Experimental Social Psychology*, 45, p. 336-344.

PÉREZ, J.A. (1996). "Nuevas formas de racismo". In: MORALES, J.F. & YUBERO, S. (eds.). *Del prejuicio al racismo*: perspectivas psicosociales. Cuenca: Universidad de Castill-la-Mancha.

PETTIGREW, T.F. & MEERTENS, R.W. (1995). "Subtle and Blantant Prejudice in Western Europe". *European Journal of Social Psychology*, 25, p. 57-75.

PLANT, E. & DEVINE, P. (1998). "Internal and External Motivation to respond without prejudice". *Journal of Personality and Social Psychology*, 75, p. 811-832.

POLLARES-BURKE, M. (2012). "Gilberto Freyre and Brazilian self-Perception". In: BETTENCOURT, F. & PEARCE, A. *Racism and Ethnic relations in the Portuguese-Speaking World*. Londres: Oxford University Press.

ROTHBART, M. & TAYLOR, M. (1992). "Category labels and social reality: Do we view social categories as natural kinds?" In: SEMIN, G. & FIEDLER, K. (eds.). *Language, interaction and social cognition*. Londres: Sage, p. 11-36.

SAID, E. (1978/2007). *Orientalismo*. Lisboa: Cotovia.

SANCHEZ-MAZAS, M. (2004). *Racisme et Xénophobie*. Paris: PUF.

SEARS, O. & McCONAHAY, J. (1973). *The politics of violence*: the new urban blacks and the watts of riot. Boston: Houghton-Mifflin.

SHERIF, M. & SHERIF, C. (1953). "Groups in harmony and tension: an integration of studies on intergroup relations". Nova York: Harper and Row.

SOBRAL, J.M. (2004). "O norte, o sul, a raça, a nação – Representações da identidade nacional portuguesa (séculos XIX-XX)". *Análise Social*, vol. XXXIX (171), p. 255-284.

TAGUIEFF, P.A. (1987). *La force du préjugé*: Essai sur le racism et ses doubles. Paris: La Découverte.

TAJFEL, H. (1982). *Grupos humanos e categorias sociais*. Lisboa: Livros Horizonte.

VALA, J.; BRITO, R. & LOPES, D. (1999). *Expressões dos racismos em Portugal*. Lisboa: Ciências Sociais.

VALA, J.; LOPES, D. & LIMA, M. (2008). "Black Immigrants in Portugal: Luso-Tropicalism and Prejudice". *Journal of Social Issues*, 64, p. 287-302.

VALA, J. & PEREIRA, C. (2012). "Racism: An Evolving Virus". In: BETHENCOURT, F. & PEARCE, A.J. (eds.). *Racism and ethnic relations in the portuguese-speaking world*. New York: Oxford University Press, p. 49-70.

VALA, J.; PEREIRA, C. & COSTA-LOPES, R. (2009). "Is the Attribution of Cultural Differences to Minorities an Expression of Racial Prejudice?" *International Journal of Psychology*, 44, p. 20-28.

VALA, J.; PEREIRA, C.; LIMA, M.E.O. & LEYENS, J.-P. (2012). "Intergroup Time Bias and Racialized Social Relations". *Personality and Social Psychology Bulletin*, 38 (4), p. 491-504.

VALA, J.; PEREIRA, C. & RAMOS, A. (2006). "Preconceito racial, perceção de ameaça e oposição à imigração". In: VALA, J. & TORRES, A. (ed.). *Contextos e atitudes sociais na Europa*. Lisboa: Ciências Sociais, p. 221-250.

VALENTIM, J.P. (2008). *Identidade e lusofonia nas representações sociais de portugueses e de africanos*. Coimbra: Universidade de Coimbra.

XAVIER, Â.B. (2012). "Purity of Blood and Caste – Identity Narratives among Early Modern Goan Elites". In: NIRENBERG, D.; MARTINEZ, M.-E. & TORRES, M.S.H. (eds.). *Race and Blood in the Iberian World*. Londres: Lit.

3
PSICOLOGIA SOCIAL E MUDANÇA SOCIAL*

*Willem Doise***

Introdução

Ao acompanhar os debates públicos por altura das recentes eleições presidenciais na França, seria necessário não saber nada sobre representações sociais para não perceber que nesses debates intervinham constantemente representações de mudanças políticas e sociais.

O menos que se possa concluir, esperando que colegas mais especializados na análise deste tipo de debates, como Pascal Marchand, nos expliquem melhor, será que os participantes nesses debates invocavam a possibilidade de um outro funcionamento da sociedade; por exemplo, uma inovação mais ou menos radical dos princípios e objetivos que deveriam regular esse funcionamento.

Portanto, pelo menos nos seus discursos, os homens políticos ativavam representações sociais relacionadas com mudanças de natureza societal.

Se escolhi como tema desta conferência as relações entre Psicologia Social e mudança social isso não significa que eu quisesse intervir diretamente num debate sobre a sociedade, nem como já o fiz com frequência, insistir mais uma vez, na necessidade de nos apoiarmos em análises do tipo sociológico como as que, à época, Pierre Bourdieu, Michel Crozier ou Alain Touraine realizaram (cf. DOISE & LORENZI-CIOLDI, 1989), a fim de construir uma análise sociopsicológica dos funcionamentos societais.

O meu objetivo é, ao mesmo tempo, mais modesto sendo também de natureza mais pessoal, consistindo em tentar com-

---

* Traduzido do texto em francês por Jorge Correia Jesuíno.

** Université de Genève.

preender por que é que enquanto psicólogo social me interesso pela mudança societal.

Pelo menos aquilo que atualmente se designa como a "corrente dominante da Psicologia Social" (*Mainstream Social Psychology*), a quanto obriga a língua inglesa, não se preocupa excessivamente com isso ou quando muito considera-o como um quadro no qual se desenrolam processos individuais e interindividuais que podem ser estudados enquanto tais, porque estão investidos de uma certa universalidade e se desenrolam em contextos societais muito diferentes.

Começarei assim por um regresso ao passado já esboçado numa publicação precedente (DOISE, 2008), para mostrar como este esforço, certamente pessoal, mas também praticado por outros, corresponde, no que me diz respeito, a dois desafios que me colocaram num passado mais ou menos distante.

Um desses desafios obrigava a interrogar-me acerca das eventuais contribuições que a Psicologia Social poderia fornecer durante um período de mudança societal, um outro desafio implicava a necessidade de elucidar melhor os laços entre Pedagogia e Psicologia Social.

Tais desafios certamente foram respondidos por outros, mas aqui, em Portugal, eles foram-me lançados ao mesmo tempo e de um modo muito claro, na sequência da Revolução dos Cravos. Felizmente eu estava de algum modo preparado para aceitar esses desafios, mas não suficientemente para resolver definitivamente os problemas teóricos que eles implicavam; eles mantêm-se atuais e devem ser incessantemente reatualizados.

E só posteriormente um terceiro desafio se juntou aos precedentes quando cheguei à conclusão de que a abordagem de problemas dessa importância necessita também de conduzir, enquanto psicólogo social, a uma reflexão sobre a importância da intervenção de sistemas jurídicos pelo menos em alguns dos fenômenos estudados.

O meu contributo implicará, portanto, três partes; tratará sucessivamente dos laços entre mudança societal e psicologia social; entre pedagogia e psicologia social e entre psicologia societal e instituições jurídicas.

Mudança societal e Psicologia Social

Em 1967 fui contratado por Serge Moscovici como assistente de investigação. O meu primeiro trabalho consistia em iniciar experiências sobre a polarização coletiva, em pilotar algumas experiências exploratórias sobre a influência minoritária, bem como fornecer-lhe resumos de artigos sobre a influência social.

Discutíamos regularmente estes relatórios. Um dia, certamente antes da primavera de 1968, ele chegou ao vasto gabinete dos seus colaboradores, na verdade um antigo estúdio de artista, com altas vidraças de um lado, e do outro uma parede com um quadro.

Postou-se diante do quadro e sem qualquer introdução fez-nos a seguinte pergunta: "As experiências de Asch serão experiências de influência majoritária?" Recordemo-nos que nessas experiências três pessoas, "comparsas", dão, antes de um sujeito "ingênuo", uma mesma resposta falsa a uma questão cuja resposta correta é evidente.

A pergunta de Moscovici era, evidentemente, uma questão teórica, ela dava a sua própria resposta que significava reenquadrar a experiência de Asch num contexto societal. Ele argumentava, portanto, que se não tivéssemos em conta a situação experimental em si própria, poderíamos falar de uma influência majoritária.

Mas considerado num quadro mais vasto, não havia dúvida possível, esta maioria era de fato uma minoria em relação ao conjunto da população não experimental que indicaria a linha exata.

Esta intervenção de Moscovici esteve na origem de vários anos de pesquisa. Trabalhos da primeira geração, como os de Mugny e Papastamou (1981), pelo menos no início, recorreram a um modelo teórico que implicava uma minoria ativa confrontada com uma maioria à qual um poder estabelecido impunha de algum modo a sua concepção dominante, que era posta em causa pela minoria.

Este esquema era em si próprio de natureza societal e era compatível com uma análise marxista da sociedade burguesa. Com o tempo, tais modelos desapareceram da literatura sobre a influência minoritária.

Um outro modelo que à altura se considerava também societal, era o modelo de Tajfel (1981) sobre a identidade e a categorização social. Os trabalhos que se inscrevem nessa linha de investigação são atualmente mais numerosos do que aqueles que se reclamam ainda da Teoria da Influência Minoritária.

O que não é seguramente uma prova do seu interesse intrínseco, mas eles tornaram-se incontornáveis pela sua presença nas principais revistas de referência que mediante o enviesamento do famoso *impact factor* controlam também, atualmente, os processos de seleção para os lugares universitários. Mas, igualmente nesses trabalhos, sem dúvida por causa do impacto do paradigma dos grupos mínimos, as análises de tipo social são agora raras.

Recordemos, todavia, como Jean-Claude Deschamps e eu próprio tentamos introduzir neles uma perspectiva mais societal ao propormos trabalhar sobre a ideia de cruzamento de pertenças. Quando vários sujeitos partilham uma mesma pertença, estando divididos quanto a outra pertença, que efeitos uma tal situação pode ter sobre os efeitos muitas vezes observados de diferenciações entre grupos?

Deschamps tinha imaginado um caso simples de cruzamento de pertenças. Sujeitos experimentais pertencendo a duas categorias segundo o critério gênero: rapazes e raparigas. Segundo um outro critério, pertencem igualmente a outras categorias: a um grupo experimental "vermelho" ou "azul".

Cruzemos estas diferentes pertenças categoriais de tal modo que cada grupo de rapazes ou de raparigas seja composto de uma metade de "azuis" e de uma metade de "vermelhos" e que cada grupo de "azuis" e cada grupo de "vermelhos" seja composto de uma metade de rapazes e de raparigas.

Como deveria funcionar nesta situação o processo de categorização, quando as duas pertenças se tornam simultaneamente pertinentes para os sujeitos?

Deveria existir ao mesmo tempo acentuação das diferenças entre as duas categorias sexuais, mas igualmente entre as duas categorias experimentais "azuis" e "vermelhos". Ao mesmo tempo deveria existir também acentuação das diferenças no interior duma mesma categoria, porque ela é em cada momento composta por membros de duas categorias diferentes segundo o outro critério.

Pelas mesmas razões, deveria haver acentuação das semelhanças de uma parte dos membros duma categoria e com uma parte dos membros da outra categoria. Podemos, portanto, esperar que, nesse caso, efeitos opostos enfraqueçam a diferenciação categorial. Foi o que nós efetivamente observamos (DESCHAMPS & DOISE, 1979).

Num outro contexto, coloquei estes efeitos de cruzamento em relação com antagonismos diferentes entre grupos sociais na Bélgica. As tensões entre visões laica e religiosa persistiram com muita intensidade até os anos de 1960. A sua especificidade era o cruzamento de outras tensões.

Se a Bélgica estava dividida em duas comunidades ideológicas, estas comunidades estariam divididas culturalmente entre flamengos e francófonos; inversamente, as duas comunidades linguísticas estariam, cada uma delas dividida por uma oposição entre um campo laico e um campo confessional. É necessário dizer que esta análise já não se aplica necessariamente à Bélgica atual.

Durante muito tempo, na Flandres, a maioria era "católica", enquanto que na Valônia era "laica"; em cada comunidade linguística existia, durante muito tempo, uma importante minoria da outra confissão. Esquematicamente podemos, portanto, representar a Bélgica como um quadrado em que uma linha horizontal divide o norte do sul: na parte norte encontra-se o conjunto flamengo, na parte sul o valônico.

Na realidade existiam francófonos no norte, sobretudo membros da alta burguesia e das colônias de flamengos que trabalhavam nas siderurgias e nas minas do sul (VERBEKEN, 2007). Uma outra linha atravessa o quadrado na oblíqua, partindo do canto inferior esquerdo do quadrado e chegando perto do canto superior direito. À esquerda desta linha imaginária encontram-se o conjunto dos confessionais que defendem fortemente o princípio duma escola livre e à direita os laicos que combatem com tanta intensidade este princípio; os primeiros são majoritários na Flandres e minoritários na Valônia; o inverso é verdade para os laicos.

Durante mais de um século as duas linhas de separação foram fortes e de algum modo neutralizaram-se. Por necessidade, as instâncias dirigentes dos dois campos políticos foram fortemente unitaristas: os dirigentes do campo laico, mesmo quando pertenciam à maioria da comunidade francófona, queriam proteger a minoria laica do norte contra o domínio do clero, e os dirigentes, bem como os bispos, do partido confessional cristão, eram unitaristas porque queriam proteger os seus correligionários do sul. Uns queriam proteger os seus compatriotas contra a instalação duma "teocracia" na Flandres, os outros contra uma "perseguição religiosa" na Valônia.

Nos anos de 1960, por diversas razões esta relação de forças foi alterada. Foi assinado um pacto escolar que garantia um financiamento público às escolas confessionais. A linha oblíqua, o antagonismo entre confessionais e laicos atenua-se fortemente. A clivagem linguística permanece forte e tende mesmo a coincidir com uma clivagem econômica e demográfica que favorece a região flamenga. Os dois antagonismos deixam de se contrabalançar e os conflitos linguísticos recrudescem nitidamente. Os partidos políticos cindem-se em dois; a partir dessa altura, passa a existir um partido socialista flamengo e um Partido Socialista Valão, do mesmo modo dois partidos liberais e dois partidos democrata-cristãos. Em nível das instituições políticas a autonomia das duas comunidades linguísticas aumenta consideravelmente.

Numa outra ocasião o meu interesse pelo estudo das mudanças sociais levou-me a introduzir nelas o estudo pelas representações sociais. Na segunda metade dos anos de 1970, as equipes de psicólogos sociais de Genebra e da Universidade de Bolonha estabeleceram progressivamente contatos que permanecem até hoje.

Os primeiros contatos tinham por objetivo, sobretudo, trabalhar em conjunto uma psicologia social do desenvolvimento cognitivo.

Mas os nossos colegas de Bolonha interessavam-se também, e em especial, pelo estatuto dos psicólogos profissionais da Itália. Resumamos brevemente os resultados da principal investigação que eles desenvolveram relativamente a este problema (para uma descrição mais completa cf. PALMONARI, 1981; PALMONARI & DOISE, 1986).

Do trabalho dos psicólogos, enquanto resultado desta investigação, decorrem quatro representações diferentes. Uma primeira representação é a do psicólogo que se define como um trabalhador social entre outros, como um militante cujo objetivo principal é o de mostrar as contradições da sociedade.

Uma representação completamente oposta é a do psicólogo que prefere definir-se como psicoterapeuta, que considera que o seu principal instrumento de trabalho é a sua personalidade enriquecida por uma experiência psicanalítica.

Uma representação extrema, mas próxima da precedente é a que afirma que a Psicologia é uma ciência que permite conhecer melhor o indivíduo e eventualmente ajudá-lo, sem por isso visar um impacto sobre a realidade social.

Uma outra representação intermédia mais próxima da primeira, é a que considera a Psicologia como uma ciência social que permite também intervir sobre a realidade social como uma espécie de perito interdisciplinar.

No plano da realidade da implantação das instituições e dos centros de ajuda psicológica, observamos que no início esses centros reclamam mais da primeira representação para evoluírem gradualmente através das representações intermédias para uma concepção mais individualista.

Recorrendo a estudos por questionário pudemos (DOISE; MUGNY; DE PAOLIS; KAISER; LORENZO-CIOLDI & PAPASTAMOU, 1982) observar que na Suíça as mesmas representações estruturam igualmente as respostas do(a)s estudantes de psicologia.

Pedagogia e mudança social

O desafio de que me ocuparei nesta seção conduz-me a viajar para o meu passado mais distante e regressar a uma pequena aldeia na Flandres Ocidental na Bélgica. O meu pai era professor e eu passei os três primeiros anos da escola primária na sua aula porque, de acordo com os períodos, ele tinha a seu cargo duas ou três classes de rapazes mais jovens desta escola "livre" (quer dizer, católica).

Foi assim que tomei conhecimento de uma forma muito especial do sistema de ensino donde só sairia sessenta anos mais tarde enquanto professor emérito. Pude observar, por exemplo, como o meu pai conseguia ensinar às crianças mais novas coisas que eu também já sabia encarregando crianças mais adiantadas a ajudarem os mais novos.

Com um dos seus cunhados, professor numa escola normal para professores primários, o meu pai aventurou-se num programa de "modernização" do ensino escolar. Era de fato reconhecido pelos seus colegas e pela inspeção pelo seu modo novo de ensinar o "cálculo", utilizando para isso o material Cuisenaire, um material constituído por pequenas réguas de diferentes dimensões e cores de um a dez centímetros.

Por ocasião das "conferências" pedagógicas dos professores da região ele foi convidado muitas vezes a fazer demonstrações com alguns dos seus alunos.

Na Sorbonne, no quadro do Diploma de Psicologia da Criança e do Adolescente, li o livro de Piaget e Szeminska (1941): *A gênese do número na criança*. A leitura desse livro não era obrigatória, mas ela foi para mim uma maneira de retomar o contato com o meu pai.

Uma dezena de anos mais tarde, por intermédio dos meus colaboradores de Genebra, e sobretudo graças a Gabriel Mugny e Anne-Nelly Perret-Clermont, aprofundei o meu conhecimento da teoria de Piaget.

Pretendia continuar em Genebra, com a ajuda deles, a minha investigação sobre a polarização coletiva. Para o meu objetivo neste momento será suficiente lembrar que a polarização coletiva consiste numa reestruturação das opiniões individuais em situação de discussão de grupo muitas vezes no sentido de uma extremização.

Em Genebra, com os meus colaboradores tentei testar a hipótese de que esta polarização em situação de grupo seria devida a um aumento da saliência de determinadas dimensões que estruturam as opiniões respeitantes aos objetos em discussão. Uma experiência (DOISE, 1973) que implicava discussões acerca das preferências por um material estético que variava de acordo com três dimensões: cor, forma, dimensão, indiciava a verificação desta hipótese.

Em conversas com os meus colaboradores eu utilizava muitas vezes os termos estruturas e reestruturação. Propunha-me medir a importância destas estruturas mediante análises de tipo fatorial.

Era um discurso que Anne-Nelly e Gabriel aceitavam mal. Mas para minha grande surpresa um dia fizeram-me a seguinte proposta: mas se trata de estruturas, por que não trabalhar simplesmente com estruturas operatórias no sentido piagetiano? Não será que as crianças em situação de grupo deveriam produzir desempenhos melhor estruturados do que as tarefas de tipo piagetiano, conservação do número, do volume etc.?

Como aconteceu com a famosa intervenção de Moscovici de que atrás vos falei, a intervenção deles conduziu a um conjunto de investigações que se estenderam por dezenas de anos e que relevaram a corrente do construcionismo sociocognitivo.

Nos seus primeiros escritos de psicologia, Jean Piaget insiste fortemente no papel da cooperação e da coordenação entre indivíduos como fator gerador do desenvolvimento cognitivo individual.

Sobretudo o livro *Le jugement moral chez l'enfant* (PIAGET, 1932) e outros escritos dessa época são importantes nesse domínio; podem ser descritos como uma transposição do ideal democrático em termos de psicologia social. A ideia de base é que só a cooperação entre iguais pode transformar-se em fonte de razão.

Uma tal cooperação é considerada numa primeira época dos seus trabalhos como uma condição necessária para o desenvolvimento da moralidade, da racionalidade e do pensamento lógico propriamente dito.

Numa época em que já os escritos de Bourdieu e Passeron (1964, 1970) na França ou de Bernstein (1973) na Inglaterra tinham insistido na desigualdade das crianças de meios sociais diferentes face à instituição escolar, pareceu-nos (DOISE & MUGNY, 1981; PERRET-CLEMENT, 1979) urgente voltar a trabalhar as ideias iniciais de Piaget sobre os laços entre interação social e desenvolvimento cognitivo.

O objetivo consistia também em verificar a hipótese de que uma intensificação da interação entre crianças ou entre crianças e adultos poderia em certas condições superar a desvantagem de que sofriam as crianças provenientes de camadas sociais menos favorecidas.

A fim de explicar o desenvolvimento progressivo dos instrumentos cognitivos na criança por ocasião da sua participação nas interações sociais, há que se recorrer necessariamente a uma pré-estruturação da envolvente social correspondendo a normas, representações, regras ou, para utilizar noções mais recentes, cenários ou guiões (*scripts*) partilhados que organizem as interações sociais nas quais as crianças são levadas a participar. São regulações de ordem social que levam os indivíduos a regulações próprias de atividade de raciocínio sobre a envolvente.

Uma concepção de causalidade em espiral dá conta da interdependência entre regulações sociais e individuais. Esta é a ideia central da concepção sociogenética: em qualquer momento do seu desenvolvimento, as competências específicas permitem a qualquer indivíduo participar nas interações sociais relativamente complexas que podem dar lugar a novas competências individuais que poderão enriquecer-se de novo logo que surjam participações em outras interações sociais.

É difícil definir com exatidão o que sejam as competências individuais iniciais que não sejam de origem social e que sejam inatas (cf. MEHLER & DUPOUX, 1990).

Esta identificação não será de primeira importância para uma teoria que se ocupa da construção social de operações de pensamento mais complexas a partir de organizações individuais mais elementares.

Bem entendido, a concepção referida é desenvolvimentista, o que quer dizer que qualquer interação social é fonte de desenvolvimento individual. Mas para que exista desenvolvimento cognitivo no indivíduo é necessário que as suas competências individuais sejam sustentadas por construções sociais em camadas sucessivas.

O estudo específico da intervenção destas coordenações pode constituir o objeto de pesquisas empíricas. As concepções de Durkheim sobre a primazia do social e as de Piaget sobre a interação cooperativa como fator do desenvolvimento cognitivo relevaram o nível da grande teoria.

Elas fornecem orientações gerais e incitam à construção de paradigmas de investigação para descrever mecanismos e laços de causalidade mais específicos. Para construir estes paradigmas, recorremos ao procedimento experimental clássico, manipulando modalidades de interações sociais como variáveis independentes para estudar os seus efeitos sobre o desenvolvimento cognitivo considerado como variável dependente.

Em determinadas fases da investigação significa estudar a anterioridade de uma forma de interação social que se refletirá subsequentemente na aquisição de novas competências individuais.

Ilustrar empiricamente a tese que as coordenações cognitivas individuais surgem a partir de coordenações entre indivíduos requer a elaboração de proposições de alcance mais limitado. As que foram propostas pela equipe de Genebra de Psicologia Social (cf. DOISE & MUGNY, 1981) são as seguintes:

1) É ao coordenar as suas ações com as de outro que a criança é levada a construir coordenações cognitivas para as quais não está ainda individualmente preparada.

2) As crianças que participaram em determinadas coordenações sociais tornam-se em seguida capazes de efetuar sozinhas estas coordenações.

3) As operações cognitivas que se atualizam sobre um material dado e numa situação social específica revestem um caráter de estabilidade e de generalidade e são, em certa medida, transponíveis para outras situações e outros materiais.

4) A interação social torna-se fonte de progresso cognitivo através dos conflitos cognitivos que ela suscita. É o confronto simultâneo de diferentes abordagens ou soluções individuais no momento de uma interação social que torna necessária e gera a sua integração numa nova organização.

Para que um conflito sociocognitivo possa ter lugar, os participantes numa interação devem dispor já de determinados instrumentos cognitivos; do mesmo modo a criança só tirará partido da interação se puder desde logo estabelecer uma diferença entre a sua abordagem e a de outra criança. Esta competência prévia faz com que algumas crianças tirem partido de certas interações sociais enquanto que aquelas que ainda não atingiram essa competência inicial não tiram partido das mesmas interações.

Regulações de natureza social (nomes, representações) que regem uma determinada interação podem constituir, nesta situação, um fator importante no estabelecimento de novas coordenações cognitivas.

É precisamente a intervenção de tais representações ou significações sociais na sequência das coordenações cognitivas efetuadas a propósito de uma tarefa específica que a noção de marcação social estuda empiricamente.

Ela remete para as correspondências que podem existir entre, por um lado, as regulações sociais que caracterizam as relações entre protagonistas realmente ou simbolicamente presentes numa situação específica e, por outro lado, as operações cognitivas relativas a determinadas propriedades dos objetos que mediatizam essas relações sociais.

Essa correspondência existe, por exemplo, quando é necessária uma norma social para a repartição igualitária duma bebida por dois contentores de dimensões diferentes.

Acrescentemos a este breve resumo que a nossa intenção inicial de forjar armas intelectuais para participar no debate lançado por sociólogos como Bourdieu e Passeron ou Bernstein foi igualmente conseguido.

Em contextos muito diferentes, conseguimos demonstrar que uma interação breve mas apropriada, que fizesse intervir o conflito sociocognitivo e/ou a marcação social, permitia a crianças provenientes de meios sociais desfavorecidos atingirem os níveis que as crianças de meios sociais mais favorecidos atingiam por si próprias.

O mínimo que podemos afirmar será que tais resultados serão difíceis de conciliar com teses inatistas que atribuem uma herança biológica diferente aos membros de diferentes grupos sociais.

É o estudo do indivíduo entregue a si próprio, confrontado com uma tarefa cognitiva, que tenderá a negligenciar o estudo das condições sociais do desenvolvimento cognitivo. Pelo contrário, a nossa definição social do desenvolvimento cognitivo necessitava do recurso ao estudo de indivíduos em interação.

Na sequência, os nossos colegas Céline Buchs, Fabrizio Butera, Gabriel Mugny e Céline Darnon (2004) não hesitaram em produzir uma lista de conselhos à intenção dos docentes que queiram promover a utilização do conflito sociocognitivo na sua docência.

Iremos reter apenas aqueles conselhos que estão diretamente relacionados com as ideias que apresentamos anteriormente.

Trata-se de promover o conflito sociocognitivo pedindo sistematicamente aos indivíduos, mesmo de níveis cognitivos diferentes, para compararem os seus pontos de vista ou soluções, apresentando os problemas de modo a que sejam possíveis diferentes pontos de vista comparáveis entre si, encorajando a controvérsia e acentuando o aspecto cooperativo da situação, desencorajando o evitamento do conflito, encorajando a participação ativa de uns e de outros, evitando os juízos negativos sobre as competências e promovendo a procura de respostas exatas mais do que a demonstração das suas próprias competências, valorizando a descentração e a representação do saber como uma construção de pontos de vista complementares.

Resta-nos perguntar por que é que a aprendizagem por pares não está mais expandida, uma vez que as suas vantagens estão mais do que demonstradas? Estudos diversos que recorrem a meta-análises de conjuntos de investigações (cf., p. ex., COHEN & COHEN, 1991; SLAVIN, 1995, JOHNSON & JOHNSON, 2002) demonstram que os procedimentos de aprendizagem cooperativa são muito eficazes, mesmo em nível universitário.

Se não são utilizados mais sistematicamente, talvez seja porque muitas vezes na escola a competição é mais valorizada do que a cooperação, e talvez também por receio de que a cooperação nivelaria os desempenhos individuais ao impedir os indivíduos já mais avançados que os seus pares de continuarem a progredir.

As investigações sobre o efeito tutor (*tuttor effect*) provam que é o inverso que acontece. No que toca esta forma de aprendizagem em que os alunos mais avançados podem ser levados a ensinar os seus pares menos avançados, Arreaga-Mayer, Terry e Greenwood (1998) relatam resultados relativos ao ensino da matemática, da escrita da leitura, do domínio do vocabulário, e concluem que os resultados são de um modo geral positivos para todos os alunos (cf. tb. COHEN; KULIK & KULIK, 1982).

A teoria de Piaget, como outras teorias psicológicas, é incontestavelmente útil para melhor compreender a apropriação individual do conhecimento, o que constitui um dos objetivos essenciais da escola; a teoria de Bourdieu, como a de outros sociólogos, é-o de igual modo para compreender as desigualdades sociais perante o saber institucionalizado.

Cada uma destas duas teorias, sendo em si próprias indispensáveis, não nos esclarecem minimamente sobre as dinâmicas estudadas pela outra. O objetivo das nossas investigações sobre a intervenção das dinâmicas sociais nas operações cognitivas é forjar instrumentos conceptuais para tentar aproximar as análises psicológicas das análises sociológicas.

Tenho sido convidado por diversos países para falar destas investigações, nomeadamente no quadro da formação de docentes. O primeiro convite foi-me dirigido por intermédio do meu colega Jacques Vonèche. Fomos convidados ambos para um seminário sobre psicologia do desenvolvimento e formação de mestres organizado no Centro que Danilo Dolci tinha criado no quadro da sua luta antimáfia em Trapello na Sicília, pós-anos de 1960. Na sequência deste seminário foi publicado um resumo (DOISE; MUGNY & PERRET-CLERMONT, 1974) das nossas primeiras investigações sobre o desenvolvimento social da inteligência.

Os meus colegas do Norte da Itália ficaram muito admirados por existir uma tal revista na Sicília. Quando regressei recentemente a Itália, perguntei a duas pessoas muito bem-informadas o que teria acontecido ao centro de Danilo Dolci. Ambos me responderam que infelizmente nada restava desse centro, e uma delas acrescentou: "Mesmo que Dolci tenha feito um excelente trabalho em Trapello, esse trabalho não teve depois da sua morte continuação. No final de contas, era um homem do Norte". Apesar de tudo "a luta continua", porque ainda no início de abril de 2012 foram presos uma dezena de *bosses* da máfia, precisamente na região de Trapello. Existe uma placa afixada numa casa em que Danilo tinha iniciado a sua primeira greve de fome para manifestar a sua indignação na sequência da morte de uma criança que morrera de fome nessa mesma casa.

Uma outra iniciativa para o lançamento de iniciativas pedagógicas teve início praticamente por essa mesma altura em Lisboa e continua a dar frutos. Pouco tempo após a Revolução dos Cravos diversos membros do corpo docente da seção de psicologia da Universidade de Genebra foram convidados por Oliveira Cruz para participarem em jornadas de reflexão sobre a "nova" educação. Na sequência este empreendedor educativo conseguiu organizar uma rede de Institutos Piaget espalhados por diversos locais em Portugal. Participo regularmente nas atividades de formação organizadas por estes institutos.

Simultaneamente, e não se tratará sem dúvida de uma coincidência gratuita, por essa mesma altura, tive ocasião de participar num colóquio internacional sobre mudança social organizado na Fundação Gulbenkian a seguir à Revolução dos Cravos.

Alguns dos participantes nesse colóquio tornaram-se membros da equipe dirigente do ISCTE. Posteriormente, os meus contatos com esta equipe, composta não apenas por investigadores sobre a mudança social, mas também por verdadeiros atores da mudança, nunca se interromperam. Pelo contrário, tendem ainda a desenvolver, uma vez que os membros da equipe inicial ou os seus alunos se dispersaram por outras universidades. O contraste entre as minhas experiências na Sicília e em Portugal fizeram-me refletir muito sobre os laços entre as mudanças societais e as mudanças pedagógicas.

Psicologia Societal e sistemas jurídicos

Mudemos de contexto para nos situarmos agora em um nível decididamente intersocietal. Quando diferentes sistemas de comércio necessitam coordenar-se, estabelecem convenções mais ou menos formalizadas relativamente a práticas e regras comuns a fim de criar uma certa compatibilidade entre normas e práticas ancoradas nas diferentes culturas. Evidentemente que tais regulações permanecem, no seu conjunto, sempre passíveis de alteração, em termos das relações de força que se modificam, mas mesmo imperfeitas elas respondem a uma necessidade.

Do mesmo modo a intenção dos direitos do homem desembocou na proposta de um sistema normativo de conjunto. Quando apresentamos uma síntese dos nossos trabalhos sobre as representações sociais dos direitos do homem (DOISE, 2001) pusemos em evidência que as percepções e experiências das diferentes espécies de conflitos intervêm fortemente nos posicionamentos face a esses direitos.

Os indivíduos que têm uma maior percepção de relações conflituais, sobretudo aqueles que sofreram essas relações, posicionam-se em geral de um modo favorável relativamente aos direitos fundamentais e relativamente às instituições públicas que devem garantir o respeito por esses direitos. Neste domínio, a realidade das experiências societais e das percepções que com elas se relacionam formam assim uma espécie de sistema gerador de representações normativas de conjunto, que idealmente afetam todos os humanos concedendo-lhes direitos, mas também deveres, de uns em relação a outros.

Na sequência destes trabalhos sobre os direitos fundamentais, uma equipe de psicossociólogos, atualmente baseados em Lausanne, efetuou diversas investigações sobre representações sociais dos direitos humanitários, os direitos a respeitar em situação de conflitos armados.

Ao analisar os dados duma vasta investigação encomendada pelo Comitê Internacional da Cruz Vermelha em países sob conflito, Guy Elcheroth (2006) pôs em evidência um fenômeno paradoxal.

As vítimas comparadas com as não vítimas aderem menos a uma abordagem legalista das transgressões das violações destes direitos enquanto que, quanto maior o número de vítimas num país, "mais" o conjunto da população é a favor duma abordagem visando proteger legalmente estes direitos, implicando eventualmente a intervenção de um tribunal internacional.

Uma análise mais recente revelou ainda uma outra fonte de variação nestas atitudes: elas reforçam-se sobretudo quando a vitimização tem a mesma importância nos campos que se combatem ou se combatiam.

Realidades objetivas constituem neste domínio uma espécie de base societal ou intersocietal que favorece ou não a gênese e a consolidação de regulações internacionais de tipo jurídico.

Nestas relações sociais, os sistemas nacionais constroem a um nível internacional sistemas jurídicos que deveriam também ter valor em caso de situação de guerra entre nações.

Uma vez estes sistemas jurídicos instalados, eles funcionam ou deveriam funcionar por seu turno como sistemas de regulações de condutas nas condições apropriadas definidas previamente. Quer dizer, toda a importância de tais sistemas de regulação jurídica, de que presentemente um tribunal Penal Internacional pode sancionar as transgressões.

O funcionamento de tais sistemas jurídicos e o seu impacto não têm retido a atenção dos psicólogos sociais, mesmo quando se trata de situações que lhes são familiares, porque reproduzidas em situações experimentais bem suas conhecidas, como é o caso das experiências de Milgram (1974) sobre a submissão à autoridade. Ainda recentemente estas experiências foram objeto de uma demonstração televisiva em França (VAIDIS & CODOU, 2011). Na maior parte dos relatórios sobre estas experiências, a submissão a uma autoridade que obriga os participantes a torturar uma outra pessoa é apresentada como provindo de uma espécie de fatalidade, porque uma grande maioria obedece a essas ordens.

Infelizmente a maior parte dos relatos atuais sobre as experiências utilizando este paradigma não mencionam as experiências de Meeus e Raaijmakers (1995) realizadas nos Países Baixos. Como Milgram, elas mostram que muitos participantes nas experiências não hesitam, face a uma simples ordem de uma autoridade acadêmica, em violar, no caso que eles estudam, os direitos elementares de acesso a um trabalho de um desempregado.

Os investigadores holandeses interessam-se também pelas condições particulares que podem impedir que essa injustiça se verifique.

Numa das suas experiências, o procedimento utilizado é o básico, mas os sujeitos são no início da experiência que aconteceu, já que o candidato a um trabalho desencadeia um processo judicial contra a universidade denunciando as condições de aplicação do teste. A fim de evitar qualquer problema no futuro, informam-se os participantes na experiência que as instâncias responsáveis da universidade recusam aceitar qualquer responsabilidade jurídica e lhes pede que assinem um documento em que é expresso que só o participante na experiência é juridicamente responsável por aquilo que vai acontecer durante a aplicação do teste. Neste caso a taxa de obediência baixa consideravelmente.

Será, portanto, a evocação de um sistema jurídico que impede de funcionar o paradigma da submissão à autoridade. Por que será que praticamente nunca se referem estes resultados quando se trata de nos interrogarmos sobre a "regularidade" com a qual o efeito Milgram é replicado?

Vaidis e Codou (2011) também não o mencionam. Encontramos aqui uma característica comum a muitas experiências em psicologia social e já denunciada por Moscovici; interessam-se por uma dinâmica situacional sem se interrogarem sobre as condições societais que podem reforçar ou contrariar o desenvolvimento dessas dinâmicas.

Claro que é muito importante estudar os efeitos situacionais e demonstrar os resultados nefastos a que podem conduzir; mas é igualmente importante referir nas publicações científicas e nas dirigidas ao grande público que dinâmicas societais podem contrariar esses efeitos. A este propósito foi um jornalista que no debate que se seguiu à emissão televisiva procedeu a um enquadramento societal da situação, mencionando simplesmente que se a experiência "extrema" tivesse sido verdadeira o seu autor teria sido preso pela polícia no dia seguinte.

Vejamos agora como efetivamente o autor de uma outra experiência célebre foi conduzido a um alargamento de perspectivas. Como as experiências de Milgram, a experiência dita em

The Stanford Prison Experience, de Philip Zimbardo (1989), é muitas vezes invocada para ilustrar uma concepção fatalista em psicologia social. Trata-se de uma situação criada para verificar o que se passa quando um grupo de pessoas é investido de um poder "quase absoluto" sobre um outro grupo.

Para isso, os estudantes são arbitrariamente divididos num grupo de prisioneiros e num grupo de guardas prisionais. Muito depressa, na situação criada por Zimbardo, os estudantes transformados em "guardas prisionais" abusam dos seus "prisioneiros" de modo que a experiência que deveria durar duas semanas foi interrompida no final do sexto dia.

Aqui limito-me à relação que Zimbardo (2007, cap. 15) estabelece entre a sua experiência e o escândalo de Abu Ghraib no Iraque. De fato em algumas fotografias que foram largamente difundidas, relativamente aos tratamentos degradantes nessa prisão militar dos Estados Unidos, as semelhanças com as fotografias realizadas na experiência de Stanford são espantosas.

De acordo com a análise que Zimbardo propõe dos acontecimentos verificados na prisão militar americana, não se trataria de alguns sargentos indisciplinados que teriam arrastado os outros a participarem nos comportamentos degradantes face aos prisioneiros.

Ele descreve em pormenor como é que nesta prisão militar se tratava antes de mais de estruturas de autoridade frágeis decorrente das interferências entre as duas cadeias de comando. Por um lado havia a polícia militar que dispunha de regras bem-estabelecidas estipulando como os guardas prisionais deviam comportar-se face aos prisioneiros de guerra.

Por outro lado, havia os representantes da CIA e da Military Intelligence que intervinham junto desses mesmos guardas prisionais.

No quadro das estruturas da CIA eram aceitas as formas de tortura e de atentados à dignidade dos prisioneiros, porque, de acordo com as autoridades políticas americanas do mais alto nível, estes prisioneiros eram *unlawful combatants* (combatentes ilegais) cujos direitos não eram garantidos nem pelas convenções internacionais de Genebra, nem pelas leis dos Estados Unidos.

Mais, os membros da polícia militar que deviam guardar os prisioneiros eram encarregados pelos responsáveis dos serviços de informações de os "preparar" antes dos interrogatórios utilizando técnicas relevantes da tortura e de comportamentos degradantes.

Trata-se de um aspecto totalmente diferente da situação "responsabilidade jurídica" da experiência de Meeuse Raaijmakers: em Abu Ghraib as instâncias "outros" que interferiam com os guardas prisionais tinham "desresponsabilizado" estes últimos. Pelo menos temporariamente foi criado para eles um sentimento de não culpabilidade, de impunidade. No entanto são precisamente os guardas militares que foram mais tarde acusados pela justiça. O sistema jurídico foi reativado apenas à custa deles, o que Zimbardo denunciou perante as respectivas instâncias.

De um certo modo poderá dizer-se que na experiência original de Zimbardo os comportamentos dos estudantes foi regido pela representação social da vida de prisão e Zimbardo, de resto sob pressão da sua noiva, terminou a experiência. No caso de Abu Ghraib, os responsáveis pelo poder permitiram a criação de uma prisão sem direitos e o sistema jurídico competente não pôde ser acionado no momento oportuno.

Conclusão

O alargamento de perspectivas que preconizo nesta conferência deveria ajudar-nos a assumir novos desafios, semelhantes àquele que Moscovici (2004) formulou num texto publicado inicialmente como capítulo introdutório a um manual de psicologia social publicado por Adrian Neculau, há dez anos.

Aí Moscovici formula um princípio que deveria reger a adaptação de toda a teoria em psicologia social a novas condições sociais; trata-se do princípio de contextualidade: "Implica um lado teórico e um lado prático. É preciso reconhecer, do lado teórico, que a ciência acentua, como deve, a universalidade".

Mas isso não implica a uniformidade ou a conformidade a um modelo único e predeterminado. O que este princípio arrasta, em particular no caso das ciências sociais, é um alargamento de perspectivas e um esforço para ultrapassar as limitações inerentes a cada uma delas. "Cada modelo é uma fonte de aprendizagem, nem mais nem menos" (p. 6).

Ele exprime o seu espanto face ao fato dos psicólogos sociais da Europa, tanto do Leste como do Oeste, não se preocuparem minimamente com a mudança provocada pela queda do Muro de Berlim. O que espanta é que "os psicossociólogos não foram tão céleres quanto os sociólogos, os historiadores ou economistas, em interessarem-se pelos novos problemas que anunciavam as perturbações sociais a Leste... Não seria devido a uma falta de simpatia ou de interesse. Mas um desenvolvimento da nossa disciplina que a impede de se ocupar das realidades históricas e políticas à escala da sociedade" (p. 8).

Para remediar esta situação, ele especifica diferentes tarefas a realizar em comum pelos psicólogos sociais europeus. Referiremos apenas uma: "A terceira tarefa diz respeito ao nosso modo de abordar a realidade social..."

Utilizamos em excesso noções e hipóteses de âmbito limitado, excessivamente simples e sem relação com situações concretas... Poder-se-ia pensar que a nossa atitude para com os problemas do mundo real continua a ser ambígua. E que nós não as ligamos à nossa empresa científica. Isto cria um fosso que nos separa não somente da sociedade, mas também das outras ciências humanas (p. 8-9).

Infelizmente este trabalho de enquadramento não foi feito por ocasião da queda do Muro de Berlim. Mas, em minha opinião, ele foi feito por ocasião da Revolução dos Cravos em Portugal, e estou reconhecido aos meus colegas por ter podido assistir com outros enquanto de algum modo observadores participantes.

Poderemos nós tirar uma conclusão quanto à evolução das investigações em psicologia social relativamente a problemas societais? Uma sugestão seria iniciar cada projeto de investigação com um levantamento sistemático, e necessariamente de natureza interdisciplinar, das diferentes representações sociais que poderiam reger as atividades cognitivas e os comportamentos dos indivíduos que participam nas interações sociais estudadas.

Referências

ARREAGA-MAYER, C.; TERRY, B.J. & GREENWOOD, C.R. (1998). "Classwide peer tutoring". In: TOPPING, K. & EHLY, S. (eds.). *Peer-Assisted Learning*. Mahwah, NJ: Lawrence Erlbaum.

BERNSTEIN, B. (1973). *Class, Codes and Control*. Londres: Routledge.

BOURDIEU, P. & PASSERON, J.C. (1970). *La reproduction* – Elements pour une théorie du système d'enseignement. Paris: De Minuit.

_____ (1964). *Les héritiers* – Les étudiants et la culture. Paris: De Minuit.

BUCHS, C.; BUTERA, F.; MUGNY, G. & DARNON, C. (2004). "Conflict elaboration and cognitive outcomes". *Theory into Practice*, 43 (1), p. 23-30.

COHEN, B.P. & COHEN, E.G. (1991). "From groupwork among children to R&D teams: Interdependence, interaction and productivity". In: LAWLER, E.; MARKOVSKY, B.; RIDGEWAY, C. & WALKER, H. (eds.). *Advances in Group Processes*. Vol. 8. Greenwich: Jai, p. 205-226.

COHEN, P.A.; KULIK, J.A. & KULIK, C.C. (1982). "Educational outcomes of tutoring: a meta-analysis of findings". *American Educational Research Journal*, 19, p. 237-248.

DESCHAMPS, J.C. & DOISE, W. (1979). "L'effet du croisement des appartenances catégorielles". In: DOISE, W. (ed.). *Expériences entre groupes*. Paris: Mouton, p. 293-326.

DOISE, W. (2008). *Van discriminatie naar mensenrechten*. Brugge: Die Keure [Trad. em francês, grego e italiano].

_____ (2001). *Droits de l'homme et force des idées*. Paris: Presses Universitaires de France.

_____ (1973). "La structuration cognitive des décisions individuelles et collectives d'adultes et d'enfants". *Revue de Psychologie et des Sciences de l'Education*, 8, (2), p. 133-146.

DOISE, W. & LORENZI-CIOLDI, F. (1989), "Sociologues et psychologie sociale". *Revue Européenne des Sciences Sociales*, 27, p. 147-196.

DOISE, W. & MUGNY, G. (1981). *Le développement social de l'intelligence*. Paris: Interéditions.

DOISE, W.; MUGNY, G.; DE PAOLIS, P.; KAISER, C.; LOREN-ZI-CIOLDI, F. & PAPASTAMOU, S. (1982). "Présentation d'un questionnaire sur les psychologies". *Bulletin Suisse des Psychologues*, 3, p. 189-206.

DOISE, W.; MUGNY, G. & PERRET-CLERMONT, A.-N. (1974), "Ricerce preliminari sulla sociogenesi delle structture cognitive". *Lavoro Educativo*, 1 (1), p. 33-50.

ELCHEROTH, G. (2006). "Individual-level and community-level effects of war trauma on social representations related to humanitarian law". *European Journal of Social Psychology*, 36, p. 907-930.

JOHNSON, D.W. & JOHNSON, R.T. (1989). *Cooperation and Competition, Theory and Research*. Mineápolis: Interaction Book.

MEEUS, W.H.J. & RAAIJMAKERS, Q.A.W. (1995). "Obedience in modern society: the Utrecht studies". *Journal of Social Issues*, 51 (3), p. 155-175.

MEHLER, J. & DUPOUX, E. (1990). *Naître Humain*. Paris: Odile Jacob.

MILGRAM, S. (1974). *Soumission à l'autorité*. Paris: Calmann-Lévy.

MOSCOVICI, S. (2004). "Préface au livre *Psihologia Sociala*" (1996). *Les Cahiers Internationaux de Psychologie Sociale*, 62, p. 5-11.

MOSCOVICI, S. & DOISE, W. (1994). *Conflict and Consensus*. Londres: Sage.

MUGNY, G. & PAPASTAMOU, S. (1981). *El poder de las minorías*. Barcelona: Rol.

PALMONARI, A. (1981). *Psicologia*. Bolonha: Il Mulino.

PALMONARI, A. & DOISE, W. (1986). "Caractéristiques des représentations sociales". In: DOISE, W. & PALMONARI, A. (eds.). *L'étude des représentations sociales*. Paris: Delachaux et Niestlé, p. 12-33.

PERRET-CLERMONT, A.N. (1979). *La construction de l'intelligence dans l'interaction sociale*. Berna: Peter Lang.

PIAGET, J. (1932). *Le jugement moral chez l'enfant*. Paris: Delachaux et Niestlé.

PIAGET, J. & SZEMINSKA, A. (1941). *La genèse du nombre chez l'enfant*. Paris: Delachaux et Niestlé.

SLAVIN, R. (1995). "When and why does cooperative learning increase achievement? – Theoretical and empirical perspectives". In: HERTZ-LAZAROWITZ, R. & MILLER, N. (eds.). *Interaction in cooperative groups* – The theoretical anatomy of group learning. Nova York, NY: Cambridge University Press, p. 145-173.

SPINI, D.; FASEL, R. & ELCHEROTH, G. (2008). "The impact of group norms and generalization of risks across groups on judgments of war behavior". *Political Psychology*, 29, p. 919-941.

TAJFEL, H. (1981). *Human groups and social categories*. Cambridge: Cambridge University Press.

VAIDIS, D. & CODOU, O. (2011). "Milgram du laboratoire à la télévision: enjeux éthiques, politiques et scientifiques". *Les Cahiers Internationaux de Psychologie Sociale*, 92 (4), p. 399-420.

VERBEKEN, P. (2007). *Arm Wallonië* – Een reis door het beloofde land. Antuérpia: Meulenhoff-Manteau.

ZIMBARDO, P. (2007). *The lucifer effect* – Understanding how good people turn evil. Nova York: Random House.

_____ (1989). *Quiet rage*: The Stanford prison study video. Stanford, CA: Stanford University.

4
O BOM CIDADÃO
Ordem social e antagonismos intergrupais no pensamento político do senso comum*

*Christian Staerklé***

O bom cidadão sustenta a ordem social, através da sua moralidade e integridade, personificando e representando os atributos desejáveis de uma sociedade. O bom cidadão é, por exemplo, um homem trabalhador, religioso, austero, como o lavrador do quadro *Americam Gothic* pintado por Grant Wood.

Para se sustentar a si própria, essa ideia normativa de um bom cidadão requer a sua contrapartida, a ideia antagônica de um mau cidadão, ameaçador. A oposição dos atributos positivos de um bom cidadão aos do mau cidadão faz sobressair o primeiro e reforça o seu valor social. De forma muito semelhante ao que acontece no pensamento dual no geral (MARKOVÁ, 2003), a diferenciação entre categorias antagônicas de estereótipos afirma e realça a natureza positiva dos atributos desejáveis e a natureza negativa dos atributos indesejáveis. Uma pessoa trabalhadora é vista como ainda mais trabalhadora quando comparada com uma pessoa preguiçosa, desmotivada.

Nesta conferência quero centrar-me nas representações dualistas de categorias e de grupos sociais que designo como "antagonismos intergrupos". Julgo que estes antagonismos desempenham um papel fundamental no pensamento corrente em geral e na legitimação do pensamento e da ação política em particular. Eles fornecem modelos de pensamento normativos e contranormativos, mostrando assim o tipo de comportamentos e de atitudes que são suscetíveis de ser recompensados na sociedade e aqueles que são suscetíveis de ser alvo de chacota e, eventualmente, sancionados. Como sinalizações normativas, os an-

---

* Traduzido do texto em inglês por Joaquim Pires Valentim.

** Faculté des Sciences Sociales et Politiques. Université de Lausanne.

tagonismos intergrupais orientam o pensamento das pessoas para as formas socialmente aceitáveis e legítimas e a oposição entre o bom e o mau cidadão é apenas um exemplo desta oposição genérica.

A razão pela qual falo sobre antagonismos intergrupos numa conferência de representações sociais, é porque acredito que eles são uma categoria-chave das representações sociais – muito difundida, organizando o comportamento social e legitimando a ação política. Combinam a natureza fundamentalmente dualista das representações sociais com processos sociais que derivam das teorias das relações entre grupos, em particular, da Teoria da Identidade Social. Realçam a importância do conteúdo dos estereótipos nas relações entre grupos, mas, ao mesmo tempo, enfatizam que – como qualquer representação – não são consensuais. Em vez disso, existe uma luta contínua acerca da prevalência e do sentido dos antagonismos intergrupos nas esferas social e política, em simultâneo com tentativas dos grupos de pressão política para imporem certos antagonismos sobre outros.

A legitimidade pública da ordem social e das relações de poder existentes assenta nos valores ideológicos que sustentam uma ordem social (STAERKLÉ, 2013). Uma ordem estável e legítima baseia-se em representações dominantes, hegemônicas que estão disseminadas na sociedade com os antagonismos intergrupos correspondentes. De fato, princípios, valores e ideologias hegemônicos subjacentes à ordem social tornam-se *objetivados* em antagonismos intergrupos de tal modo que valores abstratos como democracia, autocontrole, moralidade, autoconfiança e tolerância entre grupos se associam a categorias sociais, pondo assim carne sobre os ossos nus dos valores. Em seguida, irei exemplificar alguns destes processos implicados pelos antagonismos intergrupos, começando pela oposição entre grupos democráticos e grupos não democráticos.

Grupos democráticos *vs.* não democráticos

A oposição entre grupos democráticos e não democráticos tem uma longa história no pensamento ocidental. Edward Said, no seu livro de referência *Orientalism* (1978, p. 7), descreve o

"Orientalismo [como] a noção coletiva identificando um 'nós' europeus em oposição a todos os 'eles' não europeus [...] e como 'a ideia da identidade europeia [como] sendo superior em comparação com todos os povos e culturas não europeias'". O antagonismo intergrupo entre democrático e não democrático – ou entre países ocidentais e países não ocidentais – foi e, até certo ponto, ainda é central à visão ocidental do mundo. De acordo com este antagonismo intergrupo, às massas selvagens, emocionais e incontroladas do Oriente opõem-se os cidadãos no Ocidente, civilizados, racionais e controlados. Estas concepções eram dificilmente questionadas nos tempos áureos do colonialismo ocidental e uma série de estudos tem examinado até que ponto remanescências deste pensamento podem ainda ser encontradas numa sociedade ocidental contemporânea, como é o caso da Suíça, um país sem passado colonial.

Numa primeira série de estudos (STAERKLÉ; CLÉMENCE & DOISE, 1998) examinamos as teorias do senso comum acerca das relações entre o governo de um país e a sua cidadania. Partimos da hipótese de que os participantes esperariam uma cidadania democrática estereotipada para viver num país democrático, e uma cidadania não democrática num país não democrático. Se encontrarmos esta associação, isso não significa apenas que as pessoas seguem o dito iluminista segundo o qual "a população tem o governo que merece", mas que o antagonismo entre países do Ocidente democrático e países não ocidentais não democráticos está ancorado nas representações de ambos os governos e populações nacionais, reforçando assim o antagonismo entre o Ocidente e o Oriente.

Nessas pesquisas, os participantes liam uma pequena descrição de um país democrático ou de um país não democrático. "Pense num país onde o poder político, econômico e militar está nas mãos de diferentes [das mesmas] pessoas, um país onde o governo toma as suas decisões consultando a população e os seus representantes [sem consultar a população nem os seus representantes]". Para além disso, os participantes eram informados acerca de dois atributos estereotipicamente associados com cidadania [não] democrática. "Pense num país em que os habitantes são bastante ordeiros [desordeiros] e resolvem os seus conflitos muitas vezes pela discussão [confrontos]". Em seguida, os participantes escreviam nomes de países que correspondiam à descrição e indicavam até que ponto achavam que vários direitos humanos (e.g., liberdade de expressão, de religião, de reunião) eram respeitados no país.

Os resultados mostram que o respeito pelos direitos humanos foi percepcionado como maior na condição democrático-ordeira, enquanto foi maciçamente baixo no contexto democrático-desordeiro. Nos contextos não democráticos o respeito pelos direitos humanos mantinha-se baixo e os atributos da população já não as permitiam diferenciar. Outros resultados demonstraram que em contexto democrático-ordeiro, os cidadãos são vistos como opondo-se mais fortemente às violações dos direitos humanos que nos outros três contextos e, portanto, mais ativos politicamente.

Estes resultados sugerem que a percepção do respeito pelos direitos humanos não depende apenas do tipo de governo em que as pessoas pensam quando representam a situação dos direitos humanos no mundo, mas também dos estereótipos associados a populações democráticas e não democráticas. Os cidadãos democráticos vivendo num país ocidental são vistos como tendo, pelo menos, um controle parcial do destino político do seu país e com força suficiente para serem capazes de se defender contra potenciais violações dos direitos humanos cometidas pelo seu governo. No entanto, em contextos não democráticos, as populações nacionais são vistas como fracas e passivas, incapazes de protestar contra essas violações. Deste modo, as pessoas podem implicitamente engrenar na estratégia de culpar a vítima: "as violações dos direitos humanos ocorrem porque essas pessoas não se expressam contra o governo".

Conteúdo do estereótipo e relações entre grupos antagônicas

De maneira a termos uma medida mais direta do conteúdo dos estereótipos associados a grupos democráticos e não democráticos, noutro estudo experimental realizado com jovens, na Suíça, pedia-se à metade dos participantes para escreverem atributos que associavam a grupos democráticos, enquanto a outra metade escrevia atributos associados a grupos não democráticos (cf. STAERKLÉ, 2005). O Quadro 1 apresenta a proporção desses termos usados espontaneamente para descrever grupos democráticos e grupos não democráticos.

Quadro 1 Atributos espontaneamente associados a grupos democráticos e a grupos não democráticos

Democrático	Não democrático
Livre (60%)	Submisso (100%)
Independente (32%)	Infeliz (28%)
Democrático (29%)	Sem poder (24%)
Aberto (23%)	Sem liberdade (20%)
Igualitário (18%)	Pobre (20%)
Responsável (18%)	Dependente (17%)
Participativo (18%)	Manipulado (15%)
Feliz (14%)	Sem direitos (15%)

Fonte: Adaptado de Staerklé, 2005.

As populações democráticas são majoritariamente representadas principalmente pelos atributos "livre", "independente", "democrático" (usado como um atributo de personalidade) e, numa extensão menor, como "aberto", "igualitário", "responsável", "participativo" e "feliz". Estes atributos refletem a concepção normativa de uma democracia liberal, com liberdade e responsabilidade individual, tolerância e participação como princípios organizadores-chave. Estes termos são exatamente a imagem em espelho dos atributos que dão forma à representação não democrática. A totalidade dos participantes (100%) nessa condição associa "submisso" e termos semelhantes às populações não democráticas, seguido de "infeliz", "sem poder", "sem liberdade", "pobre", "dependente", "manipulado" e "sem direitos". Muitos destes termos são formulações negativas inversas da representação democrática, sublinhando assim a natureza antagonista desta representação dual entre grupos. Um tema comum, subjacente a esta representação dualista é a oposição entre agência (*agency)* e falta de agência (*agency)*, isto é, a capacidade atribuída às populações democráticas para tomarem o seu destino nas suas próprias mãos. Podemos supor que o poder atribuído às populações democráticas para exercer controle sobre os seus governantes vai para além da esfera estritamente política para abarcar esferas mais inclusivas da vida social. Ser livre e independente, por exemplo, refere-se mais genericamente a um modo de vida individualista e liberal.

Não podemos excluir que esta visão liberal-democrática dos países ocidentais e não ocidentais reflita, até certo ponto, o ambiente normativo na Suíça, onde estes estudos foram levados a cabo. A Suíça tem, de fato, uma forte tradição liberal (o seu sistema político foi construído no século XIX com base no sistema americano de duas câmaras), o que pode explicar por que é que as referências a outros modelos normativos de democracia (e.g., conservador, social-democrata ou republicano) estão virtualmente ausentes.

Não obstante, através destes atributos, os participantes implicitamente expressam e afirmam os valores-chave que organizam as democracias liberais ocidentais. Eles veem as populações democráticas como conformes aos valores liberais de autoconfiança e independência, enquanto constroem uma imagem em espelho, antagônica, das populações remotas e não familiares com base no princípio colonialista de que "eles não são como nós". Mais genericamente, valores sociais e ideológicos como a disciplina, a ética do trabalho ou o autocontrole, incorporam implicitamente, por um lado, estereótipos normativos de grupos construídos de acordo com valores-chave e, por outro lado, estereótipos contranormativos de grupos que são percebidos como violadores desses mesmos valores. Este processo antagonista sublinha o papel legitimador dos valores em causa, que é reforçado quando a conformidade a esses mesmos valores é associada a grupos de elevado estatuto (e.g., gestores responsáveis e muito trabalhadores), e o seu desrespeito é associado a grupos de baixo estatuto (e.g., os pobres, irresponsáveis e preguiçosos).

O caso do autocontrole

O individualismo e o seu componente central que é o autocontrole constituem exemplos de eleição de valores que são expressos, comunicados e afirmados com estereótipos antagônicos (JOFFE & STAERKLÉ, 2007). O pensamento acerca de grupos subordinados e minoritários estrutura-se frequentemente em torno da violação do *ethos* do autocontrole e, através da associação a exogrupos com escassez de autocontrole, o pensamento dominante transforma o *ethos* do autocontrole num instrumento de exclusão e derrogação. Nesse estudo, Joffe e Staerklé diferenciam três formas de autocontrole, relacionadas com a mente, o corpo e o destino:

> A percepção do controle do corpo refere-se a valores de moralidade, civilidade e disciplina, que é suposto sustentarem uma sociedade ordeira e bem-comportada. Concomitantemente, a falta de controle corporal produz os conteúdos de estereótipo de imoralidade, decadência, sujidade e "comportamento não civilizado" que ameaçam a ordem social. A percepção do controle da mente relaciona-se com os valores de competência e racionalidade que estão associados com posições de estatuto elevado na sociedade. A falta desse controle, por sua vez, leva a representações de incompetência, emocionalidade e irracionalidade associadas a posições de baixo estatuto. Finalmente, a percepção de controle sobre o destino associa-se à realização, à autossustentabilidade e empreendedorismo, que são vistos como qualidades essenciais para o desenvolvimento econômico de uma sociedade. O fracasso no controle do seu destino gera imagens de preguiça, de não merecer o que se tem e de parasitismo (p. 409).

Esta análise do conteúdo dos estereótipos como refletindo a falta de controle nestas três dimensões dá conta de uma parte considerável da variância dos conteúdos de estereótipos comuns e pode ser aplicada à maioria dos grupos comumente derrogados. Para além das pessoas de contextos culturais não ocidentais que podem ser percebidas pelos ocidentais como tendo falta dos atributos culturais essenciais de autocontrole e autonomia individual (SAID, 1978; STAERKLÉ, 2005), esta análise pode também aplicar-se a descrições negativas atribuídas a multidões, mulheres, crianças e pessoas com doenças mentais. Outros casos deste tipo, em relação à falta de autocontrole, encontram-se na associação de homens homossexuais com imoralidade e promiscuidade, pessoas obesas com falta de força de vontade, consumidores de drogas e fumadores com conotações de comportamentos aditivos, bem como beneficiários da segurança social e pessoas pobres em geral com falta de autossuficiência e controle sobre o seu destino (GILENS, 1999).

Conflito intergrupo e relações intergrupos antagônicas

Quero agora estender a análise das relações intergrupais antagônicas ao conflito entre grupos democráticos e grupos não democráticos, isto é, a uma situação de conflito entre um grupo conforme aos valores e um grupo violador desses mesmos valores. Numa situação dessas, podemos esperar que as ações hostis perpetradas por um grupo visto como conforme ao valor da democracia podem ser julgadas como mais legítimas que aquelas levadas a cabo pelo grupo não democrático contranormativo, em particular, quando o conflito opõe grupos antagônicos. No "mundo real", esta situação verifica-se quando nações ocidentais se envolvem em ações militares hostis contra nações não ocidentais, como foi o caso, repetidamente, durante as últimas duas décadas, por exemplo, durante a primeira guerra do Golfo em 1991 ou no Iraque em 2003.

Este raciocínio deu origem à "hipótese da democracia como um valor", de acordo com a qual a "democracia dá valor aos indivíduos, grupos e instituições democráticos garantindo assim a legitimidade das suas ações, seja qual for essa ação" (FALOMIR; STAERKLÉ, PEREIRA & BUTERA, 2012, p. 324). Testamos experimentalmente esta predição num conjunto de estudos, de modo a evidenciar os processos psicossociais responsáveis pela legitimação do conflito entre grupos democráticos e não democráticos (e.g., FALOMIR; STAERKLÉ; DEPUISET & BUTERA, 2005, 2007). De maneira a evitar que os participantes pensassem em países específicos e em conflitos internacionais atualmente existentes, criamos um paradigma experimental inspirado nos estudos de Sherif nos campos de férias. Com base na assunção de que uma componente-chave de uma organização democrática é a maneira como as decisões são tomadas num grupo, operacionalizamos o valor da democracia com os processos de tomada de decisão nos grupos. Os grupos democráticos definiam-se pela decisão igualitária, em que todos os membros de um grupo de adolescentes num campo de férias tinham uma palavra a dizer. Os grupos não democráticos eram definidos pela decisão hierárquica, na qual um líder tomaria as decisões que os outros membros seguiriam. Em seguida, os participantes liam um cenário experimental de um conflito sobre percepção de maus-tratos e a retaliação resultante, entre grupos de adolescentes num campo de férias. Neste conflito, o grupo do perpetrador e o da vítima eram descritos, ora como igualitário-democrático, ora como hierárquico-não democrático, resultando daí quatro configurações de conflito intergrupal.

Num primeiro estudo, mostramos que as agressões perpetradas por um grupo igualitário contra um grupo hierárquico foram julgadas como as menos ilegítimas, comparadas com as outras três configurações (FALOMIR et al., 2005). Encontrou-se um padrão de resultados semelhante no que respeita à legitimidade percepcionada da punição coletiva: punir grupos democráticos pelas suas ações condenáveis contra grupos não democráticos era menos aceitável que a punição resultante das outras três configurações de conflitos (FALOMIR et al., 2007). Dito de outro modo, quando grupos democráticos atacam grupos não democráticos, mais facilmente as pessoas encontram modos de perdoar essa hostilidade do que quando um grupo democrático ataca outro grupo democrático ou quando grupos não democráticos iniciam os conflitos. Este resultado apoia a hipótese da democracia como um valor, revela o poder legitimador das representações sociais da democracia e, de um modo mais geral, das representações associadas com as relações intergrupais antagônicas.

Num estudo mais recente, estendemos este paradigma de modo a incluir a opinião pública em países fictícios como um fator adicional, para dar conta da legitimidade percepcionada do conflito intergrupo (FALOMIR et al., 2012). Aqui, os resultados mostram que quando a opinião pública num país democrático foi percepcionada (Estudo 1), ou manipulada (Estudo 2), como sendo a favor de atos hostis contra um país não democrático, a agressão foi considerada mais aceitável que em qualquer outra configuração de conflito. Em particular, a opinião pública em países não democráticos não desempenha nenhum papel nestes julgamentos justificatórios, fornecendo suporte à ideia descrita em cima de uma representação das populações não democráticas como tendo falta de *agency* e de poder de decisão política. Em síntese, a opinião pública democrática permite justificar a agressão contra países não democráticos, sugerindo uma poderosa função justificatória da opinião pública democrática percepcionada quando se trata de legitimar a agressão militar e outros atos repreensíveis. Mais genericamente, esta linha de pesquisa mostra que, mesmo hoje em dia, o valor da democracia fornece as bases de um poderoso e versátil antagonismo: a legitimidade democrática é, fundamentalmente, baseada na ilegitimidade não democrática.

Modelo das representações da ordem social

O foco no papel das representações sociais nas relações entre grupos levou-me a tentar formalizar a maneira como os valores sociais e os sistemas de crença política intervêm na organização de relações sociais. O resultado é um modelo heurístico designado "Modelo de Representações da Ordem Social" (MROS) que organiza as representações de relações antagônicas intergrupais em quatro categorias amplas, designadas *ordem moral, mercado livre, diversidade social* e *desigualdade estrutural*. Estas quatro concepções da ordem social determinam outras tantas formas de construir um "bom cidadão" em oposição ao seu homólogo, uma vez que cada antagonismo opõe um estereótipo positivo a um negativo. Nesta conferência, eu apenas darei uma breve visão geral do modelo; informação mais detalhada pode ser encontrada em Scheidegger e Staerklé (2011), Staerklé (2009), Staerklé, Delay, Gianettoni e Roux, (2007a), Staerklé, Likki e Scheidegger (2012).

Este modelo assume que as crenças políticas e os dualismos nos conteúdos dos estereótipos que lhe estão associadas se organizam em função de dois critérios fundamentais: o primeiro refere-se aos casos em que a representação intervém na regulação de relações *intra* ou *entre* grupos e o segundo diferencia entre representações relacionadas com o *sentimento de pertença* e com a *posição social*. O cruzamento destas duas polaridades dá origem aos quatro modelos normativos da ordem social (Quadro 2).

A regulação intragrupo é tipicamente desencadeada para legitimar as formas de organização social da ordem moral e do mercado livre. É baseada na *diferenciação normativa* que estabelece fronteiras entre indivíduos conformes à norma, prototípicos e indivíduos violadores da norma, não prototípicos. A regulação entre grupos, por seu lado, é o processo através do qual são justificadas as formas de ordem social da diversidade social e da desigualdade estrutural. O processo de *diferenciação categorial* cria e afirma as fronteiras entre grupos (DUCKITT, 2001; KREINDLER, 2005).

Esta distinção entre processos de diferenciação normativa e categorial é importante para uma compreensão completa da natureza dos antagonismos intergrupais: através da diferenciação normativa, os antagonismos são compreendidos como o resultado das ações intencionais dos indivíduos. O sentido das categorias normativas deriva da percepção de conformidade das ações a valores importantes do endogrupo; a ética do trabalho, por exemplo, é usada para opor pessoas preguiçosas a pessoas trabalhadoras, e uma moralidade conservadora está nas raízes do antagonismo entre "bons" e "maus" cidadãos. Na diferenciação normativa, as fronteiras são, por conseguinte, representadas como permeáveis (toda a gente pode trabalhar muito, se realmente quiser). O processo de diferenciação categorial, por sua vez, sublinha as crenças normativas que opõem grupos definidos pelas características atribuídas aos seus membros. Tipicamente, refere-se aos processos intergrupais "clássicos" entre minorias e maiorias etnoculturais (como nas crenças etnocêntricas) ou entre grupos subordinados e dominantes (como nas crenças de dominância social). Por isso, as fronteiras são consideradas impermeáveis.

Quadro 2 Modelo de Representações da Ordem Social (Mros)

	Sentimento de pertença	Posição social
	Diferenciação normativa (intragrupo)	
	ORDEM MORAL	MERCADO LIVRE
Antagonismo	"Bom" e "mau"	"Vencedores" e "perdedores"
Princípio regulatório	Conformismo	Princípio da equidade
Crença política	Autoritarismo	Meritocracia
	Diferenciação categorial (intergrupo)	
	DIVERSIDADE SOCIAL	DESIGUALDADE ESTRUTURAL
Antagonismo	Endogrupo vs. exogrupo	Dominantes e subordinados
Princípio regulatório	Diferenciação intergrupal	Gestão da desigualdade
Crenças políticas	MAIORIA: Etnocentrismo vs. MINORIA: Multiculturalismo	DOMINANTES: Dominância social vs. SUBORDINADOS: Igualitarismo

A segunda dimensão opõe, por um lado, representações relacionadas com o *sentimento de pertença* e identidades sociais e, por outro lado, representações associadas com a *posição social*, hierarquia social e instrumentalidade. As representações de grupos e os conteúdos do estereótipo nas formas da ordem social de pertença (ordem moral e diversidade social) assentam em critérios não quantificáveis que permitem uma diferenciação intergrupo positiva como "moralidade", enquanto as representações de grupo nas formas de ordem social de posição social (mercado livre e desigualdade estrutural) se baseiam em atributos materiais e quantificáveis.

Vou agora descrever brevemente as especificidades de cada uma das quatro células de ordem social resultantes e dos processos psicossociais a elas associados. Na concepção da *ordem moral*, a ordem social é sustentada através de representações de moralidade e conformidade (como nas formas conservadoras de comunitarismo, ETZIONI, 1994). A ordem social é mantida através do apoio consensual de valores conservadores como moralidade, autoconfiança e disciplina: o bom e verdadeiro cidadão é aquele que melhor representa "os nossos" valores, enquanto que aquele que os desrespeita e transgride com comportamento desviante e desordeiro é representado como um "mau" cidadão. Tipicamente, esta forma de ordem social é legitimada com modos autoritários de pensamento, caracterizados pela intolerância ao desvio e submissão às autoridades (cf. DUCKITT, 1989).

A concepção da ordem social de *mercado livre* consiste em representações associadas com motivações competitivas, produtividade e *performance* individual. Com base nos princípios do liberalismo econômico, o pensamento de mercado livre assume que a motivação humana básica é o interesse pessoal (cf. MILLER, 1999). As crenças meritocráticas diferenciam "perdedores" preguiçosos de "ganhadores" produtivos e espera-se que os indivíduos se envolvam uns com os outros em relações competitivas, baseadas no mercado. A alegada dependência do Estado social – a ideia de que o apoio governamental torna as pessoas preguiçosas e irresponsáveis – é um exemplo de uma crença central na concepção de mercado livre.

A concepção de ordem social de *diversidade social* caracteriza-se por representações acerca das identidades de subgrupos na sociedade e, desse modo, inclui concepções de diversidade cultural e de multiculturalismo. Assenta nas características atribuídas aos membros de um grupo e baseia-se numa distinção *a priori* entre grupos sociais – em particular entre grupos étnico--culturais. Esta concepção é mais complexa que as concepções de ordem moral e de mercado livre, porque as representações de diversidade social podem descrever as diferenças de grupo, quer como positivas (como no pensamento multicultural e nas políticas identitárias que defendem direitos de grupos particulares), quer como negativas (como no pensamento racista, nacionalista e etnocêntrico).

Finalmente, na concepção *desigualdade estrutural*, as representações estruturam-se pelas hierarquias sociais de estatuto e poder de base grupal percepcionadas. Nesta concepção, os antagonismos são definidos entre as categorias sociais, bastante impermeáveis, de subordinados e dominantes. Estas categorias são vistas como estando em competição umas com as outras.

As reivindicações dos grupos subordinados ameaçam o conforto dos grupos dominantes. Tal como na concepção diversidade social, estas representações da ordem social podem descrever as desigualdades estruturais como legítimas justas e "normais" ou como ilegítimas e injustas. De modo a justificar os antagonismos da desigualdade estrutural, os indivíduos podem, por exemplo, apoiar crenças que apontam para a superioridade moral, social e intelectual daqueles que estão em posições privilegiadas, ou podem ver a desigualdade como o resultado ilegítimo da reprodução social e de privilégios herdados e, por conseguinte, apoiar políticas igualitárias destinadas a corrigir as crenças de desigualdade.

Agora que já vos apresentei uma ideia geral acerca do modelo das representações da ordem social, quero chamar a atenção na restante parte desta conferência para três maneiras de aplicar o modelo, nomeadamente, a formação de opinião, os diferentes sentidos associados com os conceitos de ordem social, e o desenvolvimento histórico das concepções de ordem social.

Formação de opinião: o exemplo da vulnerabilidade material

Nos estudos sobre a formação de atitudes políticas e de opinião pública, o papel das crenças políticas e ideológicas tem sido reconhecido desde há muito. Contudo, frequentemente, falta uma fundamentação lógica a ligar opiniões com sistemas mais gerais de crenças e com as condições sociais que produzem o apoio ou a rejeição destes sistemas de crença. O modelo das representações da ordem social pode ajudar a conceitualizar estas relações. A ideia básica é que as condições sociais objetivas (e.g., nível de educação e de rendimento) e subjetivas (vulnerabilidade percepcionada) moldam as representações de ordem social que, por seu turno, dão origem a posicionamentos mais claramente definidos para com temas sociais específicos, isto é, opiniões e atitudes políticas. Temos assim um modelo de mediação no qual a variável independente é a posição social, as variáveis mediadoras são as representações da ordem social e os resultados são as opiniões políticas. Em termos dos conceitos familiares de ancoragem, princípios organizadores e posicionamento (DOISE; CLÉMENCE & LORENZI-CIOLDI, 1993), a posição social representa a variável de ancoragem (entendida especificamente como ancoragem social ou sociológica), enquanto as representações da ordem social são analisadas como princípios organizadores de posicionamentos para com temas sociais. Este esquema analítico tem sido aplicado para dar conta das atitudes para com o Estado social e a intervenção do governo no contexto suíço (STAERKLÉ et al., 2007a) e em comparações internacionais (STAERKLÉ et al., 2012), bem como para examinar a confiança para com instituições políticas numa perspectiva de representações sociais (SCHEIDEGGER & STAERKLÉ, 2011).

Para dar um exemplo concreto de uma análise destas, vejamos alguns resultados de um estudo baseado em amostras representativas de quatro cidades suíças. Este estudo procurava evidenciar duas trajetórias de representações resultantes da vulnerabilidade material percepcionada e levando a atitudes diferenciadas para com a intervenção social e disciplinar do governo (STAERKLÉ; DELAY; GIANETTONI & ROUX, 2007b). Fizemos uma análise de trajetória que trata a percepção de vulnerabilidade material (e.g., "não ter dinheiro suficiente para fazer face às despesas") como uma variável de ancoragem. Foram usadas duas medidas como variáveis mediadoras: percepção de desordem (e.g., "haverá cada vez mais agitação social") como um indicador de representações de ordem moral e consciência da desigualdade (e.g., os ricos ficam mais ricos, os pobres mais pobres") como um indicador de representações de desigualdade estrutural. Finalmente, duas atitudes políticas foram usadas como variáveis de posicionamento, apoio à intervenção disciplinar do Estado (e.g., "reforçar o policiamento nas ruas") e apoio à intervenção governamental (social) redistributiva (e.g., "aumentar os impostos para os ricos, de maneira a reduzir a desigualdade").

Os resultados (Figura 1) mostram, em primeiro lugar, que a vulnerabilidade material percepcionada tem duas consequências contrastantes em termos de representações da ordem social. Por um lado, aumenta a percepção de uma sociedade desordeira e moralmente corrupta e, por outro lado, reforça a consciência das desigualdades sociais. Aderir a estas representações tem consequências importantes para o apoio a papéis específicos do governo: os indivíduos que percepcionam a desordem como um resultado da sua posição social precária estão muito mais dispostos a apoiar uma intervenção governamental disciplinar, repressiva, enquanto os indivíduos que, em vez disso, desenvolveram a consciência das desigualdades estão mais dispostos a apoiar a intervenção governamental social, redistributiva (opondo-se, ao mesmo tempo, a uma intervenção governamental disciplinar). Para além disso, a vulnerabilidade material também tem efeitos diretos (embora fracos) nessas duas orientações políticas fundamentais. Este estudo ilustra assim o valor heurístico do modelo das representações da ordem social, tal como mostra como condições sociais similares podem levar a apoiar representações muito diferentes da ordem social e das atitudes políticas correspondentes.

Figura 1   Análise de trajetória de duas consequências representacionais da vulnerabilidade material percepcionada

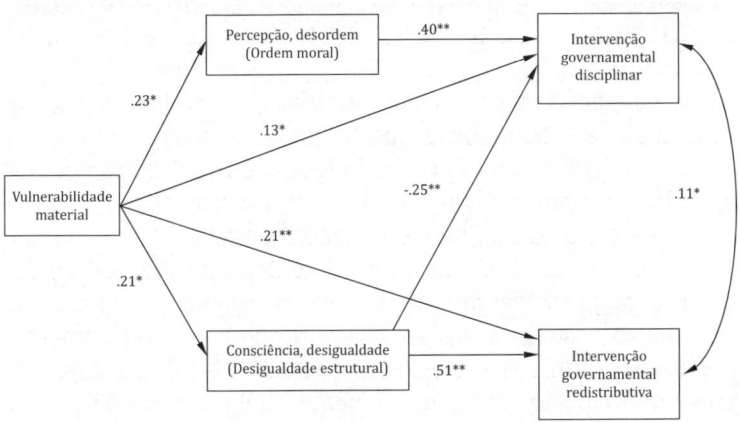

Nota: Adaptado de Staerklé et al., 2007b
* = p <.05, ** = p <.01
χ^2 (2) 4.02, p = .13, RMSEA = .04, CFI = 1.00, GFI = 1.00, AGFI = .98

Sentidos diferentes dos conceitos de ordem social

Uma segunda maneira de aplicar o modelo das representações da ordem social é fornecer uma explicação estruturada dos sentidos diferenciados que podem ser associados a conceitos amplos e genéricos relacionados com a ordem social. Irei exemplificar esta ideia com dois exemplos dessas noções, os imigrantes e a igualdade.

Quadro 3 Modelo de representações da ordem social aplicado aos estereótipos dos imigrantes e às concepções de igualdade

	ORDEM MORAL	MERCADO LIVRE
Princípio regulatório	Conformismo (Assimilação)	Princípio de equidade (Responsabilidade individual)
Estereótipo imigrante	Desviante, perigoso, criminoso	Preguiçoso, abusador
Concepção igualdade	Igualdade endogrupal (similaridade)	Igualdade de oportunidades
	DIVERSIDADE SOCIAL	DESIGUALDADE ESTRUTURAL
Princípio regulatório	Diferenciação intergrupo (Essencialismo cultural)	Gestão da desigualdade (Dominância intergrupal)
Estereótipo imigrante	Grupos imigrantes como o "Outro"	Grupos imigrantes como subordinados
Concepção igualdade	Igualdade de tratamento intergrupal	Igualdade de recursos intergrupal

O Quadro 3 usa a mesma estrutura do modelo das representações da ordem social que o Quadro 2, mas mostra como os estereótipos em relação aos imigrantes e as concepções de igualdade variam em função das quatro concepções da ordem social. Quando os imigrantes são representados através da lente da *ordem moral*, muito provavelmente, eles são concebidos como transgressores da norma, como desviantes, "não adaptados" e, no caso de violação severa de normas, como imorais, perigosos e criminosos. De acordo com esta visão, os imigrantes, antes de mais, representam a ameaça simbólica aos valores da "moral" do endogrupo e são vistos como sendo individualmente responsáveis por este estado de coisas. Contudo, na concepção *mercado livre*, a imagem dos imigrantes muda: tendo em conta o princípio da diferenciação normativa em funcionamento, quer na ordem moral, quer nas concepções mercado livre, eles são vistos como transgredindo as normas do endogrupo, mas, no caso da concepção da ordem social mercado livre, estes valores são a autoconfiança e o trabalho árduo em vez de valores morais do comportamento decente e civilizado. Como resultado, os imigrantes são vistos como preguiçosos, abusadores e suspeitos de estarem, acima de tudo, motivados para tirar vantagens do sistema de segurança social. Na concepção *diversidade social* os imigrantes são percepcionados de um modo mais categorial, determinado pela sua pertença de grupo. Este é o domínio do essencialismo cultural, pelo qual todos os grupos de imigrantes são vistos como "culturalmente" diferentes e fundamentalmente "outro" em relação à população de acolhimento. Na concepção *desigualdade estrutural*, todos os grupos imigrantes são percepcionados como sendo (legitimamente) subordinados em relação à população de acolhimento dominante, por exemplo, em contextos onde certos grupos étnicos ocupam posições de baixo estatuto e são explorados pelos membros do grupo dominante (e.g., mexicanos recém-chegados aos Estados Unidos). No geral, esta análise conceptual dos estereótipos em relação aos imigrantes sugere que as visões negativas dos imigrantes estão ancoradas em diferentes representações da ordem social, o que implica que as medidas dirigidas a essas visões negativas dos imigrantes necessitam ter em conta os seus fundamentos representacionais.

Uma análise semelhante pode ser feita para o conceito abstrato e polissêmico de igualdade. Na concepção *ordem moral* a igualdade refere-se à semelhança esperada entre os membros do endogrupo que são considerados como aprovando um conjunto comum de valores e de normas. Na concepção *mercado livre*, a igualdade é compreendida como uma forma normativa de igualdade entre indivíduos, ou seja, como igualdade de oportunidades: todos têm as mesmas *chances* para ter sucesso na vida e, consequentemente, as desigualdades são vistas como o resultado das diferenças individuais em esforços e motivações. Na concepção *diversidade social*, a igualdade refere-se a um princípio normativo de igualdade entre grupos em termos de tratamento igual e justiça procedimental. Este princípio igualitário proscreve tratamento desigual e discriminatório por parte das instituições e autoridades em função da pertença ao grupo social. Finalmente, a representação *desigualdade estrutural* implica uma visão social-democrata da igualdade entre grupos que procura corrigir e, por conseguinte, minimizar a desigualdade em termos da atual distribuição de riqueza e recursos materiais.

Estes dois exemplos ilustram como o modelo das representações da ordem social é útil para organizar diferentes sentidos associados com categorias e conceitos gerais que são objeto de debate e de diferentes interpretações. Desse modo, fornece instrumentos conceptuais para examinar de que forma sentidos específicos associados com noções gerais, na realidade, condicionam os processos psicológicos em funcionamento. Por exemplo, processos de diferenciação normativa e categorial e a subsequente definição de quem é um bom cidadão e de quem o não é. Este procedimento está em linha com a abordagem das representações sociais, uma vez que a teoria sempre enfatizou a importância de uma compreensão adequada das relações entre o conteúdo e os processos do pensamento num determinado domínio.

Desenvolvimento histórico das representações da ordem social

Como último exemplo da aplicação do modelo, gostaria de mencionar uma análise mais societal do desenvolvimento de vastas e muito difundidas representações que estruturam o desenvolvimento sociocultural nas sociedades contemporâneas. Este último exemplo é necessariamente muito fragmentário e incompleto e pretende apenas mostrar a viabilidade de uma análise mais compreensiva.

Esta concepção societal do modelo também sublinha a natureza discursiva e retórica das representações da ordem social. Estas representações estão disseminadas na sociedade através de diferentes canais de comunicação, em particular de discursos políticos selecionados, retransmitidos e reconfigurados e muitas vezes distorcidos pelos *media*. De acordo com alguns teóricos sociais (e.g., YOUNG, 1999), podemos assumir que as sociedades contemporâneas são definidas por representações hegemônicas que procuram dar legitimidade às formas dominantes de fazer política. A seguir à Segunda Guerra Mundial, e até ao final dos anos de 1960, a narrativa dominante era a da similaridade, conformidade e consenso, isto é, uma era de inclusão (cf. tb. IS-RAEL & TAJFEL, 1972). A viragem de época nas representações societais durante os anos de 1960 encontra-se bem documentada. Durante o início dos anos de 1970, as sociedades ocidentais testemunharam a ascensão, quer de uma doutrina neoconservadora (ordem moral), baseada numa visão punitiva na abordagem dos problemas sociais, quer de uma doutrina neoliberal (mercado livre) que promove a ideia de um indivíduo autossuficiente e autointeressado que é responsável pelo seu próprio destino. Quando estes discursos começaram a ser propostos por poderosos grupos majoritários e, como tal, representando um modo de comunicação que é o da *propagação*, rapidamente deram origem a uma nova representação hegemônica da exclusão social, através da qual se tornou legítimo empurrar grupos marginais e minoritários para fora da sociedade *mainstream* (GARLAND, 2001). Como resultado, a exclusão social tornou-se a nova representação organizadora, nos países ocidentais, de um novo senso comum que já não precisa de ser afirmado pelos grupos majoritários de modo a legitimarem-se a si próprios e à ordem social. A exclusão tornou-se de tal modo um lugar-comum que os seus princípios são disseminados através de processos de comunicação indiferenciada da *difusão* (ver Figura 2).

Figura 2 Diagrama temporal dinâmico das representações contemporâneas da ordem social

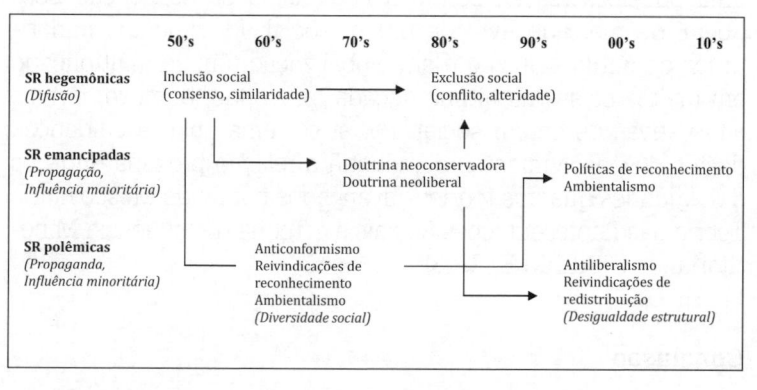

Mas estas tentativas para impor representações hegemônicas da ordem social têm encontrado uma resistência muito forte, como tem sido corporizado pelos vários movimentos minoritários que têm avançado com representações alternativas desde os anos de 1960. Os protestos pelos direitos cívicos nos Estados Unidos, reivindicando direitos para os negros, e a denúncia pelos movimentos feministas de uma ordem social de centração dominante masculina, ambos fizeram avançar reivindicações de reconhecimento das suas categorias sociais respectivas. No mesmo sentido, podem referir-se também as críticas dos movimentos ecologistas às bases ideológicas de um crescimento de orientação capitalista, a luta dos homossexuais por direitos para formas alternativas de sexualidade e relações íntimas, e a condenação do conformismo e do autoritarismo feita pelos movimentos estudantis dos finais dos anos de 1960, do período do pós-guerra. Muita desta propaganda inicial de reivindicação minoritária terá sido absorvida pela sociedade *mainstream* tornando-se representações emancipadas, defendidas não só por minorias, mas também pelos movimentos majoritários. É, seguramente, o caso das políticas de reconhecimento que expressam uma muito maior consciência e sensibilidade para as necessidades e especificidades de vários grupos minoritários e subordinados. É também o caso dos argumentos dos movimentos ambientalistas "verdes" que se tornaram parte dos programas políticos padrão de todos os maiores partidos políticos. Por último, desenvolvimentos mais recentes, que se iniciaram nos finais dos anos de 1990, mostram uma poderosa reação contra a hegemonia da concepção neoliberal de mercado livre da ordem social. Movimentos minoritários de antiliberalismo e antiglobalização têm-se multiplicado em muitos países na última década, propondo, de novo, formas alternativas de ordem social. Por si só, uma análise cuidadosa destes desenvolvimentos demonstra a relação próxima entre os dois grandes quadros teóricos avançados por Serge Moscovici: a Teoria das Representações Sociais e a Teoria da Influência Minoritária (cf. STAERKLÉ, 2013).

Conclusão

Nesta conferência, procurei sublinhar a ideia de relações intergrupais antagônicas. Fi-lo apresentando um programa de pesquisa em curso sobre as representações de países democráticos e de países não democráticos e sobre a legitimidade percepcionada de conflitos entre grupos democráticos igualitários e não democráticos hierárquicos. A segunda parte da minha conferência realçou o modelo das representações da ordem social e as suas possíveis aplicações. Este modelo procura formalizar os princípios regulatórios e os processos representacionais subjacentes a diferentes tipos de antagonismo social.

Para concluir, quero salientar as funções sociais dos antagonismos intergrupais. Estes antagonismos acentuam a semelhança endogrupal, sublinham as características positivas do endogrupo pondo-as em contraste com as negativas do exogrupo e polarizam, essencializam e instrumentalizam diferenças intergrupais definindo dimensões relevantes da comparação entre categorias antagônicas.

No que diz respeito à Teoria das Representações Sociais, esta abordagem coloca o *grupo* no centro dos processos representacionais, como objetos objetificados de representações e como instâncias de lutas de classificação e categorização. Estabelece também ligações com domínios mais tradicionais da psicologia intergrupal, em particular a identidade social, conteúdo do estereótipo e preconceito.

Integrando dinâmicas sociais centradas quer na semelhança, quer na diferença entre indivíduos e grupos, esta abordagem pode ajudar a ampliar o nosso conhecimento sobre a mudança social e a estabilidade social, um problema dual que tem preocupado e confundido os psicólogos sociais desde há décadas. Para fazê-lo é necessário forjar uma relação conceptual e operacional clara entre processos de influência intergrupal, por um lado, e diferentes tipos de representações sociais por outro lado. Esta parece ser uma via promissora para enfrentar os temas da diversidade, do pluralismo e da desigualdade que estão no cerne das sociedades contemporâneas.

Referências

DOISE, W.; CLÉMENCE, A. & LORENZI-CIOLDI, F. (1993). *The quantitative analysis of social representations*. Hemel Hempstead: Harvester Wheatsheaf.

DUCKITT, J. (2001). "A dual-process cognitive-motivational theory of ideology and prejudice". In: ZANNA, M.P. (ed.). *Advances in experimental social psychology*. Vol. 33. São Diego CA: Academic Press, p. 41-113.

_____ (1989). "Authoritarianism and group identification: A new view of an old construct". *Political Psychology*, 10, p. 63-84.

ETZIONI, A. (1994). *The spirit of community*. Nova York: Simon and Schuster.

FALOMIR-PICHASTOR, J.; STAERKLÉ, C.; DEPUISET, M., & BUTERA, F. (2007). "Perceived legitimacy of collective punishment as a function of democratic versus non-democratic group structure". *Group Processes and Intergroup Relations*, 10, p. 565-579.

_____ (2005). "Democracy justifies the means: Political group structure moderates the perceived legitimacy of intergroup aggression". *Personality and Social Psychology Bulletin*, 31, p. 1.683-1.695.

FALOMIR-PICHASTOR, J.M.; STAERKLÉ, C.; PEREIRA, A. & BUTERA, F. (2012). "Democracy as justification for waging war: The role of public support". *Social Psychological and Personality Science*, 3, p. 324-342.

GARLAND, D. (2001). *The Culture of control*: Crime and order in contemporary society. Oxford: Oxford University Press.

GILENS, M. (1999). *Why Americans hate welfare* – Race, media and the politics of antipoverty policy. Chicago: University of Chicago Press.

ISRAEL, J. & TAJFEL, H. (eds.) (1972). *The context of social psychology*: A critical assessment. Londres: Academic Press.

JOFFE, H. & STAERKLÉ, C. (2007). "The centrality of the self-control ethos in Western aspersions regarding outgroups: A social representational approach to stereotype content". *Culture & Psychology*, 13, p. 395-418.

KREINDLER, S.A. (2005). "A dual group processes model of individual differences in prejudice". *Personality and Social Psychology Review*, 9, p. 90-107.

MARKOVÁ, I. (2003). *Dialogicality and social representations*. Cambridge: Cambridge University Press.

MILLER, D.T. (1999). "The norm of self-interest". *American Psychologist*, 54, p. 1.053-1.060.

SAID, E.W. (1978). *Orientalism*: Western conceptions of the Orient. Londres: Penguin Books.

SCHEIDEGGER, R. & STAERKLÉ, C. (2011). "Political trust and distrust in Switzerland: A normative analysis". *Swiss Political Science Review*, 17, p. 164-187.

STAERKLÉ, C. (2013). "Social order and political legitimacy". In: SAMMUT, G.; ANDREOULI, E.; GASKELL, G. & VALSINER, J. (eds.). *Handbook of Social Representations*. Cambridge: Cambridge University Press.

_____ (2009). "Policy attitudes, ideological values and social representations". *Social and Personality Psychology Compass*, 3, p. 1.096-1.112.

_____ (2005). "L'idéal démocratique perverti: Représentations antagonistes dans la mise en altérité du non-Occident". In: SANCHEZ-MAZAS, M. & LICATA, L. (eds.). *L'autre*: Regards psychosociaux. Grenoble: Presses Universitaires de Grenoble, p. 117-148.

STAERKLÉ, C.; CLÉMENCE, A. & DOISE, W. (1998). "Representation of human rights across different national contexts: The role of democratic and non-democratic populations and governments". *European Journal of Social Psychology*, 28, p. 207-226.

STAERKLÉ, C.; DELAY, C.; GIANETTONI, L. & ROUX, P. (2007a). *Qui a droit à quoi?* – Représentations et légitimation de l'ordre social. Grenoble: Presses Universitaires de Grenoble.

_____ (2007b). "Régulations disciplinaire et redistributive: Le double effet du sentiment de vulnérabilité matérielle". *Bulletin de Psychologie*, 60, p. 397-405.

STAERKLÉ, C.; LIKKI, T. & SCHEIDEGGER, R. (2012). "A normative approach to welfare attitudes". In: SVALLFORS, S. (ed.). *Contested welfare states*: Welfare attitudes in Europe and beyond. Stanford: Stanford University Press, p. 81-118.

YOUNG, J. (1999). *The exclusive society*: Social exclusion, crime and difference in late modernity. Londres: Sage.

SEÇÃO III

TEMAS E MÉTODOS

1
PSICOLOGIA SOCIAL NARRATIVA E A ANÁLISE DE CONTEÚDO DE CATEGORIAS NARRATIVAS (NARRCAT)*

*János László***

Desde há muito que a Teoria das Representações Sociais se interessa pelas narrativas (p. ex., BAUER, 1996; FLICK, 1995; JOVCHELOVITCH, 1995; LÁSZLÓ, 1997). Uma das razões para esse interesse é o fato de as narrativas, devido à sua natureza comunicativa, resistirem às abordagens individualistas e universalistas. São fenômenos sociais e culturais: formas específicas de construir redes de significados ou realidades psicológicas (BRUNER, 1986). Outro interesse a longo prazo da Teoria das Representações Sociais é relacionar a identidade social das pessoas com representações sociais do seu mundo (p. ex., BREAKWELL, 1993; DUVEEN, 2001). Irei argumentar no presente documento que (a) as representações sociais da história ou memória coletiva são construídas de forma narrativa (LÁSZLÓ; EHMANN & IMRE, 2002; WERTSCH, 2002), (b) as representações narrativas da história estão intimamente relacionadas com a identidade de grupo (cf. LÁSZLÓ, 2003; LIU & LÁSZLÓ, 2007) e (c) as formas específicas de construção narrativa da história referem-se a aspectos psicológicos da identidade de grupo (LÁSZLÓ, 2008). Irei argumentar também que tudo isto possibilita estudos quantitativos de identidade de grupo como, por exemplo, da identidade nacional através da análise computadorizada de conteúdos de narrativas históricas e permite generalizações teóricas fundamentadas de forma empírica.

---

* Texto revisto por Jorge Correia Jesuíno.

** Instituto de Psicologia e Neurociências Cognitivas. Academia Húngara de Ciências.

O caráter narrativo da história

A historiografia contemporânea admite que escrever história é um gênero de narrativa. As consequências disto são formuladas por White da seguinte forma: "A opinião comum é que o enredo de uma narrativa impõe um significado aos eventos que inclui o seu nível de história revelando no final uma estrutura que sempre estivera imanente nos eventos. O que estou a tentar estabelecer é a natureza desta imanência em qualquer relato narrativo de eventos reais, o tipo de eventos considerado como conteúdo adequado do discurso histórico. A realidade destes eventos não consiste no fato de terem ocorrido, mas, primeiro que tudo, de terem sido lembrados e, em segundo lugar, de serem capazes de descobrir um lugar numa sequência ordenada de forma cronológica" (WHITE, 1981, p. 19).

No entanto, para que um relato de eventos seja considerado um relato histórico, não basta que os eventos sejam registrados na ordem em que aconteceram originalmente. É o fato de poderem ser registrados de outra forma, numa ordem de narrativa, que os torna de imediato questionáveis quanto à sua autenticidade e suscetíveis de serem considerados provas da realidade. Para que possa ser considerado "histórico", um evento deverá ser suscetível de pelo menos duas narrações da sua ocorrência. A menos que possam ser imaginadas pelo menos duas versões do mesmo conjunto de eventos, não há qualquer razão para os historiadores assumirem a autoridade de facultar o verdadeiro relato do que realmente aconteceu. A autoridade da narrativa histórica é a autoridade da própria realidade; o relato histórico confere forma a esta realidade e, deste modo, torna-a desejável impondo aos seus processos a coerência formal que apenas as histórias possuem.

De acordo com Ricoeur (1981), a historiografia não é meramente adicionada ao conhecimento histórico a partir do exterior, sendo antes uma parte integrante do mesmo, e o que o torna aceitável é o fato de os escritos históricos imitarem os tipos de elaborações de enredos na tradição literária. Para intensificar uma sensação de realidade e veracidade para com a vida real, utiliza figuras retóricas e confia bastante na dimensão da consciência, ou seja, no que as figuras históricas souberam, pensaram e sentiram. A reconstrução de histórias baseia-se, mesmo que tacitamente, no sujeito presumido da pessoa em questão que é produzido com base nas regras psicológicas que regem o comportamento humano do dia a dia. Na historiografia, tem lugar um tipo especial de reconstrução de experiência no qual as experiências de figuras recebem significado em termos da inter-relação entre causas e consequências. O historiógrafo como narrador, quer queira quer não, assume uma posição narrativa, ou seja, uma narrativa histórica não está em condições de fugir à funcionalidade da narrativa, a necessidade de uma história "utilizável". A origem da própria ciência histórica moderna está também intimamente relacionada com a história nacional exigida pelo nacionalismo do século XIX.

Formas de narrativa de consciência do passado

Existem dois modos diferentes, mas relacionados, como demonstrarei, de lidar com experiências passadas. A historiografia aspira a proporcionar uma representação precisa do passado, ou, por outras palavras, a facultar a verdadeira história dos eventos passados (CARR, 1986). Ao fazer isto, a historiografia frequentemente negligencia ou ignora experiências subjetivas partilhadas pelos participantes nos eventos. (Atuais abordagens históricas à história da mentalidade como, p. ex., LA CAPRA, 2001; GOLDHAGEN, 1997; SCHIEVELBUSH, 2001 tentam retificar este descuido.) Por outro lado, na memória coletiva, o passado é representado para que a identidade de grupo seja mantida. O historiador norte-americano Novick compara os dois modos da seguinte forma: "compreender algo de forma histórica é estar ciente da sua complexidade, ter suficiente desapego para observar a partir de múltiplas perspectivas, aceitar as ambiguidades, incluindo as ambiguidades morais, dos motivos e do comportamento dos protagonistas. A memória coletiva simplifica; encara os eventos de uma perspectiva única e comprometida, é impaciente com as ambiguidades de qualquer tipo; reduz eventos a arquétipos míticos" (NOVICK, 1999, p. 3-4).

Os manuais escolares de história estão algures entre os dois modos. Transferem "objetividade" para o conhecimento culturalmente assente no passado distante. Vários autores afirmam que são fontes primárias de consciência histórica do passado de uma nação (p. ex., ANGVIK & BORRIES, 1997; ROEDIGER; LAMBERT & ZAROMB, 2009). No entanto, quando a consciência histórica chega à história popular, ou seja, as histórias na história que reverberam na sociedade, os aspectos de identidade tornam-se mais evidentes. Os manuais escolares expressam a identidade nacional, mas a história popular o faz de uma forma mais marcante. No entanto, tendencialmente, tal como a comparação entre os manuais escolares de história húngaros e a história popular demonstrou, são consistentes (LÁSZLÓ & EHMANN, 2012).

A construção de uma identidade narrativa e a elaboração de traumas nacionais que têm lugar na história de cada nação prosseguem, deste modo, em pelo menos três canais. A escrita de história pretende retratar os eventos de forma objetiva, mas as tendências de grupo interno penetram frequentemente nestes relatos históricos. Até as interpretações canônicas ou mitológicas, pertencentes à memória cultural (ASSMANN, 1992), podem ser caracterizadas através desta perspectiva tendenciosa. A memória coletiva, objetificada em diários, em relatos familiares, na história oral ou em comunicações em bares, em cafés ou em mesas familiares, existe em estreita relação com a história, mas desenrola-se em parte de forma independente da historiografia e bebe mais das emoções e pensamentos importantes para a identidade de grupo. Corresponde mais ao que Assmann (1992) denominou como memória comunicativa. Entre as duas formas de recordação de grupo, existem as representações históricas apresentadas pelos manuais escolares, as representações do passado apresentadas pela arte e literatura e a memória pública apresentada pelos meios de comunicação social. O papel das duas últimas formas e a sua consistência relativamente à memória popular são evidenciados por vários autores (p. ex. BAR-TAL, 2001; BAR-TAL & ANTEBI, 1992; FÜLÖP; CSERTÖ; ILG; SZABÓ; SLUGOSKI & LÁSZLÓ, 2012; FÜLÖP, PÉLEY E LÁSZLÓ, 2011; LÁSZLÓ; VINCZE; KÖVÁRYNÉ, 2003; LÁSZLÓ E VINCZE, 2004; NENCINI, 2012).

Psicologia narrativa científica

Se cada forma de representação histórica é construída de modo narrativo e cada forma se relaciona com a identidade nacional, então só existe um passo lógico: inferir que os aspectos psicológicos da identidade nacional enquanto identidade de grupo podem ser melhor estudados através de narrativas históricas. Tal como as identidades individuais são construídas pelas narrativas da vida e nelas expressas, as estórias de um grupo étnico ou de uma nação proporcionam uma sensação de semelhança, continuidade e valor positivo a estes grupos, ou seja, todos os aspectos funcionais da identidade.

Recentemente desenvolvemos uma nova direção de psicologia narrativa, que bebe das tradições científicas do estudo psicológico, mas contribui para as teorias existentes prosseguindo o estudo empírico da construção de significado psicológico (LÁSZLÓ, 2008, 2011). A psicologia narrativa científica encara seriamente as inter-relações entre a língua e os processos psicológicos humanos, mais precisamente entre narrativa e identidade. É isso que a separa dos estudos psicométricos anteriores, que estabeleceram correlações entre a utilização da língua e os estados psicológicos (PENNEBAKER & KING 1999; PENNEBAKER; MEHL & NIEDERHOFFER, 2003; TAUSCZIK & PENNEBAKER, 2010). Esta assume que estudar narrativas como veículos de conteúdo psicológico complexo conduz a um conhecimento empírico acerca da adaptação social humana. Os indivíduos nas suas histórias de vida (*life stories*), tal como os grupos nas suas histórias de grupos (*group histories*), compõem os seus episódios de vida significativos. Nesta composição, que é em si própria uma construção de significado, expressam as formas como organizam as suas relações perante o mundo social, ou constroem a sua identidade. As características organizacionais e qualidades experimentais destas histórias referem-se à potencial adaptação comportamental e às capacidades de enfrentamento dos contadores de estórias.

Outra inovação notável provém do reconhecimento das correspondências entre organização narrativa e organização psicológica, nomeadamente pelo fato de as características da narrativa das autonarrativas, como, por exemplo, as funções das figuras, as características temporais da história ou as perspectivas dos oradores, facultarem informações acerca das características e condições das autorrepresentações. Neste sentido, a psicologia narrativa científica explora conquistas da narratologia (p. ex.,

BARTHES, 1977; CULLER, 2001; ECO, 1994; GENETTE, 1980). No entanto, ao passo que a narratologia estuda os efeitos da composição narrativa na experiência e compreensão dos leitores, a psicologia narrativa científica é direcionada para o estudo da forma como a composição narrativa reflete os estados interiores do narrador. A narratologia descreveu um número finito de constituintes e um número finito de variantes destes constituintes relativamente à composição de narrativas. Cada constituinte, ou categoria de narrativa, pode ser identificada de forma fiável ao nível do texto. Simultaneamente, os significados em nível de experiência podem ser associados aos constituintes da narrativa definida. *A narrativa restringe um número finito de "vazios" composicionais ou estruturais que podem ser preenchidos com um número igualmente finito de conteúdos com significado em termos psicológicos, ao passo que o texto de superfície poderá apresentar uma variedade infinita.* Tal proporciona uma base para desenvolver algoritmos linguísticos que permitam o mapeamento de categorias narrativas com significado em termos psicológicos no que diz respeito a estados de identidade e qualidades de identidade.

Psicologia social narrativa

As representações históricas narrativas mantidas de forma comunicativa ou canônica frequentemente debatidas expressam identidades étnicas ou nacionais no sentido acima mencionado. A psicologia social narrativa como investigação empírica, ou seja, como um ramo da psicologia narrativa científica, explora características relevantes da identidade de grupos na linguagem narrativa. Ao passo que a psicologia social comum investiga a língua como um mediador da percepção de grupo (cf. tendência do intergrupo linguístico descrito por MAASS; SALVI; ARCURI & SEMIN, 1989), a psicologia social narrativa relaciona-se com a língua para identificar funções como, por exemplo, estabilidade, integridade, continuidade, valor positivo, autonomia, controle etc. Alarga o conceito de composição narrativa à emocionalidade, cognição, avaliação e agência, formando a perspectiva de como estes conteúdos psicológicos são distribuídos nas relações intergrupos e obtêm inferências para identificar estados de força ou vulnerabilidade, regulamentação emocional, mecanismos de defesa etc. de identidades nacionais ou étnicas específicas. Assim sendo, avalia a composição de narrativas de fenômenos psicológicos intergrupos e interpreta-os com referência à identidade de grupo.

Composição psicológica social relevante em termos de identidade em narrativas de grupo

Agência intergrupos. A agência parece ser uma importante categoria na construção de narrativas. Simultaneamente, é uma das dimensões básicas subjacente a autojulgamentos, julgamentos de outras pessoas e julgamentos de grupos. Refere-se ao funcionamento de tarefas e à concretização de objetivos e envolve qualidades como, por exemplo, "eficiente", "competente", "ativo", "persistente" e "energético" (WOJCISZKE & ABELE, 2008).

Não apenas indivíduos, mas também grupos são encarados como agentes, visto serem capazes de desempenhar um comportamento orientado para a concretização de objetivos e ter também efeito no seu ambiente: "influenciar outros"; "alcançar objetivos", "atuar coletivamente" e "fazer com que as coisas aconteçam" (produzir resultados).

Pelo menos nas culturas ocidentais, a agência é um componente importante da identidade pessoal e social. A distribuição de agência entre grupo interno e grupo externo parece ser um indicador sensível no que toca a uma identidade de grupo. O elevado nível de agência em eventos negativos reflete uma aceitação e responsabilidade pelos insucessos passados, ao passo que atribuir agência nestes eventos apenas a grupos externos indica uma identidade defensiva com baixo controle e baixo nível de elaborações de traumas históricos. Caso a agência de grupo interno seja predominante tanto em eventos positivos como negativos, indica uma identidade estável, bem-organizada e autônoma e um progresso na elaboração de traumas. Pelo contrário, um elevado nível de agência no grupo interno em eventos vitoriosos positivos e um baixo nível de agência no grupo externo nos mesmos eventos acompanhado por um baixo nível de agência no grupo interno em eventos negativos sugere uma identidade inflada, mas instável.

Avaliação intergrupos

A avaliação intergrupos é uma ferramenta linguística essencial para a construção de identidade narrativa que organiza os eventos históricos narrados e as suas figuras numa representação coerente e repleta de significado. Avaliações intergrupos são juízos sociais explícitos que avaliam os grupos em questão envolvidos no evento ou os seus representantes. Estas avaliações podem ser (1) atribuições positivas e negativas atribuídas aos mesmos ou às suas ações (p. ex., *sábio, injusto*), (2) reações emocionais e relações com os mesmos (p. ex., *admiração, desprezo*), (3) interpretações de avaliação referindo-se às suas ações (em detrimento de, ou além de descrição factual, p. ex., *superação, exploração*), e (4) atos de recompensa e punição ou reconhecimento e crítica (p. ex., *aplausos, protestos*).

A avaliação intergrupos desempenha um papel essencial na manutenção de uma identidade social positiva (TAJFEL, 1981; TAJFEL & TURNER, 1979). Assim sendo, num contexto de intergrupos, a avaliação interpessoal e intergrupos demonstra a tendência tanto em nível comportamental como linguístico cuja base motivacional é a procura de uma identidade social positiva. A tendência da avaliação intensifica-se em conflitos intergrupos: o valor do grupo interno aumenta e o valor do grupo externo diminui. Caso esta tendência nos relatos de conflitos passados seja ainda persistente nas narrativas históricas contemporâneas, sugere que o grupo experiencia ainda conflitos históricos como ameaças de identidade e fortalece a sua coesão e identidade positiva aperfeiçoando a sua grandeza histórica.

Emoções

Existe uma grande tradição na psicologia social das emoções se olharmos para os primórdios da antropologia cultural (MEAD, 1937; BENEDICT, 1946), a qual afirma que certas emoções e padrões emotivos são característicos de certas culturas. Esta tradição foi posteriormente desenvolvida na psicologia cultural contemporânea (p. ex., MARKUS & KITAYAMA, 1991; SHWEDER; MUCH; MAHAPATRA & PARK, 1997; ROZIN; LOWERY; IMADA & HAIDT, 1999). As orientações emocionais relativamente estáveis condicionadas não de forma cultural, mas social, são atualmente assumidas também (BAR-TAL, 2001; BAR-TAL; HALPERIN & DE RIVERA, 2007). Enquanto membros de um grupo e estando identificadas com um grupo, as pessoas pensam e sentem de acordo com a orientação emocional característica do grupo. Uma das orientações emocionais pesquisada de forma mais detalhada é a orientação de vitimização coletiva (BAR-TAL et al., 2009), que significa que o grupo se vira para situações intergrupos com emoções de uma vítima inocente.

As emoções que o grupo interno experiencia, bem como as emoções atribuídas aos grupos externos em narrativas acerca do passado do grupo, refletem a característica orientação emocional do grupo constituindo uma parte indissociável da identidade do grupo. Por sua vez, estas emoções derivam de representações do passado. As narrativas principais das nações que têm claramente implicações emocionais são denominadas de modelos narrativos por Wertsch (2002) ou de mapas por Liu e Hilton (2005), seguindo Malinowsky (1926). Preferimos apelidá-las de trajetórias históricas (LÁSZLÓ, 2011; FÜLÖP; CSERTÖ; ILG; SZABÓ; SLUGOSKI & LÁSZLÓ, 2012), dado que as emoções podem ser mais claramente relacionadas com os diferentes padrões sequenciais das vitórias e derrotas da nação à medida que são preservadas na sua memória coletiva.

A funcionalidade das orientações emocionais foi também estudada. Ao passo que adotar um papel de vítima coletiva na identidade da nação poderá prejudicar gravemente a comunicação intergrupos e a resolução de conflitos (BAR-TAL et al., 2009), a narrativa norte-americana otimista (BELLAH, 1967) está orientada para a redenção (McADAMS, 2006).

Estados cognitivos e perspectivas

A ocorrência de estados cognitivos atribuída ao grupo interno e grupo externo pode ser melhor interpretada pelo ângulo da identidade nacional ao estudar a elaboração de traumas passados. De acordo com esta interpretação, quantos mais processos e estados cognitivos surgem tanto no grupo interno como no grupo externo, mais progrediu a elaboração do trauma (PENNE-

BAKER, 1993; PAEZ et al., 1997. Cf. tb. VINCZE; ILG & PÓLYA, 2012). Neste sentido, a frequência dos estados cognitivos nas narrativas históricas ou traumas nacionais ou étnicos indica o processo de elaboração de traumas numa identidade de grupo coerente e emocionalmente estável. Existem, no entanto, outras possibilidades para a interpretação da presença de estados cognitivos em narrativas históricas. Por exemplo, Vincze e Rein (2011) demonstraram que o conteúdo proposicional dos estados cognitivos poderá substituir a interpretação de elaboração do trauma. Nestes casos, os conteúdos proposicionais negativos dos estados cognitivos dos grupos externos agressores servem a sua função atribuindo deliberação e, deste modo, ainda mais responsabilidade aos grupos externos devido a más ações. Provavelmente, estas manobras não promovem a reconciliação com a perda traumática, ajudando antes a manter a experiência emocionalmente perturbadora.

Outro aspecto dos estados cognitivos (e emocionais) na narrativa é a tomada de perspectiva psicológica. Esta função está também relacionada com estados de identidade, visto permitir a entrada na perspectiva do grupo externo na narrativa histórica. É óbvio que as pessoas com uma identidade etnonacional orientada para o futuro, estável e emocionalmente equilibrada podem dar-se ao luxo de aparecer na perspectiva de antigos inimigos nos seus relatos históricos.

Já mencionamos, ao discutir avaliações intergrupos, que as narrativas históricas têm sempre pelo menos três formas de perspectiva. Existe a perspectiva (interna) do endogrupo representada por membros de grupo interno que participam nos eventos, a perspectiva (externa) do exogrupo, representada por membros do exogrupo e a perspectiva do narrador que é normalmente, mas não necessariamente, um membro do endogrupo e observa os eventos a partir de uma distância física e temporal. A perspectiva do narrador prevalece na maioria dos relatos históricos e este fato fortalece a empatia categórica dos membros do grupo expostos a estas narrativas na medida em que o grupo é afetado na história. Tendo isso em mente, o processo cognitivo atribuído a exogrupos como um todo ou a membros individuais de exogrupos introduz uma perspectiva de exogrupo que, por sua vez, poderá colocar em prática uma diferente forma de empatia que é situacional, ou seja, que conduz a uma representação mais equilibrada dos eventos (HOGAN, 2001). O conteúdo proposicional dos processos cognitivos e da valência do resultado do evento, ou seja, quer tenha sido bom ou mau para o grupo interno ou para o grupo externo também não pode ser ignorado nesta análise. A empatia situacional aperfeiçoada como consequência da perspectivação através de processos cognitivos e uma melhor compreensão do evento histórico que possa contribuir para melhorar as relações intergrupos abolindo estereótipos (GALINSKY & MOSKOWITZ, 2000; VINCZE & PÓLYA neste volume) só terá lugar caso os inimigos do grupo externo sejam dotados de processos cognitivos (e emocionais) que ultrapassam a hostilidade e as consequências unanimemente negativas para o grupo interno no seu conteúdo proposicional. Uma tal análise dos processos cognitivos e perspectivização do ângulo da identidade de grupo, que tem também em consideração as relações com diferentes grupos externos num mais amplo período histórico, ou seja, números e tipos de grupos externos dotados de uma perspectiva própria num período histórico, proporciona informações sobre a identidade de grupo relativamente à sua estabilidade, plasticidade e futura orientação.

Análise de conteúdo categorial narrativa (NarrCat)

A metodologia de análise de conteúdo computadorizada que desenvolvemos assenta nas funcionalidades psicologicamente relevantes da composição narrativa ou das categorias narrativas. Não são as correlações psicológicas de palavras, os tipos de palavras (p. ex., palavras de função *versus* palavras de conteúdo) ou as características gramaticais (p. ex., um tempo verbal no passado) que nos interessam. Em vez disso, seguindo os princípios da composição narrativa, estamos interessados na perspectiva da estrutura espaçotemporal, a perspectiva interna *versus* externa, a estrutura de emoções de grupo interno-grupo externo e Eu-Outro, estruturas de avaliação, distribuição de processos cognitivos entre figuras e grupos etc. O Programa NarrCat que desenvolvemos é composto por módulos ordenados de forma hierárquica para categorias de narrativa e módulos relacionais (cf. Figura 1).

Figura 1 A análise de conteúdo categorial narrativa (NarrCat)

O Sistema *NarrCat*

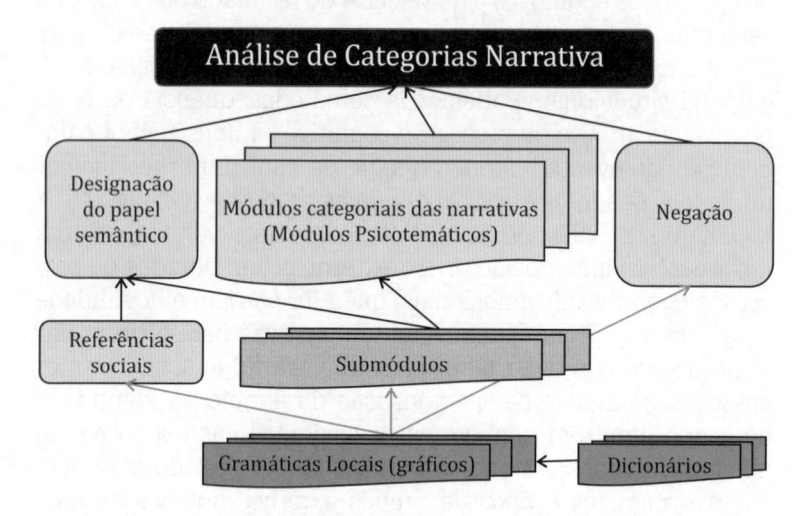

De forma semelhante a outros dispositivos de análise de conteúdo computadorizados como, por exemplo, o Liwc (PENNE-BAKER et al., 2001), o RID (MARTINDALE, 1975) e o General Inquirer (STONE et al., 1966), o NarrCat possui também léxicos. Devido à complexa morfologia da língua húngara e à necessidade de desambiguação, os léxicos são dotados de gramáticas locais que executam a tarefa de desambiguação e permitem uma posterior análise gramatical. Assim sendo, para alcançar aspectos (Hits) psicologicamente relevantes, duas outras tarefas de processamento da língua tiveram de ser executadas. Um analisador gramatical trata as anáforas colocando o nome próprio no lugar dos pronomes pessoais, visto que precisamos identificar as figuras em cada frase. No próximo passo, uma ferramenta de análise de função semântica liga cada conteúdo psicológico a uma função semântica específica (agente ou paciente, estímulo ou experienciador etc.). Estas correspondem habitualmente às funções sujeito-objeto da frase. O programa produz uma medida quantitativa de quem sente, atua, avalia, pensa etc. o quê relativamente a quem, ou seja, a composição psicológica das relações interpessoais e intergrupos relevantes para a construção da identidade torna-se transparente.

Por fim, como ilustração, apresentamos os marcadores linguísticos das categorias narrativas relevantes da psicologia social. A *Agência* tem dois ingredientes: verbos ativos e passivos (p. ex., ocupar, alcançar, escolher *versus* tornar-se, dormir ou crescer) e expressões de intenção (desejos) *versus* restrições (deveres). Para medições de agência, as frequências de atividade são divididas por passividade e as intenções são divididas por restrições. O índice de agência global é calculado obtendo a média dos dois rácios.

As *Avaliações* podem ser (1) atribuições positivas e negativas atribuídas às figuras ou às suas ações (p. ex., *sensato, injusto*), (2) reações emocionais e relações com as figuras (*admiração, desprezo*), (3) interpretações de avaliação referindo-se às ações das figuras (em detrimento de, ou além de descrição factual, por exemplo, *superação, exploração*), e (4) atos de recompensa e punição ou reconhecimento e crítica (p. ex., *aplausos, protestos*).

As subcategorias de *Emoção* são emoções positivas e negativas (alegria *vs.* tristeza); emoções sociais básicas e de ordenação mais elevada (medo *vs.* culpa); emoções morais nestas emoções autocríticas e heterocríticas (arrependimento *vs.* desprezo). Além disto, o módulo é capaz de detectar o controle de distância espacial-emocional (aproximação *vs.* distanciamento).

A *Cognição* inclui dois tipos de conteúdos: verbos com significado cognitivo em nível das palavras (generaliza, pondera) e expressões idiomáticas relacionadas (obtém uma ideia, mergulha no passado).

Referências

ANGVIK, M. & VON BORRIES, B. (1997). *A Comparative European Survey on Historical Consciousness and Political Attitudes among Adolescents*. Hamburgo: Korber-Stiftung.

ASSMANN, J. (1992*). Das kulturelle Gedachtnis*. Munique: C.H. Beck.

BAR-TAL, D. (2001). "Why does fear override hope in societies engulfed by intractable conflicts as it does in Israeli society?" *Political Psychology*, 22, p. 601-627.

BAR-TAL, D. & ANTEBI, D. (1992). "Siege Mentalityin Israel". *Papers on Social Representations*, vol. 1 (1), p. 49-67.

BAR-TAL, D.; CHERNYAK-HAI, L.; SCHORI, N. & GUNDAR, A. (2009). "A sense of self perceived collective victimhood in intractable conflicts". *International Review of the Red Cross*, jun.

BAR-TAL, D.; HALPERIN, E. & DE RIVERA, J. (2007). "Collective Emotions in Conflict Situations: Societal Implications". *Journal of Social Issues*, 63 (2), p. 441-460.

BARTHES, R. (1977). *Image, music, text*. Nova York: [s.e.].

BAUER, M. (1996). *The Narrative Interview*: Comments on a technique for qualitative data collection. Londres: Methodology Institute/London School of Economics.

BELLAH, R. (1967). "Civil Religion in America". *Daedalus*, 96, p. 1.21.

BENEDICT, R. (1946). *The Chrisanthenum and the Sword*. Boston: Houghton/Mifflin Company.

BREAKWELL, G. (1993). "Social representations and social identity". *Papers on Social Representations*, 2 (3), p. 198-217.

BRUNER, J. (1986). *Atual Minds, Possible Worlds*. Cambridge Harvard University Press.

CARR, D.L. (1986). *Time, Narrative and History*. Bloomington, IN: Indiana University Press.

CULLER, J. (2001). *The Pursuit of Signs*: Semiotics, Literature, Deconstruction. Londres: Routledge.

DUVEEN, G. (2001). "Representation, Identities, Resistance". In: DEAUX, K.D. & PHILOGENE, G. (eds.). *Representations of the social*. Malden: Blackwell, p. 271-284.

ECO, U. (1994). *Six walks in the fictional woods*. Cambridge, MA, Harvard University Press.

GENETTE, G. (1980) *Narrative Discourse*: An Essay in Method, Ithaca: Cornell University Press.

FLICK, U. (1995). "Social Representation". In: SMITH, J.A.; HARRÉ, R. & VAN LANGHOVE, L. (orgs.). *Rethinking Psychology*. Londres: Sage, p. 70-96.

FÜLÖP, É.; LÁSZLÓ, J.; CSERTÖ, I.; ILG, B.; SZABÓ, Z.S. & SLUGOSKI, B. (2012). "Emotional elaboration of collective traumas in historical narratives". In: FORGAS, J.P.; VINCZE, O. & LÁSZLÓ, J. (eds.). *Social cognition and communication* – Sydney Symposium of Social Psychology. Nova York: Psychology Press.

FÜLÖP, É.; PÉLEY, B. & LÁSZLÓ, J. (2011). "A történelmi pályához kapcsolódó érzelmek modellje magyar történelmi regényekben". *Pszichológia,* 31 (1), p. 47-67.

GALINSKY, A.D. & MOSKOWITZ, G.B. (2000). "Perspetive-taking: Decreasing stereotype expression, stereotype accessibility, and in-group favouritism". *Journal of Personality and Social Psychology,* 78, p. 708-724.

GENETTE, G. (1980). *Narrative Discourse.* Oxford: Blackwell.

GOLDHAGEN, D.J. (1997). "Hitler's willing executioners: ordinary Germans and the Holocaust". *Society,* 34 (2), p. 32-37. Nova York: Springer.

HOGAN, P.C. (2001): "The Epilogue of Suffering: Heroism, Empathy, Ethics". *SubStance,* 30, p. 119-143.

JOVCHELOVITCH, S. (1995). *Social representations and narrative* [Texto apresentado na Reunião da Eaesp. Budapeste, 06-10/09].

LA CAPRA, D. (2001). *Writing History, Writing Trauma.* Baltimore: The Johns Hopkins University Press.

LÁSZLÓ, J. (2011). "Narrative Psychology", In: CHRISTIE, D. (ed.). *The Encyclopedia of Peace Psychology.* São Francisco: Wiley-Blackwell, p. 687-691.

_____ (2003). "History, identity and narratives". In: LÁSZLÓ, J. & WAGNER, W. (eds.). *Theories and Controversies in Societal Psychology.* Budapeste: New Mandate.

_____ (1997). "Narrative organisation of social representations". *Papers on Social Representations,* 6 (2), p. 155-172.

LÁSZLÓ, J. & EHMANN, B. (2012). "Narrative Social Psychology". In: FORGAS, J.P.; VINCZE, O. & LÁSZLÓ, J. (orgs.). *Social cognition, communication and narratives* – Sydney Symposium of Social Psychology. Nova York: Psychology Press.

LÁSZLÓ, J.; EHMANN, B. & IMRE, O. (2002). "Les representations sociales de l'histoire – La narration populaire historique et l'identité nationale". In: LAURENS, S. & ROUSSIAU, N. (eds.). *La Mémoire sociale* – Identités et representations sociales. Rennes: Université de Rennes.

LÁSZLÓ, J. & VINCZE, O. (2004). "Coping with historical tasks – The role of historical movels in transmitting psychological patterns of national identity". *Spiel*, 21 (1), p. 76-88.

LÁSZLÓ, J.; VINCZE, O. & KÖVÁRINÉ SOMOGYVÁRI, I. (2003). "Representation of National Identity in Successful Historical Novels". *Empirical Studies of the Arts*, 1, p. 69-80.

LIU, J.H. & HILTON, D.J. (2005). "How the past weighs on the present: Social representations of history and their role in identity politics". *British Journal of Social Psychology*, 44, p. 1-21.

LIU, J.H. & LÁSZLÓ, J. (2007). "A narrative theory of history and identity: Social identity, social representations, society and the individual". In: MOLONEY, G. & WALKER, I. (eds.). *Social representations and identity*: Content, process, and power. Londres: Palgrave Macmillan, p. 85-107.

MAASS, A.; SALVI, D.; ARCURI, L. & SEMIN, G. (1989). "Language Use in Intergroup Contexts: The Linguistis Intergroup Bias". *Journal of Personality and Social Psychology*, 6, p. 981-993.

McADAMS, D.P. (2006). *The Redemptive Self*: Stories Americans Live by. Oxford: Oxford University Press.

MALINOWSKI, B. (1926). *Myth in Primitive Psychology*. Londres: Kegan Paul, Trench, Trubner.

MARKUS, H. & KITAYAMA, S. (1991). "Culture and the self: Implications for cognition, emotion, and motivation". *Psychological Review*, 98, p. 224-253.

MARTINDALE, C. (1975). *Romantic Progression*: The psychology of literary history. Nova York: Wiley.

MEAD, M. (1937). *Cooperation and Competition Among Primitive Peoples*. Nova York: McGraw-Hill.

NENCINI, A. (2012). "Narrative Constructions of Italian Identity – An Investigation through Literary Texts over Time". In: FORGAS,

J.P.; VINCZE, O. & LÁSZLÓ, J. (eds.). *Social cognition and communication* – Sydney Symposium of Social Psychology. Nova York: Psychology Press.

NOVICK, P. (1999). *The Holocaust in American Life*. Nova York: Mariner Books/Houghton Mifflin.

PAEZ, D.; BASABE, N. & GONZALES, J.L. (1997). "Social Processes and Collective Memory: A Cross-Cultural Approach to Remembering Political Events". In: PENNEBAKER, J.W.; PAEZ, D. & RIMÉ, B. (eds.). *Collective Memory of Political Events*. Mahwah, NJ: Erlbaum.

PENNEBAKER, J.W. (1993). "Putting stress into words: Health, linguistics and therapeutic implications". *Behavior. Res. Ther.*, 31 (6), p. 539-548.

PENNEBAKER, J.W. & KING, L.A. (1999). "Linguistic Styles: Language Use as an Individual Difference". *Journal of Personality and Social Psychology*, 77, p. 1.296-1.312.

PENNEBAKER, J.W.; FRANCIS, M.E. & BOOTH, R.J. (2001). *Linguistic Inquiry and Word Count (Liwc)*. Mahwah, NJ: Erlbaum.

PENNEBAKER, J.W.; MEHL, M.R. & NIEDERHOFFER, K.G. (2003). "Psychological aspects of natural language use: Our words, our selves". *Annual Review of Psychology*, 54, p. 547-577.

RICOEUR, P. (1981). *Hermeneutics and the Human Sciences*. Cambridge: Cambridge University Press.

ROEDIGER, H.L.; ZAROMB, F.M. & BUTLER, A.C. (2009). "The Role of Repeated Retrieval in Shaping Collective Memory". In: BOYER, P. & WERTSCH, J.V. (eds.). *Memory in Mind and Culture*. Nova York: Cambridge University Press, p. 138-170.

ROZIN, P.; LOWERY, L.; IMADA, S. & HAIDT, J. (1999). "The CAD Triadhypothesis: A Mapping Between Three Morale Motions (Contempt, Anger, Disgust) and Three Moral Codes (Community, Autonomy, Divinity)". *Journal of Personality & Social Psychology*, 76, p. 574-586.

SCHIEVELBUSH, W. (2001). *The Culture of Defeat*: On National Trauma, Mourning, and Recovery. New York: Metropolitan.

SHWEDER, R.A.; MUCH, N.C.; MAHAPATRA, M. & PARK, L. (1997). "The 'Big Three' of Morality (Autonomy, Community, Divinity) and the 'Big Three' Explanations of Suffering". In: BRANDT, A. & ROZIN, P. (eds.). *Morality and Health*. Nova York: Routledge, p. 119-169.

STONE, P.J.; DUNPHY, D.C.; SMITH, M.S.; OGILVIE, D.M. (1966). *The general inquirer*: A computer approach to content analysis. Cambridge, MA: MIT.

TAJFEL, H. (1981). *Human Groups and Social Categories*: Studies in social psychology. Cambridge: Cambridge University Press.

TAJFEL, H. & TURNER, J.C. (1979). "An integrative theory of intergroup conflict". In: AUSTIN, W.G. & WORCHEL, S. (eds.). *The social psychology of intergroup relations*. Monterrei: Brooks, p. 33-47.

TAUSCZIK, Y. & PENNEBAKER, J.W. (2010). "The Psychological meaning of words: LIWC and Computerized Text Analysis Methods". *Journal of Language and Social Psychology*, 29, p. 24-54.

VINCZE, O.; ILG, B. & PÓLYA, T. (2012). "The role of narrative perspetive in the elaboration of individual and historical traumas". In: FORGAS, J.P.; VINCZE, O. & LÁSZLÓ, J. (eds.). *Social cognition, communication* – Sydney Symposium of Social Psychology. Nova York: Psychology Press.

VINCZE, O.; REIN, G. & LÁSZLÓ, J. (2011). *Cognitive states and their role in reducing or increasing intergroup conflict*. Estocolmo: General Meeting.

WERTSCH, J.V. (2002). *Voices of Collective remembering*. Cambridge: Cambridge University Press.

WHITE, H. (1981). "The value of narrativity in the representation of reality". In: MITCHELL, W.J.T. (ed.). *On Narrative*. Chicago, IL: University of Chicago Press.

WOJCISZKE, B. & ABELE, A.E. (2008). "The primacy of communion over agency and its reversals in evaluations". *European Journal of Social Psychology*, 38, p. 1.139-1.147.

2
REPRESENTAÇÕES SOCIAIS DE HISTÓRIA E NARRATIVAS: ESTUDOS INTERCULTURAIS*

*James H. Liu***

Michael Bamberg (2007) afirma na sua introdução a *Narrative – State of the Art* que duas vertentes metodológicas e teóricas são responsáveis pela popularidade da narrativa nas ciências sociais e humanidades: "a primeira, que gostaria de designar como a abordagem da narrativa *centrada na subjetividade* ou *pessoa*, está interessada na exploração de narrativas como forma pessoal de impor a ordem num cenário de vida e experiência de outro modo caótico" (p. 2); "uma segunda perspectiva sobre a narrativa teve início com a suposição de que as narrativas são estruturas significativas preexistentes que introduzem elementos sociais e culturais determinantes no processo da formação da identidade. Esta orientação, a que chamo *orientação por enredo* ou *social*, baseia-se mais nos princípios de disposição comunais que parecem ser transferidos de geração em geração na forma de linhas de enredo socialmente partilhadas e chegam às vidas das pessoas comuns e às suas histórias de experiências pessoais" (BAMBERG, 2007, p. 3). É esta segunda vertente que gostaria de trazer para uma conversação com a Teoria das Representações Sociais (TRS) e as Representações Sociais da História (RSH). Porque foi para abordar a complexa relação entre indivíduos, as suas comunidades e a sociedade que a TRS foi concebida, e gostaria de considerar de que forma as narrativas e a memória social podem constituir parte desta relação.

A literatura dominante relativamente a narrativas é tanto interdisciplinar como, de acordo com Josselson (2007), qualitativa: "a pesquisa narrativa, enraizada na fenomenologia e hermenêutica interpretativa, esforça-se por preservar a complexidade do que significa ser humano e por localizar as suas observações de

---

* Texto revisto por Rosa Cabecinhas. Universidade do Minho.

** Victoria University of Wellington. Nova Zelândia.

pessoas e fenômenos na sociedade, história e tempo [...] a prática de pesquisa narrativa, enraizada no pós-modernismo, é sempre interpretativa a cada etapa" (p. 7). Ela esforça-se, no entanto, por solucionar o problema de como "adicionar" (*add up*) estudos narrativos e as suas respectivas interpretações, aglutinando "um puzzle de múltiplas camadas" em lugar de "uma galeria de miniaturas cuidadosamente trabalhadas". A "dúvida com que me deparo, no entanto, vai no sentido de como construir uma base de conhecimentos a partir destes prolíferos estudos [narrativos]" (p. 8).

De fato, o terceiro capítulo do volume com prefácio de Bamberg e Josselson é escrito por Dan McAdams (2007), um psicólogo da personalidade que se sente confortável com as técnicas quantitativas e sua respectiva interpretação bem como com os métodos mais qualitativos. Ele desenvolveu um corpo cumulativo significativo de pesquisa (McADAMS, 2006) examinando a estrutura de histórias individuais e a sua relação com uma narrativa mais abrangente de redenção que, nos termos de Bamberg (2007), atua como "orientação de enredo" para a cultura norte-americana.

É neste ponto de união entre o indivíduo e a sociedade, entre o quantitativo e o qualitativo, entre os mundos de vida experienciados por pessoas comuns e micromundos científicos construídos por cientistas sociais que residem as representações sociais (MOSCOVICI, 1961). Os teóricos das representações sociais esforçam-se por construir o tecido de ligação entre a epistemologia das ciências naturais da ciência psicológica e a epistemologia intersubjetiva da pesquisa narrativa (cf. HO; PENG; LAI & CHAN, 2001). Nos termos de Doise, Spini e Clémence (1999), "as RS podem ser consideradas conjuntos de princípios de organização de relações simbólicas entre indivíduos e grupos" (p. 2) compostas por três princípios básicos: em primeiro lugar, "vários membros de uma população partilham opiniões comuns acerca de uma determinada questão" e, assim sendo, "uma fase importante em cada estudo de RS é uma pesquisa por uma organização cognitiva comum dos problemas em questão num determinado sistema de relações sociais". Em segundo lugar, "as diferenças no posicionamento individual são organizadas [...] procuramos os princípios de organização das diferenças individuais num campo representativo". Em terceiro lugar, "tais variações sistemáticas são ancoradas a realidades simbólicas coletivas [...]. Os posicionamentos individuais em campos representativos não podem ser exaustivamente estudados sem analisar a sua ancoragem a outros sistemas sociais de relações simbólicas" (p. 2).

O objetivo deste capítulo é narrar a forma como estudei as Representações Sociais da História (RSH) utilizando métodos quantitativos para propor bases empíricas (*building blocks*) que (1) ajudem no processo da interpretação hermenêutica cumulativa e que (2) operacionalizem a representação social de novas e sofisticadas formas enquanto interface simbólica entre os indivíduos, os grupos e a sociedade.

Representações Sociais da História (RSH)

Nos últimos anos tem florescido a literatura sobre representações sociais da história (cf. LIU & SIBLEY, 2012; HILTON & LIU, 2008). Uma publicação seminal nessa área foi o volume editado por Pennebaker, Paez e Rimé (1997), *Collective Memory of Political Events*. Nesta altura, não existia ainda literatura sobre Representações Sociais da História *per se*. O livro assinalou sim o aparecimento de uma perspectiva psicológica da história (que, tal como Liu e colaboradores (2005, 2009) mencionaram, é popularmente representada na história mundial como uma história sobre política e guerra). O termo memória coletiva deriva de literatura mais antiga da área da sociologia após Halbwachs (1950/1980). Esta literatura, comentada por Olick e Robbins (1998), é qualitativa e, de acordo com tradições sociológicas, sublinha as forças institucionais na produção de uma memória social. A memória coletiva de grupos menores e talvez dissidentes na sociedade é investigada lado a lado com discursos promulgados oficialmente que utilizam essencialmente recursos de arquivo (cf. SCHWARTZ, 1997, p. ex.). Recentemente, Paez e Liu (2011) tentaram uma síntese prática destas duas áreas de investigação, uma mais qualitativa e a outra mais quantitativa, no domínio aplicado da resolução de conflitos. Apesar de um abismo no que diz respeito à metodologia, à linhagem acadêmica e aos termos conceptuais utilizados para exprimir ideias, as posições teóricas nucleares adotadas pelos estudiosos nas RSH e na memória coletiva/memória social são geralmente compatíveis. No entanto, são investigadas de formas diferentes e colocam a sua ênfase em diferentes características.

Liu e Hilton (2005) afirmaram que "A representação da sua história pelo endogrupo condicionará a forma como este percebe o que foi, é, pode ser e deverá ser, sendo, deste modo, essencial para a construção da sua identidade, das suas normas e dos seus valores" (p. 537). Isto é bastante compatível com as ideias de Schwartz (1997) acerca da forma, em constante mutação, como Abraham Lincoln foi "encaixado" (*preyed*) na psique norte-americana ao longo dos anos (as pessoas se esquecem de que ele foi um dos mais impopulares e controversos presidentes da história norte-americana). Todos concordam que as narrativas históricas envolvem estabilidade no meio da mudança. As vertentes de narrativa histórica continuam a mudar de forma psicologicamente previsível, mesmo numa comunidade de pessoas mantendo ligações entre o passado, o presente e o futuro.

Uma forma como isto pode ser alcançado é através da reinterpretação dos mesmos acontecimentos e figuras históricas. A história envolve normalmente acontecimentos e figuras enredados numa sequência temporal onde um enredo se desenrola ao longo do tempo originando certos temas. As RSH assumem facilmente a forma de uma narrativa (LIU & LÁSZLÓ, 2007). Os acontecimentos proporcionam o enredo e as figuras proporcionam os heróis e vilões essenciais para uma história acerca da criação de um dado grupo. Acontecimentos históricos foram investigados por Wertsch (2002) para proporcionar um modelo narrativo para o povo russo e por László (2008) para proporcionar enredos históricos para o povo húngaro. Estes incluem lições que podem ser invocadas por empreendedores da identidade (*identity entrepreneurs*) (REICHER; HASLAM & HOPKINS, 2005) para justificar ações políticas e uma agenda para o futuro (REICHER & HOPKINS, 2001; LIU & HILTON, 2005). László (2008) tem sido mais incisivo, sugerindo uma viragem narrativa no estudo das representações da história, particularmente através da análise de livros históricos ou outros documentos escritos através de análise textual científica. No seguimento disto, Liu e Sibley (2013) escreveram que "a história pode ser encarada de forma representativa como uma narrativa, com acontecimentos a sinalizar um enredo que se desenrola ao longo do tempo, figuras que simbolizam valores de grupo em ação e temas recorrentes que podem permitir agendas de grupo para o futuro".

Da perspectiva de uma psicologia mais qualitativa e crítica, Schiff (2007) teorizou que "um compromisso ideológico para com a prioridade da intenção e do significado nas interações e vidas humanas é fundamental para a definição da psicologia narrativa" (p. 29). Argumenta que "a psicologia narrativa deverá assumir uma posição crítica relativamente aos métodos mais comuns de estudo e à produção de conhecimento científico. No entanto, estou convencido de que devemos argumentar que a narrativa é científica" (p. 31). Schiff (2007), tal como Josselson (2007), não é concreto acerca de como a narrativa deverá ser científica, mas fornece um vislumbre da ligação entre o empirismo e a hermenêutica em que nos basearemos neste capítulo como tema unificador: "Os métodos quantitativos só podem descrever a coocorrência. Podemos ter uma noção de que uma pessoa está a pensar em algo e saber que também pensa noutras coisas (ou seja, que há uma correlação) [...]. Utilizando dados quantitativos, é apenas especulação dizer que sabemos como estes pensamentos se encaixam na vida de uma pessoa ou por que alguém pensa de uma determinada forma. Para observar isto de forma científica, teria de falar com uma pessoa e deixá-la fazer as ligações por si" (p. 35).

Parece que são as linhas disciplinares, marcadas por questões metodológicas e epistemológicas, que separam a literatura sobre as RSH da literatura com origem na sociologia sobre a memória coletiva e a memória social e a abordagem crítica de Schiff (2007) e Josselson (2007) em relação à psicologia narrativa. Assim sendo, seria útil comentar alguns dos pontos positivos e algumas das limitações relacionados com a utilização de dados quantitativos para investigar fenômenos narrativos. Isto é ilustrado pela pesquisa relativamente a representações sociais da história mundial. Como afirma Schiff (2007), os dados quantitativos são bons para detectar relações entre variáveis, mas têm dificuldade em articular a forma como uma relação específica entre duas variáveis desempenha um papel no mundo de vida de uma pessoa, originando relatos de agência e o potencial para alterações pessoais e sociais. Por outras palavras, a visão mecânica da psicologia dominante (*mainstream*), dominada pelas relações entre variáveis, não é necessariamente *significativa* para um indivíduo ou um grupo cultural que procura uma agência narrativa em detrimento dos resultados nas suas vidas. Gostaria de propor que aquilo que Liu e Sibley (2013) descreveram como "representações ordinais (*ordinal*)" da história poderão ser consideradas como elementos empíricos básicos que proporcionam tanto fundamentos como constrangimentos para o trabalho da interpretação intersubjetiva. Estas poderão ser utilizadas como uma ligação entre linhas de investigação empiristas e hermenêuticas.

Utilizar representações ordinais como ferramenta para a investigação narrativa

O meu trabalho sobre RSH teve início com um método de nomeações (*nominations*) livres, em aberto, pedindo aos participantes que respondessem a duas perguntas: 1) Quais são os mais importantes acontecimentos na história [mundial/nacional]? 2) Quais as figuras que tiveram mais impacto na história [mundial/nacional], de forma positiva ou negativa? Em todo o mundo, em estudos que abrangeram 24 sociedades (p. ex., LIU et al., 2005, 2009), as respostas fornecidas são essencialmente simples com apenas uma ou duas palavras facilitando a sua codificação em categorias discretas que são registradas e apresentadas em tabelas contendo uma classificação dos 10 acontecimentos e figuras mais frequentemente referidos para uma determinada amostra (cf. Tabela 1, p. ex.).

Tais representações ordinais são altamente descritivas, mas também permitem uma análise detalhada de tais características quantificáveis como o conteúdo temático, a região de origem, o tempo etc. Estas foram largamente disseminadas em publicações em psicologia intercultural (p. ex., LIU et al., 2005, 2009), psicologia internacional (p. ex., LIU, 1999; CABECINHAS; LIU; LICATA; KLEIN; MENDES; FEIJÓ & NIYUBAHWE, 2011) e asiática (p. ex., LIU; LAWRENCE; WARD & ABRAHAM, 2002; HUANG; LIU & CHANG, 2004; LIU & GASTARDO-CONACO, 2011) e psicologia social europeia (LIU; WILSON; McCLURE & HIGGINS, 1999). Proporcionam generalizações acerca de uma população a partir da qual podem ser obtidas inferências relativamente à fenomenologia da narrativa. Liu et al. (1999), por exemplo, afirmam que os neozelandeses, de idade universitária e mais velhos, tanto de origem europeia como maori (foram facultadas 4 tabelas), indicaram normalmente acontecimentos da história da nação que podem ser caracterizados como biculturais (envolvendo os dois povos fundadores da nação) ou liberais (relativamente ao aumento dos modos europeus de civilização na Nova Zelândia). Enquanto cientistas, Liu et al. (1999) *conjecturaram* que estes acontecimentos podem ser facilmente configurados como uma narrativa bicultural (com interações entre maoris e europeus a constituir a base do contrato social atual da nação) ou como uma narrativa liberal (com o aumento dos modos europeus de civilização encarado como inevitável ou o melhor de todos os mundos).

Nas publicações mencionadas acima, relativamente pouco foi teorizado acerca da fenomenologia narrativa das representações ordinais; de acordo com convenções epistemológicas e metodológicas prevalecentes na psicologia, os dados foram apresentados mais como fatos descritivos do que como provas sugestivas de processos subjacentes de construção social (cf. WHITE, 1981, p. ex.). Aqui, sublinhamos alguns dos processos de narrativa envolvidos na criação de representações ordinais e sua subsequente interpretação.

A Tabela 1 apresenta dados extraídos de estudos previamente publicados em Liu et al. (2009), relativos aos mais importantes acontecimentos e figuras da história mundial, aqui apresentados num novo contexto. Liu e Sibley (2013) dizem que "as funcionalidades-chave desta representação ordinal são: 1) O estabelecimento da prevalência nominal: os nomes de figuras históricas importantes [ou acontecimentos] são proeminentes porque a quantidade de pessoas que os referem é apresentada tanto de forma numérica (em termos de percentagem) como de forma ordinal.... 2) O fato da contextualidade: os nomes das figuras [e acontecimentos] mais referidos em diferentes sociedades estão em estreita proximidade visual entre si, convidando à comparação e à interpretação". A configuração espacial aqui fornecida sublinha o potencial de inferência narrativa dos dados juntando as representações ordinais de figuras e acontecimentos. No documento original, estes dados foram apresentados como analiticamente separados. No entanto, aqui, o objetivo é convidar a inferências narrativas acerca dos dados.

A China e a Índia foram escolhidas porque são os dois estados mais populosos do mundo e duas potências não ocidentais em ascensão para as quais a história não tem sido dócil ao longo dos últimos 200 anos. Os acontecimentos estão espacialmente representados no topo da Tabela 1 porque, na nossa opinião, é mais fácil entender o enredo de uma narrativa em primeiro lugar e, em seguida, ver como as figuras encaixam na estrutura temporal do enredo. A meu ver, o que mais se destaca na Tabela 1 é o fato de todos os acontecimentos mencionados terem ocorrido nos últimos duzentos anos, seguindo possivelmente o arco de uma narrativa da colonização para a descolonização. Irei narrar estes acontecimentos de forma sequencial e não na forma ordinal da Tabela 1.

Tabela 1 Os acontecimentos mais importantes da história mundial de acordo com estudantes universitários na China e na Índia

Ordem	China	%	Aval.	Índia	%	Aval.
	(N=115)			(N=100)		
1	II Guerra Mundial	81%	2.0	II Guerra Mundial	61%	2.8
2	Fundação da República Popular da China	48%	5.3	Ataques de 11 de setembro	49%	3.1
3	I Guerra Mundial	40%	2.2	Independência da Índia	42%	6.3
4	Revolução Industrial	36%	5.2	I Guerra Mundial	37%	2.8
5	Desenvolvimento tecnológico	33%	5.5	Guerra Fria	20%	4.0
6	Queda do comunismo	24%	3.2	Guerra Indo-Paquistanesa	18%	3.7
7	Homem na Lua	20%	5.5	Ambas as Guerras Mundiais	15%	2.5
8	Colonização	20%	4.3	Divisão Índia-Paquistão	15%	2.6
9	Guerra Sino-japonesa	17%	4.2	Guerra do Iraque	14%	2.7
10	Bomba atômica	16%	3.0	Tsunami asiático	14%	2.4
10=	Guerra do Ópio	16%	2.2			
Ordem	China	%	Aval.	Índia	%	Aval.
	(N=115)			(N=100)		
1	Mao	64%	4.7	Gandhi	75%	4.9
2	Hitler	58%	3.0	Hitler	61%	3.6
3	Einstein	42%	5.5	Osama bin Laden	25%	5.6
4	Marx	40%	4.7	Madre Teresa	22%	5.8
5	Deng Xiaoping	36%	5.6	Bhagat Singh	19%	6.2
6	Napoleão	28%	4.6	Shivaji Bhonsle	18%	5.8
7	Zhou Enlai	21%	5.8	Einstein	16%	5.8
8	Newton	16%	4.9	Subhas C. Bose	11%	6.8
9	Sun Yatsen	10%	5.3	Lincoln	16%	5.6
10	Confúcio	10%	5.0	George Bush Jr.	11%	2.0

Fonte: Adaptado de Liu et al., 2009.
As avaliações variaram entre 1 (extremamente negativo) e 7 (extremamente positivo).

A sequência chinesa começa com a Revolução Industrial na Europa, seguindo-se a Guerra do Ópio de 1839-1840 na qual a Grã-Bretanha utilizou o poderio tecnológico da sua marinha para promover os seus interesses comerciais e impor uma humilhante derrota à China. A colonização é um fenômeno mais geral, mas ocorre na China ao longo dos séculos XIX e XX, com as potências europeias e, em seguida, o Japão a retirarem, à vez, território à China. Após a II Guerra Mundial, o Japão tornou-se o principal colonizador da China. A guerra aberta tem início em 1937 com a Guerra Sino-japonesa, que conduz diretamente à II Guerra Mundial. A II Guerra Mundial termina com o lançamento das bombas atômicas em Hiroshima e Nagasaki. Após a II Guerra Mundial, tem lugar a Fundação da República Popular da China (RPC) em 1949. Os Estados Unidos da América colocam o homem na Lua em 1969 e o avanço tecnológico e financeiro do Ocidente conduz à queda do comunismo liderado pelos soviéticos em 1990. Ocorre um grande desenvolvimento tecnológico nos séculos XX e XXI na China. Esta é uma série de acontecimentos altamente *interpretável*, tendo como movimentação de abertura a Revolução Industrial do Ocidente, que conduziu à colonização da China. O clímax técnico desta narrativa é a vitória na II Guerra Mundial e a Fundação da RPC pouco tempo depois. O desenvolvimento tecnológico é uma força impulsionadora de todo o enredo, desde a colonização à descolonização.

Os acontecimentos mencionados pelos participantes indianos não seguem uma sequência clara como os mencionados pelos participantes chineses. Começam em termos temporais com a I e a II guerras mundiais, avançando para a Independência da Índia, a Partição da Índia e do Paquistão e as guerras entre a Índia e o Paquistão. A esta sequência nuclear falta uma movimentação de abertura (ou seja, a colonização da Índia por parte da Grã-Bretanha), mas o clímax técnico, tal como na sequência chinesa, é a fundação do atual estado (de longe o evento com maior pontuação em ambas as listas). Os indianos também indicaram a Guerra Fria, os ataques de 11 de setembro, a Guerra do Iraque e o tsunami asiático, um conjunto de acontecimentos a assinalar uma proeminência diacrônica em detrimento de uma estrutura da história sincrônica e integrada. A proximidade das representações ordinais chinesas atribui às representações indianas a *sensação*, ou uma interpretação intersubjetiva, de ser menos estruturada em termos de história.

É muito saliente o fato de, em ambas as listas, não ter sido nomeado um único evento referente às gloriosas histórias antigas de duas das civilizações mais antigas do mundo. Ao examinar figuras históricas, um inquirido em cada dez da amostra chinesa refere Confúcio e outros 16% Newton (representativo da ciência e do desenvolvimento tecnológico), mas todas as restantes nomeações para ambos os estados são figuras históricas ativas nos últimos dois séculos. As nomeações mais comuns são de Mao e Gandhi, provavelmente encaradas como as figuras com maior responsabilidade na fundação dos seus respectivos estados atuais. São acompanhadas pela mais famosa figura nas representações sociais da história mundial, Adolf Hitler (LIU et al., 2009). A maioria das restantes figuras nomeadas pode ser narrada em redor do clímax técnico da fundação do Estado contemporâneo, estando a maior parte associada a política e guerra.

A escolha de representações ordinais para duas nações que partilham arcos semelhantes de desenvolvimento histórico facilita as movimentações interpretativas centradas no realce da coerência e similaridade.

Em alternativa, Liu e Sibley (2013) selecionaram representações ordinais de figuras de seis sociedades muito diversas, tornando a extração de significado mais difícil e obscurecendo as possibilidades de generalização. Tal sublinhou o caráter aberto do esforço de investigação, proporcionando uma resposta à pergunta de Josselson (2007) sobre "como avançar para o nível da teoria sem reificar ou perder a riqueza da base de dados da narrativa" (p. 8). Liu e Sibley (2013) afirmam que tal "técnica de cortar e colar... só é possível após a acumulação de dados representativos de múltiplas fontes e pode sempre ser revisitada adicionando amostras (incluindo a utilização de elementos demográficos como a idade ou o sexo para abalar ou delimitar conclusões prévias) e justapondo outras representações para dar uma nova percepção interpretativa". A falta de elementos mitológicos e de história antiga tão característicos de narrativas mais amplas da história indiana (cf., p. ex., NEHRU, 1946; SEN & WAGNER, 2005) é quase certamente um produto da reduzida amostra universitária utilizada por Liu et al. (2009). A representação ordinal indiana aqui apresentada exige uma orientação mais qualitativa em termos de significado e uma contextualização mais quantitativa em termos de amostras com menor nível de educação.

O nível de reificação envolvido na conclusão de Liu et al. (2009), a partir da representação da história mundial em 24 sociedades, foi de que a história mundial é "uma estória sobre política e guerra", tendo como ponto de ancoragem a II Guerra Mundial e Hitler, concentrando-se no passado muito próximo e caracterizada por forte eurocentrismo temperado por certo grau de nacionalismo, é provavelmente inaceitável para teóricos qualitativos como Josselson e Schiff.

Isto encobre certamente os elementos mitológicos das representações históricas indianas mencionadas anteriormente e poderá não representar opiniões minoritárias num determinado Estado. O comentário de Liu e Sibley (2013) de que Liu et al. (2009) "não foram capazes de especificar a estrutura temporal do enredo ou de detalhar as interações entre as figuras em tal história: os saltos inferenciais necessários para uma tal construção estão muito acima dos dados para proporcionar uma grande clareza e necessitam de ser complementados por outros métodos, provavelmente mais qualitativos" poderá ser mais aceitável para teóricos da narrativa qualitativa.

No exemplo atual, a estrutura de uma história pode ser inferida a partir das representações ordinais chinesas coerentes e em grande medida congruentes com a ênfase do governo da RPC dado ao desenvolvimento tecnológico pragmático (COASE & WANG, 2012). Assim sendo, poderá ser ativamente produzida por instituições hegemônicas características de um Estado relativamente autoritário (cf. LIU; LI & YUE, 2010). Partindo de tal base, o analista poderá examinar as forças sociais responsáveis pela estrutura de história contrastante ou falta da mesma nas amostras chinesas e indianas reportadas por Liu et al. (2009). A um micronível, tais representações ordinais poderiam ser utilizadas como elementos de conversação em entrevistas ou grupos focais que analisem o impacto das narrativas-mestras históricas chinesas nas vidas dos indivíduos. As narrativas inferidas a partir das mesmas podem estar implicadas a escolhas das vidas das pessoas como, por exemplo, entrar nas forças armadas ou exibir um elevado nível de patriotismo ao lidar com as disputadas Ilhas Senkaku ou Diaoyutai reclamadas pela China e pelo Japão (numa tal investigação, representações ordinais da história mundial do Japão, reportada em Liu et al. (2005), que cuidadosamente evitaram mencionar as ações colonizadoras do Japão na China e na Coreia, também poderiam juntar-se à conversa). Numa investigação deste tipo, as representações ordinais tornam-se pontos de diálogo em detrimento de fatos descritivos, empregues na plena consciência de que o seu significado muda dependendo do contexto, mas que independentemente disso transmitem algum nível de consenso intersubjetivo que vale a pena analisar para revelar a ligação entre o indivíduo e o grupo (cf. HERMANS & DIMAGGIO, 2007, p. ex.).

Para além das inferências narrativas e em direção a uma epidemiologia dos perfis representativos

Não tenho seguido em grande medida as formas de inquérito qualitativo sugeridas acima, mas gostaria de ver o seu potencial abordado no futuro. Nos últimos anos, tenho estado envolvido preferencialmente em questões essenciais da psicologia social e intercultural. Uma das forças impulsionadoras por detrás da psicologia intercultural é a determinação se um dado padrão de pensamento, ação ou emoção é universal ou específico de uma cultura. A resposta a esta questão exige uma posterior quantificação em detrimento de uma posterior qualificação dos dados ordinais descritos anteriormente. Nos últimos anos, eu e os meus colegas (LIU et al., 2012; HANKE et al., 2013) desenvolvemos o inquérito sobre a história mundial como uma avaliação quantitativa baseada nos dados ordinais de Liu et al. (2005, 2009).

Qualquer pessoa ou evento que tenha entrado na lista dos dez mais nomeados acontecimentos ou figuras em duas ou mais das 24 sociedades inquiridas nos estudos publicados sobre representações ordinais (LIU et al., 2005, 2009) tornou-se um item para avaliação quanto à importância e valência no inquérito sobre a história mundial (LIU et al., 2012). Este processo resultou num inventário de 40 figuras históricas e 40 acontecimentos, foi gerado a partir das nomeações espontâneas nos estudos anteriores, com algumas ligeiras adições para efeitos teóricos (p. ex., Saladino foi adicionado porque as figuras islâmicas estão sub-representadas no inventário, Bill Gates foi adicionado como símbolo dos recentes avanços tecnológicos, o aquecimento global foi adicionado como item admonitório relacionado ao progresso tecnológico). Os dados foram recolhidos junto de estudantes universitários em cerca de 40 sociedades utilizando o inquérito de história mundial. As técnicas empíricas padrão utilizadas para analisar estes dados são indicadas em Liu et al. (2012) e descritas em termos menos técnicos em Liu e Sibley (2013). Não há necessidade de nos referirmos a elas de momento. No entanto, o que é digno de ser tido em consideração é a técnica estatística que escolhemos após não termos conseguido encontrar provas de uma universalidade substancial em classificações de acontecimentos (LIU et al., 2012) ou de figuras (HANKE et al., 2013).

Uma pedra angular da Teoria das Representações Sociais é que diferentes comunidades podem ter representações sociais acerca do mesmo tópico diferentes, ou até contestadas (MOSCOVICI, 1988; DOISE et al., 1993). Isto é especialmente provável ao olhar para dados interculturais, mas é típico de pontos de vista mesmo numa única sociedade moderna. A homogeneidade e a fixidez, como Moscovici (1961) afirmou, não são típicas das sociedades modernas. Uma questão decisiva para a teoria é, então, até que ponto são adequadas as técnicas estatísticas convencionais como, por exemplo, a análise fatorial, que supõe uma única e contínua dimensão latente normalmente distribuída, subjacente às respostas. Moscovici (1988) argumentou relativamente às representações hegemônicas (largamente partilhadas e aceites), polêmicas (visões opostas nas diferentes comunidades) e emancipadas (visões diferentes, mas não em conflito entre si nas diferentes comunidades); só as representações hegemônicas seriam obviamente ideais para tais estatísticas se só apenas as pontuações médias, e não a estrutura das relações entre itens diferisse entre diferentes populações. Ou seja, representações polêmicas e emancipadas poderão diferir qualitativamente em diferentes populações, caso em que seria adequado utilizar técnicas de modelização mistas como, por exemplo, a Análise de Classe Latente (ACL).

A Análise de Classe Latente (ACL) é um método que pode ser utilizado para construir tipologias de perfis de resposta onde a estrutura de grupo emerge de forma empírica. Ou seja, a ACL consegue determinar, apenas com base nos dados em detrimento de pressupostos, o número provável de subgrupos (ou diferentes perfis representativos) ocultos nos dados. Os subgrupos inferidos dos dados representam, então, uma variável latente categórica (que é um conjunto de diferentes categorias ou subgrupos de pessoas) relativamente à qual é criada uma hipótese para produzir o padrão global observado nos dados (cf. HAGENAARS & McCUTCHEON, 2002). Poderia criar-se a hipótese destes subgrupos não observados estarem subjacentes a representações polêmicas ou emancipadas; poderiam ser *associados* a agrupamentos iniciais como, por exemplo, a nacionalidade, a etnia ou a idade, mas *não* serem idênticos a estes subgrupos conhecidos. São classes latentes, ao contrário dos agrupamentos iniciais de dados descritos previamente para a Índia e China. Sibley e Liu (2012) descrevem os perfis representativos como "padrões discretamente mensuráveis e divergentes de atitudes que são inseparáveis num sistema de significado utilizado por esse conjunto de pessoas para comunicar num particular contexto social e para o conseguir entender".

Para ilustrar, Hanke et al. (2013) utilizaram a ACL de classificações de avaliação positiva *versus* negativa de figuras-chave da história mundial selecionadas a partir de um subconjunto das figuras históricas descritas anteriormente. Como pode ser verificado na Figura 1, os quatro perfis identificam um padrão estatisticamente diferente de avaliações das figuras históricas de forma complexa, mas significativa. Hanke et al. (2013) verificaram que os dois perfis mais prevalecentes nas culturas ocidentais (constituindo 90% da amostra) foram os idealistas religiosos e idealistas seculares, que classificaram Hitler, Saddam e Osama bin Laden com pontuações muito baixas e pessoas de cariz humanitário e líderes democráticos e científicos com pontuações muito elevadas. Os idealistas seculares foram menos radicais na sua classificação que os idealistas religiosos e também classificaram as figuras fundadoras religiosas de forma moderada em detrimento de muito positivamente. As sociedades latino-americanas e pós-comunistas da Europa do Leste tinham perfis semelhantes, mas estes constituíam apenas 75% da amostra total e não 90%.

Figura 1 Médias estimadas de quatro perfis obtidos através da análise de classe latente relativamente à avaliação de figuras históricas

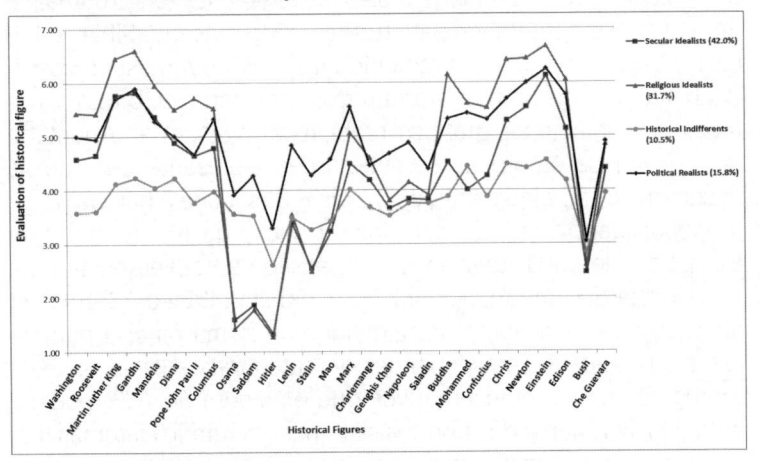

Fonte: Hanke et al., 2013.
As avaliações variaram entre 1 (extremamente negativo) e 7 (extremamente positivo).

Nas sociedades asiáticas e islâmicas, dois outros perfis representativos foram também comuns: realistas políticos e indiferentes históricos. Os realistas políticos não foram tão duros a avaliar ditadores, generais e terroristas. Avaliaram positivamente comunistas como Marx e Lenin. No entanto, fizeram avaliações mais positivas dos heróis da ciência, democracia e direitos humanos, tal como os idealistas. Os participantes de países em vias de desenvolvimento, onde a sobrevivência poderá ser uma preocupação habitual (cf. INGLEHART & BAKER, 2000), têm maior probabilidade de ver o mundo como um local onde as figuras poderosas e autoritárias são necessárias para manter a segurança da sociedade. Os perfis mais típicos nas sociedades asiáticas foram os realistas políticos e os idealistas seculares – e estes podem ser representações compatíveis (ou emancipadas). As sociedades islâmicas apresentaram muitos participantes classificados como indiferentes históricos, ou seja, a maioria das suas classificações situava-se na zona intermédia, provavelmente porque poucas figuras presentes no inquérito de história mundial eram provenientes do mundo muçulmano.

Mapear as causas da distribuição de perfis representativos na sociedade global e rastrear as suas alterações longitudinais é um entusiasmante tópico para futuras pesquisas que Sibley e Liu (2013) descrevem como "uma epidemiologia de representações". A abordagem do perfil representativo utilizando ACL tem o potencial de solucionar grandes problemas que têm atormentado as abordagens empíricas ao estudo das representações sociais desde que o trabalho seminal de Doise, Clémence e Lorenzi-Ciol-di (1993) identificou três princípios básicos de RS. A ACL tem a capacidade de (1) descrever a extensão da convergência ou a prevalência de uma representação e, em simultâneo, (2) mapear alternativas e posicionar um indivíduo de forma precisa perante estas alternativas sem depender de categorias sociais preexistentes. Os perfis representativos que emergem de ACL podem, então, (3) ser mapeados noutros sistemas, incluindo sistemas institucionais, relacionais, ocupacionais ou demográficos.

Além disso, a ACL é uma ferramenta eminentemente contextual, tal como os perfis representativos são conceitos contextuais. Por exemplo, caso fizéssemos uma ACL só em países asiáticos ou só na China, e até apresentássemos o mesmo conjunto de figuras históricas, não seria de prever o surgimento dos mesmos perfis representativos ou até de perfis semelhantes. Cada perfil faz parte de um sistema de comunicação e, de modo conceptual, os perfis apresentados na Figura 1 fazem parte do contexto de discursos globais acerca de heróis e vilões na história mundial. Diferentes contextos de conversação e sistemas de significado tendem a ser prevalecentes em níveis regionais *versus* nacionais ou locais.

Assim sendo, compreender os sistemas situados de significado articulados nestes perfis seria um tópico importante para a investigação narrativa. Em primeiro lugar, foi necessário um agitado debate para que a nossa equipe de pesquisa conseguisse atribuir nomes aos perfis. Esta é uma tarefa eminentemente narrativa. Além disso, o padrão das avaliações para cada perfil representativo de figuras históricas está provavelmente associado a diferentes narrativas como, por exemplo, as do desenvolvimento social e econômico *versus* segurança. Cada perfil poderia ser dividido em discursos mais aperfeiçoados: por exemplo, os indiferentes históricos são verdadeiramente indiferentes em relação à história ou são apenas indiferentes relativamente às figuras selecionadas? Ou será que a sua indiferença é para com o inquérito? Em que definições conversacionais e em que tópicos são os idealistas religiosos e seculares polêmicos *versus* compatíveis entre si? Poderíamos imaginar que durante as eleições presidenciais norte-americanas, por exemplo, os republicanos poderiam invocar heróis e vilões de forma consistente com o perfil representativo do idealista religioso, ao passo que os democratas poderiam adotar posições consistentes com o perfil idealista secular. No entanto, após os ataques de 11 de setembro, estas classes provavelmente se uniram contra o inimigo comum do denominado "terrorismo islâmico". É mais provável que um grupo invoque argumentos históricos do que outro para justificar o atual comportamento político? Finalmente, uma combinação de realistas políticos e idealistas seculares foi o resultado prevalecente na Ásia. Este resultado poderá estar relacionado com o espetacular avanço econômico da região nas últimas décadas, dos debates muito equilibrados entre grupos com diferentes formas de encarar as figuras da história mundial, cada qual com importantes elementos a adicionar tendo em vista o sucesso da sociedade? E existirão definições sociais específicas onde estas configurações de ideias acerca de figuras históricas sejam provavelmente exibidas? Existem formas de histórias específicas (incluindo meios visuais) em que seja provável a invocação destas figuras?

Estas são, assim esperamos, questões entusiasmantes para futuras pesquisas, colocadas num nível teoricamente mais preciso que as inferências narrativas descritas na seção anterior das representações ordinais. O elemento crítico de tudo isto é, obviamente, o contexto, tanto em termos de contextos externos, ecológicos ou ambientais como de contextos intersubjetivos e socialmente partilhados como as histórias ou formatos de narrativas.

Conclusão

As RSH têm constituído uma área entusiasmante de pesquisa nos últimos anos, mas o seu estudo tem-se restringido essencialmente à metodologia e epistemologia da psicologia social e intercultural. Com o cada vez maior interesse na investigação narrativa e na memória social, interesse transversal às ciências sociais e humanidades, não há razão para não haver importantes e novas contribuições para a área por parte de mais métodos qualitativos baseados em epistemologias construcionistas mais sociais. As RS situam-se diretamente entre o indivíduo, os grupos e a sociedade e, assim sendo, têm muito em comum em termos epistemológicos e teóricos com aquilo que é valorizado na investigação narrativa. Os blocos de construção empíricos criados pela TRS são apenas isso mesmo, blocos de construção, e não produtos discretos terminados. A minha esperança é que este capítulo avance no sentido de estimular o debate e colaborações interdisciplinares e transdisciplinares no futuro.

Referências

BAMBERG, M. (2007). "Introductory remarks". In: BAMBERG, M. (ed.). *Narratives* – State of the Art. Amsterdã: John Benjamins, p. 1-5.

CABECINHAS, R.; LIU, J.H.; LICATA, L.; KLEIN, O.; MENDES, J.; FEIJÓ, J. & NIYUBAHWE, A. (2011). "Hope in Africa? – Social representations of world history and the future in six African countries". *International Journal of Psychology*, 46 (5), p. 354-367.

COASE, R. & WANG, N. (2012). *How China Became Capitalist*. Nova York: Palgrave Macmillan.

DOISE, W.; CLÉMENCE, A. & LORENZI-CIOLDI, F. (1993). *The Quantitative Analysis of Social Representations*. Hertfordshire, UK: Harvester Wheatsheaf.

DOISE, W.; SPINI, D. & CLÉMENCE, A. (1999). "Human rights studied as social representations in a cross-national context". *European Journal of Social Psychology*, 29, p. 1-29.

HAGENAARS, J.A. & McCUTCHEON, A.L. (2002). *Applied Latent Class Analysis*. Cambridge: Cambridge University Press.

HALBWACHS, M. (1950/1980). *The collective memory*. Nova York: Harper & Row.

HANKE, K.; LIU, J.H.; SIBLEY, C.; PAEZ, D.; GAINES JR., S.P.; MOLONEY, G. et al. (s.d.). *New methods for examining heroes and villains of world history across cultures*.

HERMANS, H. & DIMAGGIO, G. (2007). "Self, Identity, and Globalization in Times of Uncertainty: A Dialogical Analysis". *Review of General Psychology*, p. 31-61.

HILTON, D.J. & LIU, J.H. (2008). "Culture and intergroup relations – The role of social representations of history". In: SORRENTINO, R. & YAMAGUCHI, S. (eds.). *The Handbook of Motivation and Cognition*: The Cultural Context. Nova York: Guilford, p. 343-368.

HO, D.Y.F.; PENG, S.Q.; LAI, A.C. & CHAN, S.F.F. (2001). "Indigenization and beyond: Methodological relationalism in the study of personality across cultural traditions". *Journal of Personality*, 69 (6), p. 925-953.

HUANG, L.L.; LIU, J.H. & CHANG, M. (2004). "The 'Double Identity' of Taiwanese Chinese: A dilemma of politics and culture rooted in history". *Asian Journal of Social Psychology*, 7 (2), p. 149-189.

INGLEHART, R. & BAKER, W.E. (2000). "Modernization, culture change, and the persistence of traditional values". *American Sociological Review*, 65, p. 19-51.

JOSSELSON, R. (2007). "Narrative research and the challenge of accumulating knowledge". In: BAMBERG, M. (ed.). *Narratives – State of the Art*. Amsterdã: John Benjamins.

LÁSZLÓ, J. (2008). *The Science of Stories*: An Introduction to Narrative Psychology. Londres: Routledge.

LIU, J.H. (1999). "Social representations of history: Preliminary notes on content and consequences around the Pacific Rim". *International Journal of Intercultural Relations*, 23, p. 215-236.

LIU, J.H. & GASTARDO-CONACO, C. (2011). "Theory and methods of a representational approach to understanding social movements: The role of the Edsa revolution in a national psychology of the Philippines". *Social Justice Research*, 24, p. 168-190.

LIU, J.H.; GOLDSTEIN-HAWES, R.; HILTON, D.J.; HUANG, L.L.; GASTARDO-CONACO, C.; DRESLER-HAWKE, E.; PITTOLO, F.; HONG, Y.Y.; WARD, C.; ABRAHAM, S.; KASHIMA, Y.; KASHIMA, E.; OHASHI, M.; YUKI, M. & HIDAKA, Y. (2005). "Social representations of events and people in world history across twelve cultures". *Journal of Cross-Cultural Psychology*, 36 (2), p. 171-191.

LIU, J.H. & HILTON, D. (2005). "How the past weighs on the present: Social representations of history and their role in identity politics". *British Journal of Social Psychology*, 44, p. 537-556.

LIU, J.H. & LÁSZLÓ, J. (2007). "A narrative theory of history and identity: Social identity, social representations, society and the individual". In: MOLONEY, G. & WALKER, I. (eds.). *Social representations and identity*: Content, process and power. Londres: Palgrave Macmillan, p. 85-107.

LIU, J.H.; LAWRENCE, B.; WARD, C. & ABRAHAM, S. (2002). "Social representations of history in Malaysia and Singapore: On the relationship between national and ethnic identity". *Asian Journal of Social Psychology*, 5 (1), p. 3-20.

LIU, J.H.; LI, M.C. & YUE, X.D. (2010). "Chinese social identity and intergroup relations: The influence of benevolent authority". In: BOND, M.H. (ed.). *Oxford Handbook of Chinese Psychology*. 2. ed. Oxford: Oxford University Press, p. 579-597.

LIU, J.H.; PAEZ, D.; HANKE, K.; ROSA, A.; HILTON, D.J.; SIBLEY, C. et al. (2012). "Cross cultural dimensions of meaning in the evaluation of events in world history? – Perceptions of historical calamities and progress in cross-cultural data from 30 societies". *Journal of Cross-Cultural Psychology*, 43 (2), p. 251-272.

LIU, J.H.; PAEZ, D.; SLAWUTA, P.; CABECINHAS, R.; TECHIO, E.; KOKDEMIR, D.; SEN, R.; VINCZE, O.; MULUK, H.; WANG, F.X. & ZLOBINA, A. (2009). "Representing world history in the 21st century: The impact of 9-11, the Iraq War, and the nation--state on the dynamics of collective remembering". *Journal of Cross-Cultural Psychology*, 40, p. 667-692.

LIU, J.H. & SIBLEY, C.G. (2013). "From Ordinal Representations to Representational Profiles: A Primer for Describing and Modelling Social Representations of History". *Papers on Social Representations*, 22, p. 5.1-5.30.

_____ (2012). "Social representations of history: Theory and applications, methods, measurement and results". *Resistance, Stability, and Social Change*: A Handbook of Social Representations. [s.l.]: [s.e.].

LIU, J.H.; WILSON, M.W.; McCLURE, J. & HIGGINS, T.R. (1999). "Social identity and the perception of history: Cultural representations of Aotearoa/New Zealand". *European Journal of Social Psychology*, 29, p. 1.021-1.047.

McADAMS, D.P. (2007). "The role of narrative in personality psychology today". In: BAMBERG, M. (ed.). *Narratives* – State of the Art. Amsterdã: John Benjamins, p. 17-26.

_____ (2006). *The redemptive self*: Stories Americans live by. Nova York: Oxford University Press.

MOSCOVICI, S. (1988). "Notes towards a description of social representations". *European Journal of Social Psychology*, 18, p. 211-250.

_____ (1961). *Psychoanalyse*: Son Image et son public. Paris: PUF.

NEHRU, J. (1946). *The Discovery of India*. Oxford: Oxford University Press.

PAEZ, D. & LIU, J.H. (2011). "Collective memory of conflicts". In: BAR-TAL, D. (ed.). *Intergroup Conflicts and their Resolution*: Social Psychological Perspetives. Nova York: Psychology Press, p. 105-124.

PENNEBAKER, J.W.; PAEZ, D. & RIMÉ, B. (1997). *Collective Memory of Political Events*. Mahwah, NJ: Lawrence Erlbaum.

OLICK, J. & ROBBINS, J. (1998). "Social memory studies: From "collective memory" to the historical sociology of mnemonic practices". *Annual Review of Sociology*, 24, p. 105-140.

REICHER, S.D.; HASLAM, S.A. & HOPKINS, N. (2005). "Social identity and the dynamics of leadership: Leaders and followers as collaborative agents in the transformation of social reality". *Leadership Quarterly*, 16, p. 547-568.

REICHER, S. & HOPKINS, N. (2001). *Self and nation*. Londres: Sage.

SCHWARTZ, B. (1997). "Collective memory and history: How Abraham Lincoln became a symbol of racial equality". *The Sociological Quarterly*, 38, p. 469-496.

SCHIFF, B. (2007). "The promise (and challenge) of an innovative narrative psychology". In: BAMBERG, M. (ed.). *Narratives* – State of the Art. Amsterdã: John Benjamins, p. 27-36.

SEN, R. & WAGNER, W. (2005). "History, emotions and hetero-referential representations in intergroup conflict: The example of Hindu-Muslim relations in India". *Papers on Social Representations*, 14, p. 2.1-2.23.

SIBLEY, C.G. & LIU, J.H. (s.d.). "Relocating attitudes as components of representational profiles: Mapping the epidemiology of bicultural policy attitudes using Latent Class Analysis". *European Journal of Social Psychology*.

WAGNER, W. & HAYES, N. (2005). *Everyday discourse and common sense*: The theory of social representations. Nova York: Palgrave Macmillan.

WERTSCH, J.V. (2002). *Voices of collective remembering*. Cambridge: Cambridge University Press.

WHITE, H. (1981). "The value of narrativity in the representation of reality". In: MITCHELL, W.J.T. (ed.). *On narrative*. Chicago: University of Chicago Press, p. 1-23.

3
REPRESENTAÇÕES SOCIAIS DO MERCADO DE AÇÕES EM INVESTIDORES E CONSULTORES FINANCEIROS EUROPEUS E CHINESES*

Annamaria Silvana de Rosa
Siyu Sun
*Elena Bocci***

1 Introdução: uma investigação nascida do *tsunami* financeiro global

Conhecido como o mais tremendo desastre no mercado financeiro global desde a Grande Depressão dos anos 30 do século XX, este evento recente, que teve início em agosto de 2007 em Wall Street, espalhou-se rapidamente, tornando-se global, até explodir a 15 de setembro de 2008 com a declaração de falência do Lehman Brothers. Este *tsunami* financeiro teve um impacto severo não apenas nas instituições e agentes econômicos e financeiros tradicionais como também envolveu atores políticos de forma global, visto a economia e as políticas estarem hoje em dia intimamente interligadas.

A crise financeira trouxe um grande medo aos investidores e, entretanto, a fé das pessoas nas teorias da economia foi colocada em causa (ALESINA & GIAVAZZI, 2008; STRACK, 2009; DE ROSA et al., 2009, 2010; GÄRLING et al., 2010; ROSSI, 2013, entre outros). Tornadas pálidas e impotentes quando confrontadas com a crise financeira, e incapazes de facultar explicações e de a ter previsto, as teorias econômicas tradicionais baseadas nos modelos econômicos ou matemáticos, por exemplo a *hipó-*

---

* Texto revisto por Jorge Correia Jesuíno.

** Doutoramento Europeu/Internacional Conjunto em Representações Sociais no Centro de Investigação de Comunicação e no Laboratório de Multimédia, Universidade Sapienza de Roma.

tese de mercado eficiente (FAMA, 1969), têm de ser desafiadas e foram confrontadas com críticas em todo o mundo. Investigações em vários campos da psicologia econômica mostraram que as pessoas se comportam de uma forma irracional e sugerindo que deverão ser tidos em conta mais mecanismos psicológicos subjacentes à tomada de decisão financeira nos seus comportamentos econômicos como, por exemplo, as emoções relacionadas com as suas experiências anteriores, as suas crenças, os contextos, as capacidades de gerirem o tempo, a propensão e as percepções de risco e assim sucessivamente.

1.1 Olhar para o mercado de ações através da perspectiva de duas disciplinas: Economia e Psicologia Social

Os resultados da política econômica e de mercado dependem bastante dos processos que impulsionam a formação de expectativas do setor privado acerca do futuro, normalmente assumidos como racionais. De fato, as expectativas racionais implicam que os agentes possam prever corretamente o resultado do processo econômico, otimizando e explorando todas as informações disponíveis de forma consistente.

No entanto, um cada vez maior número de estudos levanta preocupações acerca do conteúdo teórico deste pressuposto, começando com os trabalhos pioneiros de Tversky e Kahneman (1974, 1979), Blume et al. (1982) e Arrow (1986) e incluindo o discurso do Prêmio Nobel de Kahneman em 2002.

A tentativa de criar um diálogo interdisciplinar entre Economia e Psicologia deu origem à criação de novas áreas de estudo incluindo a *economia experimental* (CAMERER, 1998; HUBER & KIRCHLER, 2012), *economia cognitiva* (MOTTELLINI & GUALA, 2005), e o bem-conhecido ramo de investigação prevalecente *neuroeconomia* (CAMERER et al., 2005).

Contrariamente à fragmentação das disciplinas de ciências sociais tradicionais, o nosso programa de investigação foi especificamente concebido no quadro paradigmático da Teoria das Representações Sociais (MOSCOVICI, 1961, 1976, 2000, 2013), proporcionando uma visão integrada dos fenômenos sociais complexos relacionados com a psicologia do indivíduo, interpessoal, social e de massas, sendo capaz de ir além da pura abordagem cognitiva que dominou a área da investigação (mesmo os inspirados pela Psicologia Econômica). O objetivo é fornecer uma ampla interpretação sociodinâmica da realidade sociopsicológica relacionada com a psicologia do mercado de ações no atual período da crise financeiro-econômica, com base em conceitos, metáforas, crenças, atitudes, práticas sociais e conhecimentos partilhados. Visto que as representações sociais representam uma perspectiva metateórica unificadora relativamente à construção social do conhecimento e à sua relação com práticas socialmente situadas, faculta claras percepções de ligação mais convenientes de múltiplas disciplinas incluindo Psicologia, Sociologia, Economia, Antropologia, Ciência Política e estudos de Comunicação (DE ROSA, 2013). Visto o mercado não poder ser estudado como um objeto de investigação isolado, ou como a soma de conteúdos evocados na mente das pessoas, abordá-lo-emos como um conjunto inter-relacionado de representações, envolvendo agentes heterogêneos e várias dimensões psicológicas, como na abordagem paradigmática de modelização descrita na concepção de investigação metodológica.

1.2 A Teoria das Representações Sociais enquanto quadro teórico-transdisciplinar inspirador

Dado que as representações sociais são elaborações coletivas de objetos sociais por parte de uma comunidade para estruturar tanto o comportamento relativamente a estes objetos como a comunicação acerca dos mesmos (MOSCOVICI, 1963), no nosso programa de investigação, o mercado de ações é considerado um fenômeno e um conjunto de práticas sociais "orientadas por" e, em simultâneo, "ser o objeto" da representação social. A abordagem inspirada pela Teoria das Representações Sociais difere radicalmente não apenas dos modelos econômicos tradicionais que conceitualizam os mercados financeiros como um fenômeno objetivo, mudando também o foco da análise sobre como as pessoas/grupos encaram o mundo, como constroem e trocam os seus conhecimentos do dia a dia também através de comunicação por diferentes canais interativos e de comunicação social e como as suas representações influenciam as suas ações econômicas na realidade socioeconômica.

Nas últimas décadas, investigações na área das representações sociais e da vida econômica têm levantado interesses sobre as representações sociais do bem-estar e da desigualdade econômica (FURNHAN, 2011); as representações sociais de comportamento fiscal (KIRCHLER et al., 2003; KIRCHLER, 2007); as estratégias de adaptação e inflação detectadas no euro (LEISER & DRORI, 2005); a análise de consumo das famílias perante situações de débito e crédito (VIAUD & ROLAND-LÉVY, 2000), e assim por diante.

Outros estudos promissores surgiram para compreender o mercado financeiro através de metáforas e processos psicológicos subliminais em decisões de negociação por parte de Oberlechner (2004), ou considerando o mercado como uma *prática definicional*, argumentando que os mercados estabelecedores de preços operaram como práticas definicionais e não meramente de alocação (SMITH, 2007).

Nos últimos anos uma série de estudos pôde ser considerada um efeito secundário da popularidade/impopularidade da economia, das finanças e das suas representações sociais entre peritos, leigos e comunicação social, conforme estimulado pela recente crise financeira (DE ROSA et al., 2010; GANGL et al., 2012, entre outros).

No entanto, existe ainda uma grande falta de investigações sobre o tópico específico de psicologia do mercado de ações da perspectiva da Teoria da Representação Social, apesar do extenso desenvolvimento e aplicação dos vários paradigmas sociais de representação social a muitos campos do plano social (DE ROSA, 2013). Mesmo antes da explosão da crise financeira em 2008 já estávamos interessados em investigar a representação social do mercado de ações e em compreender a sua dinâmica "na" comunicação social e "entre" esta e a sociedade (DE ROSA et al., 2005; DE ROSA & GIOIOSA, 2004, 2008). Com base nesta investigação piloto, um programa mais amplo centrado na "*Psicologia de massas e mercado de ações: agentes heterogêneos, comunicação social e investidores*" foi lançado em 2008, estudando as representações sociais do mercado de ações na altura da crise financeira global, integrando análises contextuais geoculturais e históricas, estudos de campo e análises da comunicação social (tradicionais e novas). Uma fase preliminar deste estudo coloca ênfase no discurso social elaborado pela comunicação social, que constituiu o "cenário contextual" para a nossa investigação das representações sociais do mercado de ações em diferentes contextos geoculturais (Europa e China). Os resultados provam uma clara divisão entre a boa economia "real" e as más finanças "virtuais" nos dispositivos retóricos, com a primeira baseada na produtividade de pessoas reais e no seu trabalho e a última nos produtos financeiros insubstanciais produzidos por especuladores tão complicados que até os denominados peritos não os compreendem (DE ROSA & BULGARELLA, 2009; DE ROSA; BOCCI & BULGARELLA, 2010).

1.3 A concepção de investigação da abordagem por modelação

Desenvolvida por De Rosa (2013), a abordagem de múltiplos métodos apoia o *"paradigma de modelação"*, com base numa teoria específica do método (DE ROSA, 1990, 2002a, 2006, 2013; DE ROSA; D'AMBROSIO & AIELLO, 2013; MAZZARA, 2002). De acordo com De Rosa (2013), a abordagem com múltiplas teorias e múltiplos métodos, sempre que a articulação/diferenciação de diferentes concepções (atitudes, opiniões, imagens, mito, memória social, emoções, estereótipos etc.) e métodos necessitar de ser justificada e orientada por hipóteses específicas considerando também as interações entre métodos e resultados esperados. A abordagem por modelação orientou como paradigma unificador múltiplos programas de investigação em várias áreas temáticas como, por exemplo, Ciência e Representações Sociais, Comunicação, Comunicação Social e Representações Sociais, Memória Coletiva, Identidade, Família, Turismo e Ambiente, Economia, Marketing e Contextos Organizacionais, Risco e assim sucessivamente.

Nesta contribuição, devido às limitações de espaço, não descrevemos a linha de investigação integrada centrada na análise da comunicação social nova e tradicional (cf. DE ROSA; BOCCI & WANG, 2012) e a apresentação dos resultados está limitada à área de estudo.

Gráfico 1 Concepção da investigação de modelação

Research Design: Multi-Method Modeling Approach
(de Rosa, 1990, 2013)

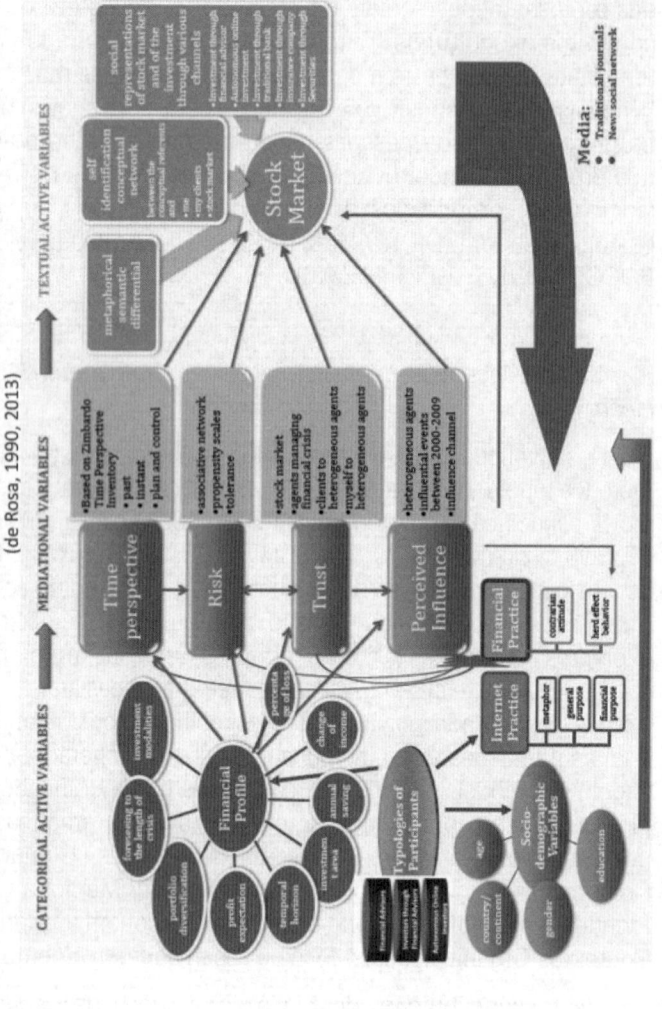

Impulsionada pelo paradigma de modelação, a área de estudo apresentada neste capítulo, envolvendo tanto a abordagem qualitativa como quantitativa, é suposto modelar a psicologia social do mercado de ações em grupos-alvo especiais (consultores financeiros, investidores através de consultores financeiros e investidores online autônomos), investigando as relações entre os perfis sociodemográficos individuais (sexo, idade, local, papel profissional, funções educacionais), o perfil financeiro com autoavaliação de cada grupo-alvo (modalidades de investimento, horizonte temporal, alteração de rendimento e assim sucessivamente), um conjunto de dimensões psicológicas (perspectiva temporal, propensão e tolerância ao risco, confiança, influência detectada de eventos críticos nos meios de comunicação durante a crise financeira mundial em 2008) assumido como variáveis de mediação, e as representações sociais do mercado de ações (com as suas metáforas implícitas). É suposto que as últimas sejam formadas pelas práticas financeiras e que conduzam às mesmas, tendo também em mente a crise financeira na perspectiva temporal dupla (antes e após a crise financeira). O esquema acima apresenta um esboço da concepção da investigação de modelação.

2 Método

2.1 Participantes na investigação e contextos temporais e geoculturais

O nosso estudou baseou-se em dois contextos culturais: Europa (incluindo três países diferentes: Itália, Reino Unido e França com instituições financeiras relativamente desenvolvidas) e China (um mercado financeiro com tremendo crescimento e desenvolvimento nas últimas duas décadas). Assim sendo, foi criado o esboço de uma comparação de diferentes contextos culturais entre o mercado de ações europeu e chinês, desde o processo do desenvolvimento do mercado ao contexto atual da global crise financeira.

Este inquérito foi levado a cabo durante quase 5 meses, de 5 de janeiro de 2010 a 27 de maio de 2010, enquanto todo o mercado financeiro estava ainda na sombra da crise. Foram concebidas três versões de múltiplas técnicas integradas num único questionário para os três grupos-alvo e traduzidas para diferentes línguas. Para verificar a qualidade da tradução, cada versão do questionário foi traduzida sob supervisão específica de/para italiana, inglês, francês e chinês.

No geral, foram recolhidos 803 questionários válidos no total em dois continentes, em quatro países incluindo Itália (282 participantes), Reino Unido (119 participantes), França (30 participantes) e China (372 participantes). Para Itália, França e China, existem três grupos-alvo específicos, incluindo os consultores financeiros, investidores através de consultores financeiros e investidores online autônomos. A amostra do Reino Unido inclui apenas investidores online autônomos.

A Tabela 1 retrata uma imagem da distribuição dos 803 questionários recolhidos para esta investigação.

Composição da amostra da Tabela 1: três grupos-alvo

		Tipologia dos participantes na investigação			
		Consultores financeiros	Investidores através de consultores financeiros	Investidores online autônomos	Total
País	Itália	95	100	87	282
	Reino Unido	0	0	119	119
	França	21	7	2	30
	China	104	130	138	372
Total		220	237	346	803

2.2 Técnicas estruturadas e projetivas e hipóteses principais relacionadas

2.2.1 Rede associativa

Sendo uma das principais técnicas para os estudos das representações sociais, a rede associativa é uma técnica projetiva introduzida e desenvolvida por De Rosa (1995, 2002, 2003, 2005), com o objetivo de explorar os conteúdos, a estrutura e a polaridade do campo semântico associado a representações sociais específicas extraindo associações livres das palavras de estímulo. Visto ser aberto e projetivo, este método permite aos participantes produzir palavras livre e espontaneamente, o que é eficaz e eficiente para detectar as ideias, imagens, atitudes e valores partilhados implícitos dos participantes. Neste estudo, foi pedido em primeiro lugar aos participantes que escrevessem todas as associações (substantivo ou adjetivo) da palavra de estímulo "mercado de ações" o mais rapidamente possível de acordo com a importância subjetiva. Em seguida, foi pedido que cada palavra atribuísse a valência neste contexto, que fosse avaliada de forma positiva (+), negativa (-) ou neutra (0). Por fim, a atitude implícita dos investidores no campo representativo poderá ser avaliada calculando o índice de polaridade (entre - 1 e + 1) utilizando esta fórmula (DE ROSA, 2002):

Índice de polaridade = (Número de palavras positivas – Número de palavras negativas) / Número total de palavras associadas

Relativamente aos dados derivados da rede associativa, esperamos encontrar *diferenças e semelhanças interculturais* em termos de conteúdo, estrutura e polaridade da RS (*SR*) do mercado de ações entre participantes pertencentes aos quatro países (Itália/Reino Unido/França/China).

Também colocamos hipóteses acerca das *diferenças intergrupos*, assumindo uma atitude mais positiva para com o mercado de ações como representação partilhada por todos os consultores financeiros de Itália, França e China, até mais otimistas que os seus clientes, ao passo que esperamos mais atitudes críticas nos investidores online autônomos dada a sua maior exposição direta às transações financeiras e, deste modo, à consciência para potenciais falhas e sucessos.

2.2.2 Perspectiva do tempo

A perspectiva de tempo é um processo não consciente através do qual as experiências pessoais ou sociais são distribuídas por enquadramentos temporais para melhor ordenar, integrar e atribuir significados aos eventos (ZIMBARDO, 1985). Cinco fatores do *inventário da perspectiva de tempo* foram identificados por Zimbardo e Boyd (1999), etiquetados como *passado-negativo, presente-hedonístico, futuro, passado-positivo e presente-fatalista*. Com base no estudo efetuado em Itália por De Rosa e Granieri (1994), com o objetivo de validar o *inventário da perspectiva de tempo* com base em 38 itens – três dimensões foram identificadas e interpretadas como *passado, instantâneo* e *plano e controle*.

Relativamente ao papel mediacional da *perspetiva de tempo* na representação social do mercado de ações, são esperadas diferenças culturais no nosso estudo: em particular, supomos que os grupos-alvo chineses de investidores, dada a elevada velocidade do crescimento econômico, estão mais orientados para o futuro em comparação com os europeus, cujo investimento financeiro orientado para o futuro está fortemente afetado por uma grave crise financeira e por uma recessão econômica.

2.2.3 Rede conceitual semântica relativa à confiança/desconfiança

A confiança é uma dimensão psicológica importante envolvida no mercado financeiro. Com base nas escalas de *Rede Conceptual Semântica* (DE ROSA, 2001), estabelecendo as ligações entre a palavra de estímulo "No campo econômico, confio em..." e 18 agentes heterogêneos, foi conduzida análise fatorial exploratória, obtendo-se dois fatores principais que são a:

1) *Confiança* nas instituições políticas e financeiras nacionais/locais.

2) *Confiança* nas instituições políticas e financeiras internacionais.

Relativamente à dimensão da confiança, formulamos as hipóteses de que os investidores de Itália, Reino Unido e França supostamente confiam nas instituições políticas, econômicas e financeiras internacionais mais do que os investidores da China, ao passo que os investidores chineses supostamente confiam mais (ou pelo menos declaram a sua confiança) em instituições nacionais (especialmente o governo) devido a políticas ideológicas governamentais.

2.2.4 Dimensão de risco

A dimensão de risco é investigada através de uma série de escalas, com origem em duas dimensões principais supraordenadas extraídas através de uma análise de fator exploratória:

1) *Propensão de risco*, diversificada em diferentes graus de risco de aposta e risco financeiro.

2) Grau de *tolerância ao risco* das flutuações do mercado de ações.

2.2.5 Práticas e perfil financeiros (estilo do padrão de investimento antes e depois da crise)

A investigação *perfis financeiros do participante* foi investigada através das variáveis:

1) Grau de expectativa de lucro antes e após a crise.

2) A diversificação da carteira pessoal da escala de investimento financeiro.

3) Previsão de alterações ao rendimento familiar antes e após a crise financeira.

4) Percentagem de perda durante a crise financeira.

5) Grau de poupança anual antes e após a crise financeira.

6) Previsão da extensão da crise financeira expressa em meses.

As *práticas financeiras* dos participantes na investigação foram testadas observando o *estilo do padrão de investimento* que os participantes adotam quando o valor das ações em que investiram diminui.

Assumimos que as pessoas que têm uma propensão para o risco elevado se se comportam supostamente de forma *contrária*, ao passo que pessoas com aversão ao risco têm supostamente um *comportamento de efeito gregário*.

3 Uma Seleção dos resultados da área de estudo sobre as representações sociais do mercado de ações por diferentes tipos de investidores e consultores financeiros

3.1 Índices de polaridade do campo semântico evocados através da rede associativa

Os índices de polaridade derivados da conotação atribuída a cada palavra individual dos dicionários evocados através de rede associativa foram calculados para os três grupos-alvo de cada país de acordo com a fórmula descrita acima (cf. 2.2.1). No caso da Itália, França e China tanto os consultores financeiros como os investidores através de consultores financeiros demonstram uma atitude positiva perante o mercado de ações. Apesar das tendências dos valores de índice de polaridade serem muito semelhantes, os índices dos consultores financeiros são mais elevados que os dos investidores através de consultores financeiros, de acordo com a nossa hipótese. De fato, os consultores são considerados os peritos que confiam mais no mercado de ações (ou pelo menos que necessitam de demonstrar que confiam no mercado devido aos seus papéis profissionais) para que, quando facultam sugestões, as suas experiências e o seu conhecimento especializado sejam largamente partilhados e seguidos pelos investidores, especialmente os leigos, que confiam nos consultores para tomarem as escolhas financeiras de investimento que estes recomendam.

No entanto, os valores de índice dos investidores online autônomos variam bastante entre quatro países (incluindo Reino Unido, com apenas uma amostra). Só os investidores autônomos franceses (0,6) e chineses (0,089) são mais positivos perante o mercado que os investidores através de consultores financeiros, visto que os investidores autônomos parecem ser nestes países mais independentes e autoconfiantes, e ter muito conhecimento e experiência na transação financeira. Sendo autoconsistentes, têm as suas próprias estratégias de investimento. Pelo contrário, os valores do índice de Itália e Reino Unido são relativamente mais baixos, mesmo o índice italiano abaixo do ponto 0 (-0,05), sugerindo a atitude negativa ou hesitante perante o mercado. Os investidores autônomos do Reino Unido, à medida que passam pela experiência de investir, surgem mais conscientes de ambos os lados, positivo e negativo, do mercado. O seu índice de polaridade é quase neutro (0,011), equilibrando atitudes positivas e negativas para com o mercado de ações (cf. o Gráfico 2).

Gráfico 2 Resultados dos índices de polaridade do campo semântico evocados através da rede associativa entre investidores europeus (da Itália, Reino Unido, França) e chineses

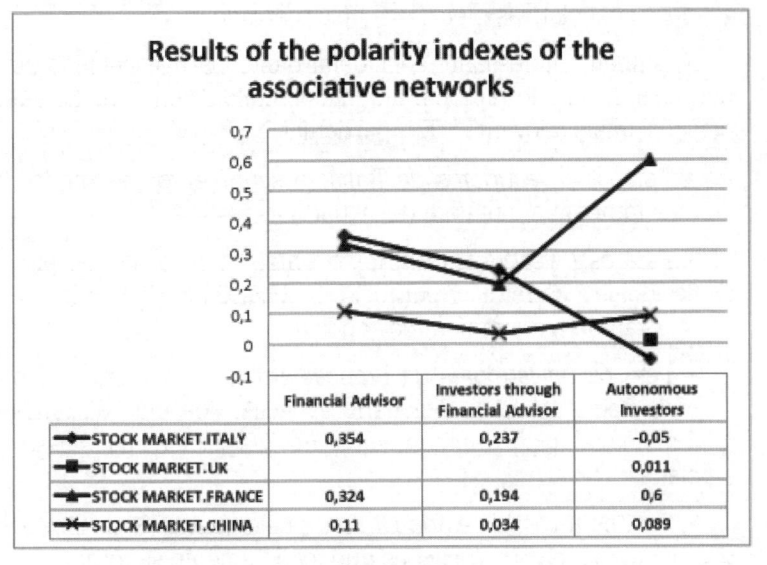

Results of the polarity indexes of the associative networks

	Financial Advisor	Investors through Financial Advisor	Autonomous Investors
STOCK MARKET.ITALY	0,354	0,237	-0,05
STOCK MARKET.UK			0,011
STOCK MARKET.FRANCE	0,324	0,194	0,6
STOCK MARKET.CHINA	0,11	0,034	0,089

3.2 O conteúdo e a estrutura das representações sociais do mercado de ações

À medida que diferentes técnicas foram aplicadas nesta investigação, uma análise de dados com múltiplos passos foi tida em conta.

A partir das estatísticas descritivas, as 20 associações mais relevantes com as mais elevadas frequências à palavra de estímulo "mercado de ações" demonstram que existe um dicionário partilhado, mas também específico de cada país.

No entanto, entre as palavras comuns, só o "risco" é partilhado pelos investidores dos quatro países com a classificação mais elevada (a primeira palavra associada mais frequente para os investidores do Reino Unido e da China e a segunda para os investidores de Itália e França), representando a característica mais predominante do mercado de ações em todo o mundo.

Outras palavras como, por exemplo, "flutuação", "ação", "lucro", "dinheiro", "investimento", "especulação", "economia", "oportunidade", "mercado", "perda" são partilhadas em três países, revelando representações controversas, incluindo tanto as características arriscadas como esperançosas ligadas às oportunidades especulativas oferecidas pelo mercado.

É também interessante considerar o dicionário específico de cada país, incluindo também algumas metáforas entre as 20 associações mais relevantes. Em particular:

- Para os *investidores da Itália*: o sentimento de "medo", mas também a metáfora de "jogar".

- Para os *investidores do Reino Unido*: a evocação de profissionais ("corretor", "perito") e o cenário local ("Londres"), mas também a metáfora da "aposta".

- Para os *investidores da França*: o cenário da "crise" é o mais frequente num dicionário específico de um país, mas a metáfora "jogo" também surge nas 20 palavras mais associadas.

- Para os *investidores da China*: os elementos de avaliação crítica do mercado de ações que recentemente se tornou um fenômeno social coletivo entre leigos na China ("queda", "fanático", "preso", "recuperação"), mas também a metáfora da "bolsa em baixa".

Então, aplicando o *Spad-T V.5.0*, a análise de correspondência lexical foi executada em separado nos dicionários evocados por todas as amostras de Itália, Reino Unido, França e China, detectando a forma como os conteúdos organizam o espaço semântico, estruturando as representações do "mercado de ações" nos três grupos-alvo nos quatro países.

As associações livres à palavra de estímulo "mercado de ações" foram analisadas em todas as línguas originais para as quais estavam disponíveis dicionários *Spad-T* (italiano, inglês, francês), só mais tarde traduzidas para inglês para ilustrar os resultados para efeitos comparativos, e diretamente em inglês para o dicionário evocado pelos investidores chineses (não existe uma versão chinesa do *Spad-T*). As palavras associadas foram consideradas as *variáveis ativas textuais* na análise de correspondência.

Entretanto, as *variáveis ativas categóricas* incluíram não apenas os três grupos-alvo e as suas variáveis sociodemográficas (sexo, educação, idade e papel profissional), como também os seus perfis financeiros (montante da perda, poupanças familiares antes e depois da crise, futura alteração do rendimento e mês esperado do fim da crise financeira), bem como um conjunto de variáveis mediacionais psicológicas:

- A *perspectiva de tempo* conforme avaliada pela versão reduzida do inventário da perspectiva de tempo de Zimbardo (dimensões de plano e controle, presente e passado).

- O grau de *confiança nos agentes heterogêneos* (confiança nas instituições políticas e financeiras internacionais e confiança nas instituições políticas e financeiras nacionais/locais).

- As *propensões de risco* (risco de apostar e risco financeiro).

As dimensões latentes que foram consideradas variáveis ativas textuais e variáveis ativas categóricas foram analisadas através do passo *Corbit* de *Spad-T* no Sistema Window.

3.2.1 Resultados dos participantes italianos na investigação

A tabela abaixo demonstra o conteúdo e a estrutura das representações sociais do mercado de ações para os participantes italianos. Foram extraídos dois fatores principais pela análise de correspondência (cf. Tabela 2a e Tabela 2b). O primeiro fator explicou 16,83% da variação total. As palavras-chave foram divididas em semieixos positivos e negativos e apresentadas abaixo em termos da contribuição absoluta (C.A.) e da contribuição relativa (C.R.).

Tabela 2a Fator 1: organizar o dicionário associado à palavra-estímulo "Mercado de Ações" pelos participantes italianos na investigação

VARIÁVEIS ATIVAS TEXTUAIS					
SEMIEIXO POSITIVO	C.A.	C.R.	SEMIEIXO NEGATIVO	C.A.	C.R.
Vittoria (*vitória*)	6,2	0,42	Denaro (*dinheiro*)	7,6	0,46
Vendita (*venda*)	5,6	0,47	Índice	7	0,38
Transazione (*transação*)	5,3	0,22	Banca (*banca*)	6	0,31
Ribasso (*diminuição*)	4,9	0,32	Sicurezza (*segurança*)	3,3	0,28
Interessante (*interessante*)	4,3	0,23	Dubbi (*dúvidas*)	3,1	0,23
Prezzo (*preço*)	3,8	0,39	Futuro (*futuro*)	2,4	0,23
Prospettiva (*prospetiva*)	2,2	0,26	Intraprendenza (*iniciativa*)	2,1	0,2
Crisi (*crise*)	2	0,16	Calcolo (*cálculo*)	1,6	0,19
Stampa (*imprensa*)	1,7	0,16	Euro	1,6	0,16
Resistenza (*resistência*)	1,6	0,12	Grafici (*gráficos*)	1,6	0,11
Tassi (*impostos*)	1,4	0,13	Professionisti (*profissionais*)	1,4	0,13
Lungo (*longo*)	1,2	0,11	Volatilità (*volatilidade*)	1,2	0,11
VARIÁVEIS ATIVAS CATEGÓRICAS					
POSITIVO	C.A.	C.R.	NEGATIVO	C.A.	C.R.
Grupo-alvo: Investidores através de consultores financeiros	15,5	0,64	*Grupo-alvo:* Investidores online autônomos	13,6	0,43
Prática: Vender antes da crise	6,3	0,22	*Prática:* Comprar após a crise	4,1	0,18
Prática: Vender após a crise	6	0,23	*Perfil financeiro*: Elevada expectativa de lucro antes da crise	3,9	0,2
Propensão de risco: Baixo risco. Riscos financeiros	5,3	0,24	*Perfil financeiro*: Elevada expectativa de lucro após a crise	3,6	0,2
Idade: Mais de 50	2,5	0,14	*Idade:* Até 30	2,5	0,14

O primeiro fator horizontal refere-se a dois aspectos das representações sociais do mercado de ações na população italiana da investigação (cf. Tabela 2a):

a) Dinâmica transacional de mercado, apresentada no semieixo positivo do primeiro fator, representada essencialmente em transações financeiras de investidores, no desempenho do mercado de ações e na transformação dinâmica concreta dos preços. Atrai mais atenção para os comportamentos de negociação financeira como, por exemplo, *venda (vendita)*, *transação (transazione)*, especialmente o resultado da *vitória (vittoria)* de transação, tendo como pano de fundo as situações financeiras *prospetivas (prospettiva)* ou a *crise (crisi)*. Em detalhe, aquilo com que os investidores se preocupam mais são os movimentos dinâmicos do *preço (prezzo)* das ações, a tendência de *diminuição (ribasso)* ou a capacidade de *resistência (resistenza)*, especialmente durante a crise financeira. Os *impostos (tassi)* são também um custo inevitável que deverá ser abordado no processo da transação de mercado. As representações sociais do mercado de ações neste semieixo são essencialmente evocadas pelos investidores italianos através de consultores financeiros com a idade média de mais de 50 anos e por quem partilha algumas características psicológicas como, por exemplo, pouca confiança nas instituições políticas e financeiras locais ou nacionais (cf. tb. Gráfico 2) e baixa propensão para o risco em atividades financeiras. Para estes investidores italianos, bater o mercado significa maximizar o seu lucro; assim sendo, a maioria dos investidores opta por vender as ações antes e mesmo após a crise financeira obtendo um rendimento conservador.

b) O espaço semântico organizado em redor do semieixo negativo do primeiro fator pode ser interpretado como **instrumentos psicológicos e técnicas**. De fato:

• Por um lado, baseia-se essencialmente nos termos técnicos financeiros relacionados com o *dinheiro (denaro, euro)*, bem como com vocabulário *profissional (professionisti)* sobre negociação como, por exemplo, *índice, banca (banca), cálculo (calcolo)* e *gráficos (grafici)*.

• Por outro lado, um conjunto de sensações psicológicas contraditórias está associado a *segurança (sicurezza)* e *dúvidas (dubbi)*, implicando uma mentalidade controversa ou pelo menos reflexiva perante o mercado quando investidores estão nele envolvidos. Esta atitude e visão crítica perante o mercado de ações também provém do Gráfico 1, demonstrando que os investidores italianos online autônomos expressam o mais baixo índice de polaridade em comparação com investidores online de outros países. No entanto, o mercado pode também ser considerado um lugar de esperança e *futuro (futuro)*, caso os participantes tomem a *iniciativa (intraprendenza)* para o agarrar.

As representações sociais do mercado de ações no semieixo negativo referem-se mais aos investidores online autônomos, com uma idade relativamente jovem de até 30 anos, que se comportam de forma mais independente e se viram para os gráficos ou índices sempre que necessário visto acreditarem que estes termos técnicos, apesar da complexidade, escondem os padrões inerentes do mercado sem mistérios. Estes investidores têm também grandes expectativas nos mercados, tanto antes como após a crise, implicando as ambições implícitas no mercado financeiro. Quando o valor das ações começou a diminuir durante a crise, os investidores autônomos começaram a comprar mais ações, comportando-se de forma mais arriscada e contraditória.

O segundo fator vertical explicou 14,83% da variação total, o que poderá ser expresso de forma oposta, mas compatível (cf. Tabela 2b).

Tabela 2b Fator 2: organizar o dicionário associado à palavra-estímulo "Mercado de Ações" pelos participantes italianos na investigação

VARIÁVEIS ATIVAS TEXTUAIS					
SEMIEIXO POSITIVO	C.A.	C.R.	SEMIEIXO NEGATIVO	C.A.	C.R.
Tempo (tempo)	6,9	0,42	Complesso (complexo)	5,4	0,31
Azienda (empresa)	6,4	0,43	Transazione (transação)	2,7	0,1
Crescita (crescimento)	6,3	0,44	Virtuale (virtual)	2,7	0,23
Gestione (gestão)	4,3	0,25	Perdita (perda)	2,4	0,23
Economico (econômico)	4	0,35	Quotazioni (preços)	2,3	0,24
Guadagno (lucro)	3,3	0,28	Incertezza (incerteza)	2,1	0,17
Professionisti (profissionais)	2,6	0,22	Banca (banca)	1,9	0,09
Lungo (longo)	2,5	0,2	Azioni (ações)	1,8	0,09
Società (sociedade)	2,3	0,2	Discesa (descida)	1,8	0,11
Diversificazioni (diversificações)	1,8	0,17	Dubbi (dúvidas)	1,7	0,11
Emotivo (emocional)	1,6	0,17	Crollo (colapso)	1,6	0,14
Fluttuazioni (flutuações)	1,6	0,14	Desideri (desejos)	1,5	0,12
Speculazioni (especulações)	1,6	0,11	Rialzo (subida)	1,5	0,11
			Fallimento (falha)	1,4	0,11
			Forza (força)	1,3	0,14
			Sicurezza (segurança)	1,3	0,1
			Euro	1,2	0,11

VARIÁVEIS ATIVAS CATEGÓRICAS					
POSITIVO	C.A.	C.R.	NEGATIVO	C.A.	C.R.
Grupo-alvo: Consultores financeiros	15,2	0,56	Grupo-alvo: Investidores online autônomos	12,6	0,36
Prática: Comprar antes da crise	7	0,31	Perfil financeiro: Mais de 20% de perda	4,5	0,18
Propensão de risco: Baixo risco. Riscos de apostar	6,1	0,23	Perfil financeiro: Prever alterações de rendimento. Até 0 de rendimento	4,2	0,25
Propensão de risco: Risco elevado. Riscos financeiros	6	0,3			
Perspetiva de tempo: Fraco em planos orientados para o futuro	4,5	0,23			
Prática: Comprar após a crise	4,2	0,17			

a) O semieixo positivo do segundo fator lançou mais luz sobre o **otimismo** do mercado de ações, confirmando a hipótese acerca das atitudes mais especulativas dos consultores financeiros profissionais em comparação com outros grupos-alvo (especialmente os que investem através deles). Foram descobertas associações positivas relacionadas com o mundo econômico como, por exemplo, *crescimento (crescita)*, *lucro (guadagno)*, e *econômico (economico)*. Para alcançar uma economia próspera, as gestões adequadas *(gestione)* de risco e *diversificações (diversificazioni)* por parte de *empresas (azienda) profissionais (professionisti)* estão a tornar-se necessidades, visto o mercado de ações estar cheio de *flutuações (fluttuazioni)* e *especulações (speculazioni) emotivas (emotivo)*. De acordo com as variáveis ativas textuais anteriormente demonstradas, as variáveis ativas categóricas estão essencialmente relacionadas com os consultores financeiros com uma forte perspectiva de *tempo (tempo)* no sentido dos eventos e investimentos instantâneos, em detrimento de planos orientados para o futuro ou de experiências passadas. Este alvo particular com uma atitude positiva relativamente ao mercado de ações (cf. Gráfico 1) tem normalmente preferência pelo investimento financeiro de elevado risco, tal como por ações especulativas demonstrando, por outro lado, pouco interesse no investimento de baixo risco. Na natureza da propensão para o alto risco, à medida que o valor das ações adquiridas diminuía, comportar-se-iam de uma forma contrária e optariam até por comprar mais após a crise financeira, para fazer uma maior aposta.

b) O semieixo negativo do segundo fator ilustra a **perspectiva pessimista** do mercado de ações, refletindo um argumento recorrente no discurso dos meios de comunicação social acerca das *finanças "más"* e *"virtuais"* baseadas em fluxos invisíveis de ações não materiais por parte de uma minoria de especuladores por oposição a uma economia *"boa"* e *"real"* baseada no trabalho e na produtividade da maioria das pessoas reais que produzem bens reais para a sociedade (DE ROSA & BULGARELLA, 2009; DE ROSA et al., 2010a, 2010b, 2011; DE ROSA et al. 2012a, 2012b, 2012c; ROSSI, 2013). As representações negativas estão associadas a palavras relacionadas não só com os desempenhos do mercado, tais como *complexo (complesso)*, *descida (discesa)* ou *colapso (crollo)*, como também com os resultados dos investimentos, como *perda (perdita)* e *fracasso (fallimento)* e com o estado psicológico como, por exemplo, *incerteza (incertezza)* e *dúvida (dubbi)*. Apesar do pessimismo ter tomado grande parte das posições deste semieixo, ainda existem algumas palavras com um contributo reduzido para este fator que pertencem ao lado oposto, como *subida (rialzo)*, *força (forza)* e *segurança (sicurezza)*. Estas associações otimistas dão um pouco de brilho a este mercado complexo e depressivo. Outras palavras referentes a termos técnicos financeiros são igualmente apresentadas neste fator, incluindo *transação (transazione)*, *preços (quotazioni)*, *banca (banca)*, *ações (azioni)* e *euro*. Estas associações estão sobretudo relacionadas com outro grupo de investidores online autônomos que perderam mais de 20% das suas propriedades (cf. Gráfico 3) e não previram qualquer alteração nos rendimentos no ano seguinte. Tudo o que pretendiam era livrar-se dos pânicos das flutuações do mercado de ações decorrente da crise financeira.

Gráfico 3 Representação gráfica da intersecção entre o fator 1 (posição horizontal) e o fator 2 (posição vertical) com referência aos participantes italianos na pesquisa

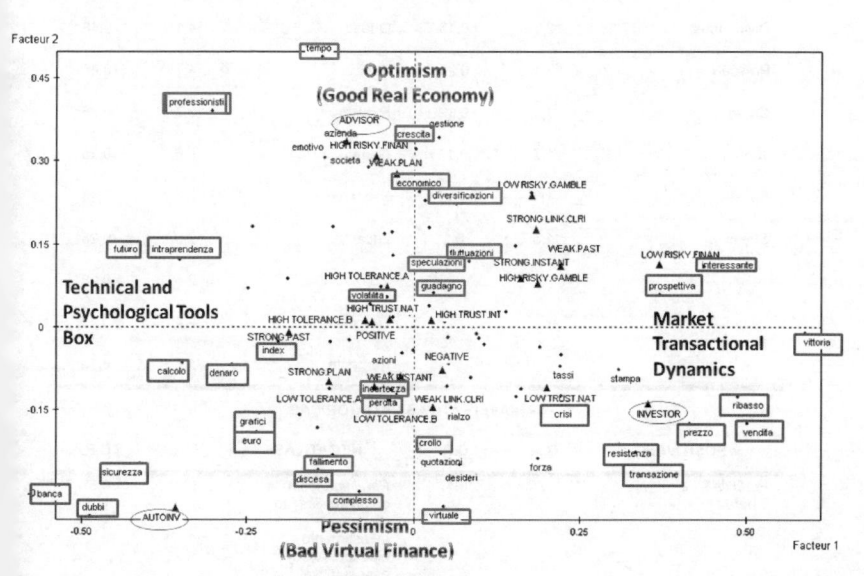

295

3.2.2 Resultados dos participantes do Reino Unido na pesquisa

O primeiro fator contribuiu 22,42% para a variação total (cf. Tabela 3a e Tabela 2b), o que pode ser interpretado como uma oposição entre as *representações sociais negativas focadas em torno do cenário londrino e as representações sociais positivas abertas ao cenário mundial* pelo único subgrupo incluído na amostra do Reino Unido: os investidores online autônomos.

Tabela 3a Fator 1: organizar o dicionário associado à palavra-estímulo "Mercado de Ações" pelos participantes britânicos na pesquisa

VARIÁVEIS ATIVAS TEXTUAIS					
SEMIEIXO POSITIVO	C.A.	C.R.	SEMIEIXO NEGATIVO	C.A.	C.R.
Especulador	3,4	0,42	Crescimento	6,9	0,54
Ação	3,4	0,21	Gigante	5,8	0,43
Londres	3,2	0,28	Oportunidade	5,3	0,29
Altista	2,9	0,38	Difícil	4,6	0,46
FTSE	2,8	0,19	Mundo	4,5	0,36
Dividendos	2,1	0,13	Queda	4,1	0,48
Pressão	2,1	0,24	Subida	4,1	0,48
Crash	1,7	0,12	Riqueza	3,7	0,25
Jogo	1,7	0,17	Ganho	3,6	0,25
Aposta	1,6	0,16	Excitante	2,6	0,18
Stress	1,5	0,1	Local	2,6	0,26
			Comércio	2,5	0,18
			Loucura	2,4	0,26
			Aumento	1,6	0,13

VARIÁVEIS ATIVAS CATEGÓRICAS					
POSITIVAS	C.A.	C.R.	NEGATIVAS	C.A.	C.R.
Perfil financeiro: 0 perda	7	0,47	Perfil financeiro da diversificação da carteira: Investimento elevado. Ação especulativa	10,8	0,57

Perfil financeiro da poupança anual: Até 5.000 euros, antes da crise	3,7	0,39	*Prática:* Comprar, após a crise	9	0,49
Perfil financeiro da diversificação da carteira: Investimento baixo. Ação especulativa	3,5	0,67	*Prática:* Comprar, antes da crise	8,4	0,6
Perfil financeiro da diversificação da carteira: Investimento baixo. Ação conservadora	3,4	0,26	*Confiança em agentes heterogêneos:* Elevada confiança nas instituições econômicas ou políticas nacionais	5,6	0,38
Perfil financeiro da poupança anual: Até 5.000 euros, após a crise	3,2	0,33	*Perfil financeiro:* Mais de 20% de perda	4,5	0,29
Perspetiva de tempo: Fraco em planos orientados para o futuro	2,8	0,14	*Perspetiva de tempo:* Forte em planos orientados para o futuro	4,3	0,26
Confiança em agentes heterogêneos: Confiança reduzida nas instituições econômicas ou políticas nacionais	2,4	0,12	*Perfil financeiro da diversificação da carteira:* Investimento elevado. Ação conservadora	3,8	0,35
			Perfil financeiro da diversificação da carteira: Investimento elevado. Cotação	3,6	0,21
			Perfil financeiro da poupança anual: Acima de 15.000 euros. Antes da crise	2,9	0,2
			Propensão de risco: Risco elevado. Riscos financeiros	1,8	0,1

a) O espaço semântico organizado no semieixo positivo do primeiro fator revela *representações sociais negativas, mostrando* o papel das variáveis associadas a palavras com atitudes e valores negativos, refletindo não só os desempenhos no mercado (especulador, *crash*), mas também nos sentimentos dos investidores (pressão, *stress*). Mercado de ações local altamente concentrado no cenário do Reino Unido: por exemplo, o Índice FTSE 100, um índice de ações das 100 maiores empresas do Reino Unido com os maiores capitais cotados na *Bolsa de Londres*. Também estão presentes declarações metafóricas neste semieixo sob diferentes aspetos para caracterizarem o mercado de ações. Considerada como *especuladora* ou *altista*, a representação do mercado reflete uma metáfora abrangente frequente para manifestar o declínio ou melhoria da condição do mercado; como *aposta*, faz referência à "racionalidade" da sorte e da coincidência; como *jogo*, indica o entretenimento obtido a partir do investimento. Entre as variáveis ativas categóricas, as que são projetadas no semieixo positivo incluem os investidores autônomos com uma atribuição para o planejamento e controle futuros, evidenciando uma confiança reduzida nas instituições econômicas ou políticas nacionais, o que confirma o Gráfico 2 desde uma perspectiva de uma desconfiança generalizada nos agentes heterogêneos quando comparado com outros países, mas com a exceção do banco local e do banco central. Não tiveram praticamente perdas durante a crise financeira e tiveram uma propensão para o baixo risco relativamente a todos os tipos de ações, independentemente da sua natureza especulativa ou conservadora. As suas poupanças anuais familiares podem manter menos de 5.000 euros antes e após a crise financeira.

b) Em comparação com o semieixo positivo, o espaço semântico organizado no semieixo negativo deste fator concentra-se mais nas *representações positivas*, sobretudo a um nível mundial. As variáveis como *crescimento, subida, ganho* e *aumento* descrevem a tendência em desenvolvimento do mercado com vista a alcançar mais *riqueza*, para que os investidores mostrem mais *entusiasmo* e *loucura* nas suas emoções. O *mundo* é considerado um vasto terreno para a transação (*gigante, comércio*), proporcionando *oportunidades* por um lado, mas, por outro, as *dificuldades* podem influenciar o valor das ações e fazê-las *cair*. Considerando as variáveis ativas categóricas significativas, este conceito é partilhado sobretudo pelos investidores que têm uma forte convicção no sentido de planearem e controlarem as suas vidas no futuro e que confiam muito nas instituições financeiras locais ou nacionais. Tendo uma atitude positiva face ao mercado, assume-se que estas pessoas que têm uma propensão para o alto risco nas atividades financeiras investiriam mais em ações especulativas, conservadoras ou em divisas estrangeiras. Poderão perder um depósito superior a 20% durante a crise financeira; contudo, também conseguem um maior retorno antes ou depois da crise. Sendo os aventureiros desta era, transacionariam de forma contrária no momento em que o valor diminui, podendo investir mais com maiores lucros.

Tabela 3b Fator 2: organizar o dicionário associado à palavra-estímulo "Mercado de Ações" pelos participantes britânicos na pesquisa

VARIÁVEIS ATIVAS TEXTUAIS					
SEMIEIXO POSITIVO	C.A.	C.R.	SEMIEIXO NEGATIVO	C.A.	C.R.
Ação	8,7	0,37	Crise	5,1	0,27
Pessoas	7,8	0,37	Pânico	4,2	0,27
Títulos	7,6	0,47	Dinheiro	3,3	0,22
Dividendos	4,7	0,2	Dow Jones	2,9	0,18
Troca	3,9	0,24	Complicado	2,9	0,21
Comércio	2,3	0,11	Loucura	2,6	0,2
Economia	2,1	0,15	Ocupado	2,2	0,18
Corretor	1,8	0,13	Negócio	2	0,23
Subir	1,5	0,11	Pressão	2	0,16
			Variáveis	1,8	0,2
			Futuro	1,7	0,12
			Especulação	1,7	0,12
			Aposta	1,5	0,1

VARIÁVEIS ATIVAS CATEGÓRICAS					
POSITIVAS	C.A.	C.R.	NEGATIVAS	C.A.	C.R.
Sexo: Masculino	6	0,51	Propensão de risco: Baixo risco. Riscos financeiros	7,8	0,3
Propensão de risco: Risco elevado. Riscos financeiros	5,9	0,23	Perspetiva de tempo: Forte no passado	6,8	0,23
Atitude positiva	2,3	0,1	Sexo: Feminino	6,3	0,51
Confiança em agentes heterogêneos: Confiança reduzida nas instituições econômicas ou políticas internacionais	1,2	0,06	Perspetiva de tempo: Forte no presente imediato	3,2	0,16
			Propensão de risco: Risco elevado. Riscos de apostar	2,3	0,08

a) O segundo fator explicou 14,72% da inércia dos dados. Conforme ilustrado acima (Tabela 3b), o espaço semântico que organiza o semieixo positivo deste fator é definido como os *termos técnicos relacionados com as transações financeiras*. Introduz os tipos de transações (*ação, títulos*), o local para o investimento (mercado de *ações*), o fator influente para a transação (*economia*), os participantes envolvidos nestas atividades financeiras (*pessoas, corretor*) e o benefício que obtêm no final do ano (*dividendos*) de uma forma específica, mas abrangente. Os participantes com o posicionamento significativo são identificados como masculinos que, na sua maioria, desconfiam dos agentes heterogêneos internacionais. É amplamente partilhada uma atitude otimista em relação ao mercado de ações, existindo uma propensão para o risco elevado face às atividades de investimento financeiro.

b) No entanto, o semieixo negativo deste fator assenta sobretudo nas *representações da crise financeira e econômica*, que também alinha este semieixo com as maiores contribuições absolutas e relativas. Foi evocada uma série de características psicológicas, já que o *pânico* e a *pressão* são sobretudo identificados e partilhados pelo público, ao passo que as características da crise também são descritas como *loucuras, complicadas* e de difícil gestão. Tal como acontece com as *apostas*, a *especulação* do investimento no mercado de ações provoca e acelera o agravamento da crise, o que faz com que o mercado piore. O índice de *Dow Jones* é referido amiúde por todos os participantes do mercado e a consequência da crise tem uma grande influência em todos os ramos de *negócio* no mundo econômico. Outro ponto que chama mais atenção é que, neste semieixo, a perspectiva de tempo emerge uma vez mais como uma dimensão relevante, evocando o *futuro* entre as palavras associadas ao contributo elevado absoluto e relativo (cf. variáveis ativas textuais na Tabela 3b), já que diz respeito sobretudo ao futuro do desenvolvimento da crise ou ao destino futuro dos investidores; e categorizando psicologicamente os subgrupos, que contribuem para a organização semântica deste semieixo negativo, incluindo os participantes na pesquisa com uma perspectiva de tempo fortemente orientada para o passado ou presente (cf. variáveis categóricas ativas na mesma tabela). As perspectivas do referido acima são ilustradas de forma significativa pelos investidores autônomos femininos cuja tomada de decisões depende amplamente das experiências no passado e no presente e apresenta uma tendência de baixo risco face ao investimento financeiro de risco, apesar da propensão para o alto risco face ao risco de aposta (cf. Gráfico 4).

Gráfico 4 Representação gráfica da intersecção entre o fator 1 na posição horizontal e o fator 2 na posição vertical com referência aos participantes britânicos na pesquisa

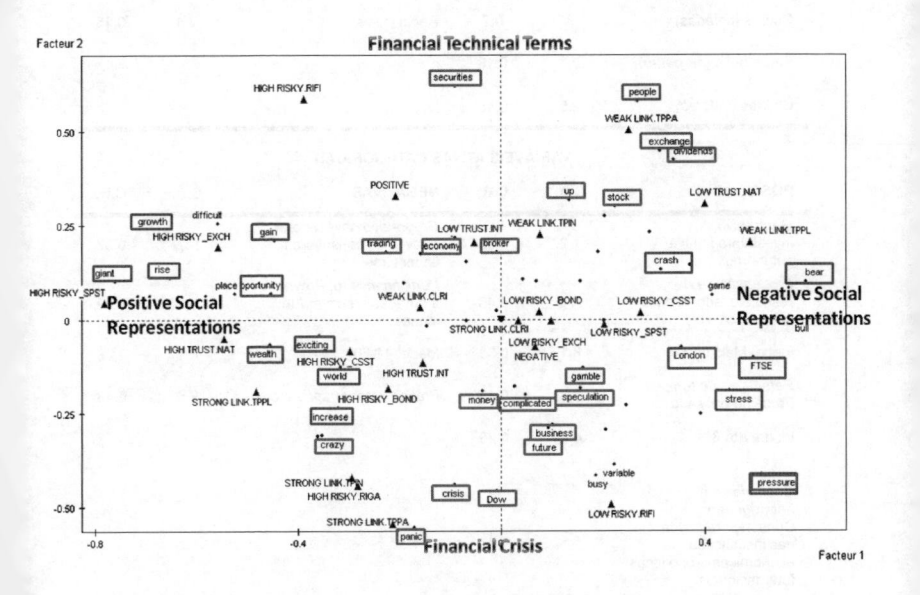

3.2.3 Resultados dos participantes franceses na pesquisa

Foram extraídos dois fatores principais aplicando a análise de correspondência lexical da rede associativa da amostra francesa. O primeiro fator explicou 25,27% da inércia de dados totais, o que proporcionaria mais explicações sobre dois aspectos das representações sociais do mercado de ações francês (cf. Tabela 4a).

Tabela 4a Fator 1: organizar o dicionário associado à palavra-estímulo "Mercado de Ações" pelos participantes franceses na pesquisa

VARIÁVEIS ATIVAS TEXTUAIS					
SEMIEIXO POSITIVO	C.A.	C.R.	SEMIEIXO NEGATIVO	C.A.	C.R.
Lucro	9,2	0,47	Financière (financeiro)	8,5	0,42
Devise (divisa)	6,6	0,36	À part (afastamento)	8,3	0,46
Produits (produtos)	6,6	0,51	Mouvement (movimento)	6,5	0,42
Titres (títulos)	5,1	0,45	Rencontre (reunião)	6,5	0,48
Demande (procura)	4,5	0,41	Participação	4,3	0,25
Offre (oferta)	4	0,38	Complexité (complexidade)	3,8	0,36
Actions (ações)	3	0,36	Crise (crise)	2,4	0,18
Cotées (cotadas)	3	0,2	Réels (reais)	2,4	0,15
Perpetuelle (perpétuo)	2,7	0,18			
Chiffres (valores)	2,5	0,15			

VARIÁVEIS ATIVAS CATEGÓRICAS					
POSITIVAS	C.A.	C.R.	NEGATIVAS	C.A.	C.R.
Grupo-alvo: Investidores online autônomos	1,2	0,05	Grupo-alvo: Investidores através de consultores financeiros	14,9	0,37
Propensão de risco: Risco elevado. Riscos financeiros	11,5	0,46	Perfil financeiro: Prever a duração da crise. Até 6 meses	6,2	0,29
Idade: Mais de 50	8,1	0,33	Idade: 41-50	6,1	0,28
Perspetiva de tempo: Fraca no passado	4,3	0,43	Prática: Vender após a crise	2,6	0,43
Idade: Até 30	4,1	0,28			
Confiança em agentes heterogêneos: Confiança reduzida nas instituições econômicas ou políticas Internacionais	2,2	0,11			

a) Apresentadas no semieixo positivo do primeiro fator, as associações livres evocadas pertencem sobretudo aos *elementos detalhados das transações financeiras*, incluindo não só os vários tipos de transações como, por exemplo, *títulos (titres), produtos (produits), divisa (devise), cotados (cotées)* e *ações (actions)*, como também as importantes técnicas que os investidores refeririam, como gráficos e *valores (chiffres)*. De modo a conseguirem um maior *lucro*, as relações latentes entre a *oferta (offre)* e a *procura (demande)* da informação também deverão ser alvo de atenção no processo das transações financeiras. Estes pontos de vista foram partilhados sobretudo por investidores autônomos online de dois grupos etários extremos, até 30 anos de idade e com mais de 50 anos de idade, tendo as suas próprias estratégias independentes para as transações. Tendem a demonstrar uma confiança reduzida nas instituições econômicas e políticas internacionais e praticamente não dependem das suas memórias e experiências passadas. Além disso, têm uma propensão para o alto risco nas atividades de investimento financeiro.

b) Ao contrário dos elementos segmentados no mercado financeiro, o *processo transacional* é considerado outro aspeto fundamental nas representações sociais do mercado de ações francês, cuja maioria das palavras foi projetada no semieixo negativo do primeiro fator. Sob o manto do mercado *financeiro (financière)*, os investidores estão sempre concentrados na tendência e no *movimento (mouvement)* do mercado, sobretudo durante a *crise (crise)* plena de *complexidade (complexité)* e confusão. Contudo, de modo a compreender melhor o que o mercado está a fazer, o fundamental é *participarem (participation)* eles mesmos, não só para os profissionais, mas também para os investidores leigos. Apenas envolvendo-se neste mundo para experimentarem um mercado *real (réels)* é que o poderão finalmente conhecer. Estas representações estão significativamente relacionadas com o subgrupo investidores através de consultores financeiros mais velhos com uma idade de cerca de 41-50 anos. Preveem o final da crise financeira para dentro de um ano e meio, sugerindo uma atitude positiva no desenvolvimento e recuperação da crise, e optariam por vender as ações quando considerarem que chegou o final da crise.

Tabela 4b Fator 2: organizar o dicionário associado à palavra-estímulo "Mercado de Ações" pelos participantes franceses na pesquisa

VARIÁVEIS ATIVAS TEXTUAIS					
SEMIEIXO POSITIVO	C.A.	C.R.	SEMIEIXO NEGATIVO	C.A.	C.R.
Actifs (ativos)	10,3	0,5	Valeurs (valores)	13,7	0,72
Crise (crise)	5,6	0,36	Richesse (riqueza)	10	0,42
Financière (financeiro)	4,6	0,19	Participação	7,7	0,37
Oportunidade	2,6	0,25	À part (afastamento)	7,1	0,33
Économie (economia)	2,6	0,18	Titres (títulos)	4	0,3
Devise (divisa)	2,4	0,11	Obrigações	3,5	0,26
			Jeu (jogo)	3,1	0,17
			Mouvement (movimento)	2,8	0,15

VARIÁVEIS ATIVAS CATEGÓRICAS					
POSITIVAS	C.A.	C.R.	NEGATIVAS	C.A.	C.R.
Grupo-alvo: Investidores através de consultores financeiros	8,6	0,18	Grupo-alvo: Consultores financeiros	0,9	0,07
Perfil financeiro: Prever alterações de rendimento: mais de 5% de rendimento	3,2	0,52	Perfil financeiro: Prever alterações de rendimento: menos de 5% de rendimento	18,2	0,51
			Confiança em agentes heterogêneos: Elevada confiança nas instituições econômicas ou políticas nacionais	15,8	0,54
			Confiança em agentes heterogêneos: Elevada confiança nas instituições econômicas ou políticas internacionais	11,9	0,57
			Perfil financeiro: 10%-20% de perda	8,6	0,31

O segundo fator explicou 20,43% da contribuição para a totalidade da inércia dos dados. Distribuídas nos dois sentidos opostos, as palavras determinantes representam este fator em dois lados, *ser ativo face à crise financeira e valor das ações e riqueza* (cf. Tabela 4b).

As associações livres apresentadas no semieixo positivo do segundo fator ilustram que uma atitude *ativa (actifs)* é a melhor arma quando as pessoas espalhadas por todo o mundo têm de enfrentar esta *crise financeira (crise financière)* sem precedentes. À medida que evoluiu para uma recessão *econômica (économie)* depressiva, o estado de espírito otimista não deverá ser destruído. Ainda existem *oportunidades* no futuro. Estas representações são significativamente caracterizadas pelos investidores através de consultores financeiros que partilham a atitude positiva relativamente ao mercado de ações e esperam um aumento de 5% nos rendimentos familiares para o ano seguinte.

As associações demonstradas no semieixo negativo estão sobretudo relacionadas com os *valores (valeurs)* das ações, a essência dos *títulos (titres)*. A *participação* no mercado de ações poderá trazer mais *riqueza (richesse)* ao tirar partido do desenvolvimento do mercado a partir do *movimento (mouvement)* e desempenhos das ações. Além disso, também surge no semieixo uma descrição metafórica do mercado de ações, evocando o *jogo (jeu)* que manifesta a característica recreativa do investimento. Considerando as variáveis ativas categóricas significativas no semieixo negativo, quando comparadas com as positivas, as representações são na sua maioria partilhadas pelos consultores financeiros franceses (tal é tido em consideração porque representa um importante subgrupo, apesar de ter uma contribuição absoluta mais reduzida) que confiam amplamente nas instituições econômicas e políticas tanto internacionais como locais. Contudo, sofreram uma enorme perda de cerca de 10%-20% do capital total no mercado de ações durante a crise e poderiam aceitar uma diminuição de 5% do rendimento familiar no ano seguinte (cf. Gráfico 5).

Gráfico 5 Representação gráfica da intersecção entre o fator 1 na posição horizontal e o fator 2 na posição vertical com referência aos participantes franceses na pesquisa

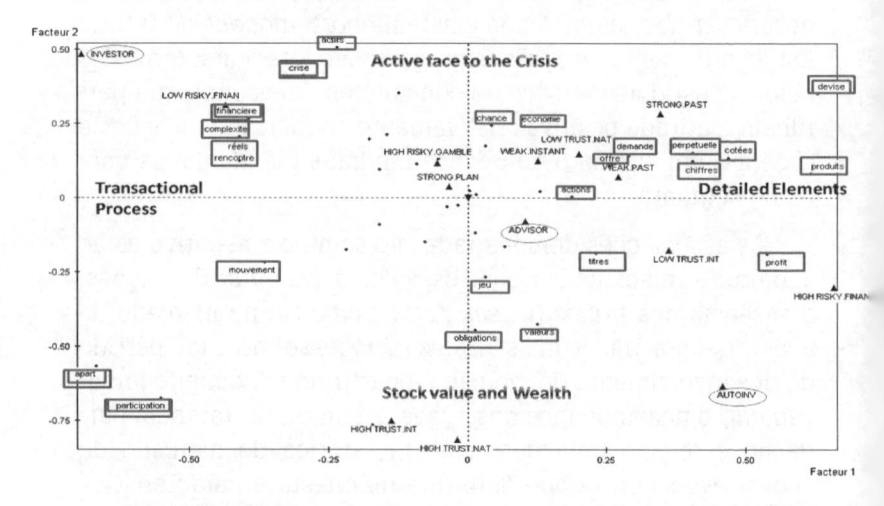

3.2.4 Resultados dos participantes chineses na pesquisa

Foram extraídos dois fatores principais pela análise de correspondência (cf. Tabela 5a e Tabela 5b). O primeiro fator explicou 29,98% da variação total. As palavras-chave foram divididas em semieixos positivos e negativos e apresentadas abaixo em termos da contribuição absoluta (C.A.) e da contribuição relativa (C.R.).

Tabela 5a Fator 1: organizar o dicionário associado à palavra-estímulo "Mercado de Ações" pelos participantes chineses na pesquisa

VARIÁVEIS ATIVAS TEXTUAIS					
SEMIEIXO POSITIVO	C.A.	C.R.	SEMIEIXO NEGATIVO	C.A.	C.R.
买入 (comprar)	7,8	0,78	狂热的 (fanático)	2,4	0,34
保值 (manutenção do valor)	5,2	0,68	波动 (flutuação)	2,4	0,42
股票 (ação)	4	0,49	乐观的 (otimista)	1,5	0,23
登录 (início de sessão)	3,8	0,66	风险 (risco)	1,4	0,36
成熟的 (maduro)	3,5	0,63	兴奋的 (excitado)	1,2	0,29

表现欠佳的 (desempenho insuficiente)	3	0,49	投资 (investimento)	1,2	0,39
贬值 (depreciação)	2,7	0,48	多变的 (variável)	1,1	0,27
后门 (indireto)	2,4	0,52	经济 (economia)	1,1	0,25
调查 (investigação)	2,4	0,52	融资融券 (negociação com margens)	1,1	0,19
反弹 (recuperação)	2,1	0,44	盈利 (lucro)	1,1	0,15
软弱的 (fraco)	1,7	0,36	潜水 (mergulho)	0,8	0,12
跌停 (limite de redução)	1,5	0,39	基本面 (fundamental)	0,8	0,24
蓝筹股 (valor mobiliário de primeira categoria)	1,4	0,31	投资心理 (psicologia do investimento)	0,8	0,29
半仓 (posicionamento intermédio)	1,4	0,46	逆向的 (contrário)	0,7	0,19
贷款 (empréstimo)	1,4	0,36	沮丧的 (deprimido)	0,7	0,18
股东 (acionista)	1,4	0,32	伤心 (desolado)	0,7	0,17
下跌 (queda)	1,3	0,25	小型投资者 (pequeno investidor)	0,7	0,15
满仓 (posição integral)	1,3	0,4	股指期货 (futuros sobre índices de ações)	0,7	0,14
仓位 (posição)	1,3	0,26	等待 (espera)	0,7	0,22
下沉 (imergir)	1,1	0,26	恐惧 (medo)	0,6	0,22
暴跌 (quebra súbita)	1,1	0,23	牟取暴利的 (lucrar)	0,6	0,14
监督 (supervisão)	1,1	0,37			
卖空 (excesso de vendas)	1	0,27			
廉价出售 (venda)	1	0,22			
强势调整 (forte ajustamento)	1	0,15			
增值 (apreciação)	0,8	0,21			
部门 (setor)	0,8	0,17			
交易 (comércio)	0,8	0,15			
减少 (redução)	0,7	0,3			
涨停 (limite de aumento)	0,6	0,2			

VARIÁVEIS ATIVAS CATEGÓRICAS

POSITIVAS	C.A.	C.R.	NEGATIVAS	C.A.	C.R.
Grupo-alvo: Investidores online autônomos	8,8	0,57	*Grupo-alvo:* Consultores financeiros	5,5	0,42
Perspetiva de tempo: Fraco em planos orientados para o futuro	15,8	0,68	Investidores através de consultores financeiros	1,6	0,11
Idade: Mais de 50	4,2	0,29	*Idade:* Até 30	4,5	0,43
			Perfil financeiro: Mais de 20% de perda	2,8	0,27
			Perfil financeiro: Prever alterações de rendimento: Mais de 10% do rendimento	2,2	0,18
			Perspetiva de tempo: Fraco no presente Imediato	2	0,16
			Perspetiva de tempo: Forte em planos orientados para o futuro	1,2	0,1
			Confiança em agentes heterogéneos: Elevada confiança nas instituções económicas ou políticas nacionais	1,2	0,1

O primeiro fator pode ser interpretado como dois aspectos opostos das representações sociais do mercado de ações na China (cf. Tabela 5a):

a) O *investimento prudente*, representado sobretudo nas transações financeiras dos investidores, no desempenho do mercado e as modalidades ordinárias de investimento. Dá mais atenção às transações financeiras: *comprar* (买), *manutenção do valor* (保值), *empréstimo* (贷款), *comércio* (交易), sobretudo de uma forma sensata e prudente, tal como a *investigação* (调查), *supervisão* (监督), *venda* (廉价出售), *posição de redução* (减仓), em termos de desempenho do mercado, em ambos os sentidos do estado do mercado em geral como *maduro* (成熟的), *desempenho insuficiente* (表现欠佳的), *fraco* (软弱的), *queda súbita* (暴跌), *forte ajustamento* (强势调整) e flutuações do índice de mercado como, por exemplo, *apreciação* (增值), *depreciação* (贬值), *recuperação* (反弹), *imergir* (下沉), *queda* (下跌), *venda excessiva* (卖空), *limite de aumento* (涨停), *limite de redução* (跌停). As formas ordinárias de investimento concentram-se mais em diferentes tipos de ações e investidores como, por exemplo, *ação* (股票), *valor mobiliário de primeira categoria* (蓝筹股), *posição integral* (满仓), *posicionamento intermédio*

(半仓) e acionista (股东). Apresentadas no semieixo positivo, as representações sociais do mercado de ações fundamentalmente relacionadas com investidores autônomos online, com uma idade relativamente maior, superior aos 50 anos de idade. Sendo cautelosos nas transações financeiras, estes investidores não têm na sua maioria capacidade suficiente para elaborarem planos e controlarem a sua vida futura, diferenciando-se pelo grupo-alvo dos consultores financeiros que, no semieixo oposto, demonstram ser fortes nos planos orientados para o futuro e fracos em planos para o presente imediato, revelando que a perspectiva de tempo é, uma vez mais, uma variável mediacional significativa, apesar da sua caracterização diversa pelos grupos-alvo e o seu contexto geoeconômico de pertença.

b) O *investimento de alto risco e especulativo*, baseado sobretudo nas características psicológicas dos investidores do mercado de ações, e as modalidades de investimento emergentes. Características psicológicas gerais como *fanático (*狂热的*), psicologia do investimento (*投资心理*)*, bem como estados de espírito específicos na forma de atitudes positivas relacionadas com o *lucro (*盈利*): otimista (*乐观的*), excitado (*兴奋的*)*, e atitudes negativas relacionadas com o *mergulho (*潜水*)* dos valores, tais como *medo (*恐惧*), deprimido (*沮丧的*), desolado (*伤心*)* foram evocadas e as novas modalidades de investimento foram associadas à *negociação com margens (*融资融券*) e futuros sobre índices de ações (*股指期货*)*, o investimento de alto risco com as características instáveis como *variável (*多变的*), flutuação (*波动*), risco (*风险*)*, e muitas vezes acompanhado por investimentos *contrários (*逆向的*)*. Comparados com os investimentos prudentes acima, os investimentos especulativos e irracionais estão relacionados sobretudo com *investidores pequenos (*小型投资者*)*, os grupos vulneráveis no mercado de ações. Expressas no semieixo negativo, as representações sociais do mercado de ações chinês dependem mais nos dois subgrupos de consultores financeiros e de investidores através do consultor financeiro, com uma idade mais jovem inferior a 30 anos, que não se preocupam com o momento e o presente, mas que são muito orientados temporalmente no planejamento do futuro. Confiam mais nas instituições econômicas ou políticas locais ou nacionais, por isso, a sua tomada de decisões econômicas é influenciada sobretudo por elas. Poderão sofrer grandes perdas durante a crise; contudo, sendo positivos perante a crise financeira, esperam um aumento de 10% no rendimento familiar para o ano seguinte.

O segundo fator explicou 16,75% da variação total. Este fator poderá ser expresso de uma forma oposta, mas compatível (cf. Tabela 5(b)).

Tabela 5b Fator 2: organizar o dicionário associado à palavra-estímulo "Mercado de Ações" pelos participantes chineses na pesquisa

VARIÁVEIS ATIVAS TEXTUAIS					
SEMIEIXO POSITIVO	C.A.	C.R.	SEMIEIXO NEGATIVO	C.A.	C.R.
强势调整 (forte ajustamento)	4,1	0,37	专长 (especialidade)	2,9	0,27
竞争 (competição)	3,5	0,4	狂热的 (fanático)	2,4	0,21
预测 (previsão)	3,5	0,4	投机 (especulação)	2,3	0,41
合理的 (racional)	2,4	0,34	分析 (análise)	2,1	0,31
未来 (futuro)	2,2	0,37	谨慎的 (cauteloso)	2	0,25
融资融券 (negociação com margens)	2,1	0,23	刺激 (estímulo)	1,9	0,3
创业板 (quadro de crescimento empresarial)	1,9	0,24	潜水 (mergulho)	1,7	0,15
股指期货 (futuros sobre índices de ações)	1,9	0,22	牛市 (bolsa em alta)	1,6	0,23
乐观的 (otimista)	1,7	0,15	盈利 (lucro)	1,5	0,12
逆向的 (contrário)	1,6	0,26	风险 (risco)	1,4	0,21
运气 (fortuna)	1,5	0,27	休市 (fecho)	1,3	0,22
技术 (tecnologia)	1,5	0,2	专家 (perito)	1,2	0,2
优柔寡断的 (hesitante)	1,4	0,2	无聊的 (entediante)	1,1	0,08
空隙 (fosso)	1,3	0,21	自杀 (suicídio)	1,1	0,2
市场指数 (índice de mercado)	1,3	0,2	交易 (comércio)	1,1	0,13
软弱的 (fraco)	1,2	0,16	换手率 (taxa de rotação)	1	0,15
成就 (concretização)	1,1	0,18	熊市 (bolsa em baixa)	0,8	0,12
盲目乐观的 (otimista cego)	1,1	0,17	泡沫 (bolha)	0,8	0,14

部门 (setor)	1,1	0,15	K线 (linha k)	0,8	0,12
撤退 (retirada)	1	0,2	资产 (ativos)	0,7	0,13
转折点 (ponto de viragem)	1	0,23	游戏 (jogo)	0,7	0,08
机会 (oportunidade)	0,9	0,12	回报 (retorno)	0,7	0,13
蓝筹股 (valor mobiliário de primeira categoria)	0,8	0,11	证券公司 (corretora)	0,7	0,13
波动 (flutuação)	0,8	0,08	PIB	0,6	0,11
注意力 (atenção)	0,7	0,13	暴跌 (quebra súbita)	0,6	0,07
大户 (grande investidor)	0,7	0,14	诱惑 (tentação)	0,6	0,11
研究 (pesquisa)	0,7	0,11	忍耐力 (tolerância)	0,6	0,11
信息 (informação)	0,6	0,13			
坚持 (persistência)	0,6	0,11			
随机的 (aleatório)	0,6	0,15			
选股 (seleção de ações)	0,6	0,14			
利用优势 (tirar partido)	0,6	0,09			

VARIÁVEIS ATIVAS CATEGÓRICAS

POSITIVAS	C.A.	C.R.	NEGATIVAS	C.A.	C.R.
Perspetiva de tempo: Forte no presente imediato	5,6	0,3	*Perfil financeiro:* Prever a duração da crise: 13-48 meses	6,8	0,29
Confiança em agentes heterogéneos: Elevada confiança nas instituições econômicas ou políticas nacionais	5,6	0,27	*Confiança em agentes heterogéneos:* Confiança reduzida nas instituições econômicas ou políticas nacionais	5,4	0,23
Idade: Mais de 50	4,6	0,19	*Perfil financeiro da poupança anual:* Até 5.000 euros, antes da crise	5,1	0,34
Tolerância ao risco: Baixa tolerância após a crise	4,2	0,3	*Propensão de risco:* Risco elevado. Riscos de apostar	4,2	0,15
Perfil financeiro: Baixa expectativa de lucro após a crise	3,3	0,23	Idade: Até 30	3,6	0,2
Prática: Comprar, após a crise	2,6	0,23	*Perspetiva de tempo:* Forte no passado	3,5	0,19
			Tolerância ao risco: Elevada tolerância após a crise	3,4	0,24
			Perfil financeiro da poupança anual: Até 5.000 euros, após a crise	3,1	0,2

a) O semieixo positivo proporciona uma *perspectiva mais otimista sobre o mercado de ações chinês* que está associada a *forte ajustamento* (强势调整), *otimista* (乐观的), *concretização* (成就), *ponto de viragem* (转折点) e também orientada para o futuro, o que está relacionado sobretudo com *previsão* (预测), *futuro* (未来), *e oportunidade* (机会). Foram referidos diferentes tipos de ações, como *quadro empresarial de crescimento* (GEB 创业板), *futuros sobre índices de ações* (股指期货), *negociação com margens* (融资融券), os novos tipos com alto risco surgiram apenas em 2009 na China continental, e as ações de *valor mobiliário de primeira categoria* (蓝筹股), aquelas com reputação nacional de qualidade, fiabilidade e capacidade para ter um bom rendimento em bons e maus momentos. Foi dada atenção a mais estratégias para a transação, sobretudo para os *grandes investidores* (大户) que se concentram sobretudo no nível *tecnológico* (技术的), relativamente à *informação* (信息) do *índice de mercado* (市场指数), *pesquisas* (研究) e à cuidada *seleção de ações* (选股) para a *retirada* (撤退) do mercado quando o valor parece ter *flutuado* (波动). Consideram comportar-se de uma forma *racional* (合理的); contudo, por vezes é mais fácil serem *indecisos* (优柔寡断的) e tornam-se *otimistas cegos* (盲目乐观的). As associações apresentadas no semieixo positivo estão relacionadas com os consultores financeiros que têm uma grande confiança no instante e no presente, em vez de uma confiança nas experiências e memórias do passado. Tendem a confiar nos agentes heterogêneos nacionais, confiando muito, sobretudo no governo, mas demonstram pouca confiança nas instituições financeiras internacionais. Tendo uma propensão para o alto risco, tal como quando o valor das ações que adquiriram diminuiu, comportar-se-iam de uma *forma contrária* e optariam por comprar mais após a crise financeira; contudo, demonstram ao mesmo tempo um perfil inconsistente, declarando uma baixa tolerância ao risco e baixas expectativas quanto ao lucro, sobretudo após a crise.

b) No semieixo negativo, uma *representação controversa assentou sobretudo entre as características pessimistas* (*entediante* 无聊的, *bolha* 泡沫 e queda *súbita* 暴跌) *em-pregando metáforas* (*mergulho* 潜水, *bolsa em baixa* 熊市 e *suicídio* 自杀) *e a capacidade para obter lucro*. Apesar de emoções relacionadas com a desilusão, ou até mesmo com o desespero, terem sido identificadas a partir de evocações do mercado de ações, os *peritos* (专家) com *especialidades* (专长) foram, contudo, altamente conotados com a vantagem de gerirem as situações do mercado. Têm tendência para serem mais *cautelosos* (谨慎的) e prudentes do que outros investidores, prestando maior atenção ao conhecimento especializado, tal como a *taxa de rotação* (换手率) e vários *estímulos* (刺激) para perceberem as características latentes do investimento como *fanático* (狂热的), *especulação* (投机), *riso* (风险) e *tentação* (诱惑). Com uma elevada *tolerância* (忍耐力) às flutuações, os peritos financeiros prefeririam considerar o mercado de ações como um *jogo* (游戏). Devido à *análise* (分析) exaustiva do mercado, podem apostar frequentemente em ações desconhecidas ou tentar obter *lucro* (盈利) ou *retorno* (回报) na *bolsa em alta* (牛市). As associações apresentadas no semieixo negativo estão relacionadas sobretudo aos participantes com uma ligação forte às experiências e memórias do passado. Não confiam nos agentes econômicos ou financeiros nacionais. Em vez disso, os internacionais são altamente recomendados. Preferem atividades de alto risco como o jogo, ao mesmo tempo em que podem tolerar os altos riscos que as flutuações significativas podem provocar, não os fazendo sentir pânico, sobretudo após a crise financeira. Acreditam que a crise irá terminar num período de quatro anos e que a crise não altera significativamente o montante das suas poupanças, menos de 5.000 euros antes e após a crise (cf. Gráfico 6).

Gráfico 6 Representação gráfica da intersecção entre o fator 1 na posição horizontal e o fator 2 na posição vertical com referência aos participantes chineses na pesquisa

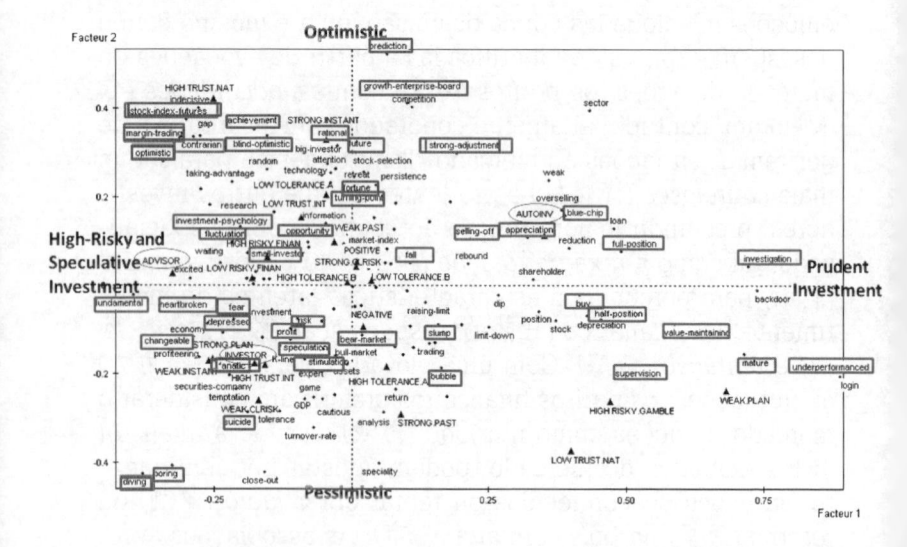

4 Discussão

Os resultados apresentados acima confirmam a hipótese de que existem semelhanças e diferenças nas representações sociais do mercado de ações entre os diferentes grupos-alvo de investidores europeus (Itália, Reino Unido, França) e da China. O sistema representativo inter-relacionado é determinado não só pelas variáveis sociodemográficas dos investidores ou dos seus perfis financeiros, como também por um conjunto de potenciais dimensões psicológicas de grande importância mediacional como, por exemplo: a sua confiança nos agentes heterogêneos, a sua perspectiva de tempo e a propensão e tolerância ao risco, extraídas de várias escalas e múltiplas técnicas administradas aos participantes na pesquisa, posteriormente classificadas de acordo com as pontuações em diferentes fatores.

A característica mais significativa do mercado de ações que foi partilhada pelos investidores de todos os países é o "risco", uma dimensão semântica importante presente praticamente em todas as atividades financeiras. As possibilidades potenciais para a perda fazem com que a maioria dos investidores sinta incerteza e imprevisibilidade, repetindo constantemente a experiência de ganho e perda. Contudo, devido à incerteza do investimento, o mercado de ações dá muito espaço à esperança para os investidores. Como o objetivo do investimento é obter o máximo de lucro a partir do mesmo, uma atitude otimista pode ajudar os investidores a fazerem uso da parte de risco, esperando o lucro ganhem ou percam.

Apesar do espírito otimista face ao risco ser partilhado em todo o mundo, as representações e atitudes face ao mercado de ações diferem significativamente. Os três subgrupos de participantes franceses na pesquisa têm muita confiança no mercado de ações, mesmo que a crise financeira tenha sido evocada profunda e estreitamente relacionada com o mesmo (cf. fator 2, semieixo positivo para a amostra francesa); os investidores concentram-se sobretudo no investimento de valor para criar mais riqueza, por isso, a sua atitude ativa poderá levá-los a delinear estratégias mais positivas de modo a superarem a crise financeira com sucesso. Além disso, os elementos detalhados como os diferentes tipos de títulos financeiros e os valores técnicos precisos podem facilitar o envolvimento dos próprios investidores nos processos transacionais (cf. fator 1 para a amostra francesa). Além disso, de acordo com a perspectiva ativa face ao mercado, a maioria das suas perspectivas de tempo tem tendência para as orientações futuras, indicando que os seus comportamentos são dominados pelos objetivos e planos futuros para que possam ter um comportamento cauteloso e prudente na transação de ações.

Em comparação com os investidores franceses, apesar dos participantes chineses também terem atitudes positivas relativamente ao mercado de ações, comportam-se segundo duas tendências opostas nas transações: o investimento prudente e o investimento especulativo de alto risco (cf. fator 1, semieixo positivo e negativo da amostra chinesa).

Também foi identificado um contraste significativo nos traços psicológicos na dimensão das atitudes das representações sociais – o otimismo e o pessimismo (cf. fator 2, semieixo positivo e negativo da amostra chinesa) – sugerindo que os investidores têm habitualmente consciência dos eventos inesperados e se preparam para quaisquer eventualidades. Apesar do mercado de ações chinês ter uma história curta, mas impressionante, os desempenhos flutuantes dos preços das ações podem envolver o público num contexto de armadilha e pânico. Exceto no que toca ao risco que se tornou a representação típica do mercado de ações, para os investidores chineses, sobretudo os investidores leigos, as visões partilhadas face ao mercado também incluem as representações negativas, os desempenhos do mercado e os perfis psicológicos. A geração e a disseminação deste tipo de conscientização estão associadas à comunicação não só entre os consultores financeiros e os investidores leigos, mas também entre as instituições de nível superior, como o governo nacional e o público. Nos últimos vinte anos do desenvolvimento do mercado de ações chinês, o governo teve indubitavelmente um papel fundamental na elaboração de políticas e na supervisão do mercado. A estreita ligação entre o governo e outros bancos nacionais ou instituições com autoridade manipulam o mercado adequadamente; por isso, conquistam muito mais confiança e apoio por parte do público. Para a maioria dos investidores chineses, as suas perspectivas de tempo são atribuídas à orientação presente e futura, refletindo uma tendência de exposição ao risco, mas com planos e estratégias nas práticas de investimento.

As representações expressas pelos participantes italianos na pesquisa têm uma atitude otimista, porém contraditória, face ao mercado de ações (cf. fator 1, semieixo negativo da amostra italiana). Nas suas visões do mercado, a metáfora de "jogar o jogo" foi explorada como uma representação implícita, revelando as estratégias potenciais no âmbito do jogo, por vezes acompanhadas por um estado de espírito de felicidade. Contudo, o estado de pânico também foi expresso entre os investidores italianos com palavras como "medo", a palavra que surge apenas no caso italiano. A atitude negativa pode dever-se à atual profunda crise financeira e aos graves resultados que provocou, como o declínio ainda em curso da economia italiana e a redução global da taxa de emprego. Além disso, o par de visões otimista e pessimista face ao mercado de ações confirma as representações controversas dos participantes italianos. Anseiam pelo crescimento econômico e por uma fortuna; tentam mesmo modos de especulação de investimento de alto risco de modo a maximizar os benefícios; contudo, a incerteza e a dúvida face ao mercado fazem-nos recordar as experiências do passado. Assim sendo, a maioria dos investidores tem uma orientação para o passado, mas defendem atividades financeiras de alto risco.

Sendo um dos principais centros financeiros do mundo, o setor financeiro do Reino Unido tem um papel influente nas áreas política e econômica. Durante a crise financeira, com a tendência recessiva da economia britânica, existe uma forte representação dos setores financeiros e de cada nível da sociedade, já que a maioria dos participantes tem uma atitude neutra face ao mercado. Para eles, apesar do mercado de ações ser como uma "aposta" (cf. Tabela 3: fator 1, semieixo positivo e fator 2, semieixo negativo da amostra britânica), sugerindo a característica especulativa e dificuldade em se livrarem dela, os investidores têm a percepção e representações do risco para que possa comportar-se de forma prudente nos seus investimentos. Eles mostram mais confiança nas instituições financeiras nacionais, principalmente no sistema bancário mais tradicional que funcionou bem em décadas passadas, mas que, infelizmente, não consegue fugir ao impacto da crise.

Ao considerar os participantes em termos de subgrupo, os resultados mostram que os consultores financeiros confiam sobretudo nas instituições financeiras ou políticas internacionais e se concentram mais na perspectiva do futuro e do presente, refletindo a preferência de exposição ao risco não só para eles, como também ao elaborar planos para os seus clientes. Mostram ser os participantes mais otimistas, mas os italianos parecem ser mais emocionais (fator 2, semieixo positivo para a amostra italiana) e os chineses têm um comportamento que persegue mais o risco (fator 1, semieixo negativo para a amostra chinesa). O grupo de investidores através dos consultores financeiros demonstra, no geral, representações sociais significativas de exposição ao risco, tanto ao risco de nível elevado (risco de apostar) como ao risco de nível reduzido (risco financeiro). Os investidores italianos e franceses através dos consultores financeiros partilham uma visão transacional do mercado (fator 1, semieixo positivo para a amostra italiana e fator 1, semieixo negativo para a amostra francesa). Contudo, como este grupo de investidores depende mais do aconselhamento profissional, poderão apresentar falhas na sua própria análise e mente independente. Podem ser consultadas apenas as memórias e experiências anteriores, por isso, estas pessoas orientam a perspectiva de tempo, sobretudo com base no passado. De uma forma bastante distinta, os investidores autônomos são o grupo mais independente. Gostam de planear o futuro e fazer quaisquer investimentos nos quais controlem os seus próprios padrões e estratégias de investimento. Os investidores online autônomos dos três países europeus partilham um dicionário técnico (fator 1 semieixo negativo para a amostra italiana, fator 2 semieixo positivo para a amostra britânica e fator 1 semieixo positivo para a amostra francesa).

Esperamos que os resultados desta área de estudo pioneira (apesar de preliminar, sendo o primeiro programa de pesquisa empírico realizado sobre este tema sobre a literatura inspirada pelas teorias e métodos da representação social) poderá lançar alguma luz que nos ajudará a perceber por que é que o mercado de ações é sempre tão atraente para todas as pessoas de todo o mundo, apesar das transações financeiras comportarem muito risco, sobretudo de podermos perder tudo de um momento para o outro.

É evidente que são necessários mais estudos sobre as representações sociais do mercado financeiro e o seu impacto nos meios de comunicação social e nos investidores, merecendo um estudo mais amplo e aprofundado numa ótica transdisciplinar e numa perspectiva cultural comparada. A ponte entre a psicologia, economia e as ciências da comunicação irá seguramente estimular novas e produtivas linhas de investigação, a fertilização cruzada de ideias e o cruzamento de métodos e técnicas na interface entre disciplinas estabelecidas.

Referências

ALESINA, A. & GIAVAZZI, F. (2008). *The Crisis*. Milão: Il Saggiatore.

ARROW, K.J. (1986). "Rationality of Self and Others in an Economic System". *The Journal of Business*, 59 (4), p. S385-S449.

BLUME, L.E.; BRAY, M.M. & EASLEY, D. (1982). "Introduction to Stability of Rational Expectations Equilibrium". *Journal of Economic Theory*, 26 (2), p. 313-317.

BRUGGER, D. (1999). "Spheres of Influence". *Credit Union Magazine*, 65 (9), p. 9a.

CAMERER, C. (1998). "Prospect Theory in the Wild: Evidence From the Field", *Working Papers* 1037. California Institute of Technology [Disponível em http://www.hss.caltech.edu/SSPapers/wp1037.pdf – Acesso em 31/01/2012].

CAMERER, C.; LOEWENSTEIN, G. & PRELEC, D. (2005). "Neuroeconomics: How Neuroscience Can Inform Economics". *Journal of Economic Literature*, 43 (1), p. 9-64.

DE BONDT, W.F.M. (1998). "A portrait of the individual investor". *European Economic Review*, 42 (3-5), p. 831-844.

DE BONDT, W.F.M. & THALER, R. (1994). *Financial Decision-Making in Markets and Firms*: A Behavioral Perspective. [s.l.]: National Bureau of Economic Research.

DE ROSA, A.S. (2013a). "The role of the Iconic-Imaginary dimensions in the Modelling Approach to Social Representations". In: ARRUDA, A.; BANCHS, M.A.; DE ALBA, M. & PERMANDELI, R. (eds.). *Special Issue on Social Imaginaries* – Papers on Social Representations. [s.l.]: [s.e.].

_____ (2013b). "Taking stock: a theory with more than half a century of history". In: DE ROSA, A.S. (ed.). *Social Representations in the "Social Arena"*. Nova York/Londres: Routledge, p. 1-63.

_____ (2006). "'Por qué es importante' – Notas inspiradas en una mirada reflexiva a la Teoría de las Representaciones Sociales". In: VALENCIA ABUNDIZ, S. (ed.). *Representaciones Sociales*: alteridad, epistemología y movimientos sociales. Guadalajara: Universidad de Guadalajara/Centro Universitario de Ciencias de la Salud, p. 79-113.

_____ (2005). "A 'Rede Associativa': uma técnica para captar a estrutura, os conteúdos, e os índices de polaridade, neutralidade, e estereotipia dos campos semânticos relacionados com as representações sociais". In: PAREDES MOREIRA, A.S. (ed.). *Perspectivas teorico-metodológicas em representações sociais*. Recife: UFPB, p. 61-127.

_____ (2003). "Le 'réseau d'associations': une technique pour détecter la structure, les contenus, les indices de polarité, de neutralité, et de stéréotypie du champ sémantique lies aux représentations sociales". In: ABRIC, J.C. (ed.). *Méthodes d'etude des representations socials*. Paris: Erès, p. 81-117.

_____ (2002a). "Le besoin d'une 'théorie de la méthode'". In: GARNIER, C. (ed.). *Les formes de la pensée sociale*. Paris: Presses Universitaires de France, p. 151-187.

_____ (2002b). "The 'associative network': a technique for detecting structure, contents, polarity and stereotyping indexes of the semantic fields". *European Review of Psychology*, 52 (3-4), p. 181-200.

_____ (1995). "Le 'réseau d'associations' comme méthode d'étude dans la recherche sur les représentations sociales: structure, contenus et polarité du champ sémantique". *Cahiers Internationaux de Psychologie Sociales*, 28, p. 96-122.

_____ (1990). 'Per un approccio multi-metodo allo studio delle rappresentazioni sociali". *Rassegna di Psicologia*, 7 (3), p. 101-152.

DE ROSA, A.S.; BOCCI, E. & BULGARELLA, C. (2010). "Économie et Finance durant la crise financière mondiale: représentations sociales, métaphores et figures rhétoriques dans le discours des médias de l'automne 2008 au printemps 2010". *Les Cahiers Internationaux de Psychologie Sociale*, n. esp.: "Social Thinking and crisis", 87, p. 543-584.

DE ROSA, A.S.; BOCCI, E. & SUN, S. (2012). *Social representations of the stock market in financial advisors, investors and media*: Field study in two cultural contexts: Europe and China [Parte I do Simpósio *The European PhD on Social Representations and Communication Research Centre and Multimedia Lab*: an incubator for new generations of young researchers. Évora, Portugal, 25-28/06] [Disponível em http://www.cirs2012.uevora.pt].

DE ROSA, A.S.; BOCCI, E. & WANG, H. (2012). *Social representations of the stock market in financial advisors, investors and media*: Media Analysis on Chinese Journals and Comparison between European and Chinese journals [Parte I do Simpósio *The European PhD on Social Representations and Communication Research Centre and Multimedia Lab*: an incubator for new generations of young researchers. Évora, Portugal, 25-28/06] [Disponível em http://www.cirs2012.uevora.pt].

DE ROSA, A.S. & BULGARELLA, C. (2009). *Good "Real" Economics versus Bad "Virtual" Finance:* A rhetorical device in the media and expert discourse [Conferência *Behavioural Economics, Economic Psychology*: Theory and Policy. Halifax, Canadá, 07-11/07/2009].

DE ROSA, A.S.; D'AMBROSIO, M.L. & AIELLO, S. (2013). "Mapping Current, Future and Ideal Family Structure and Relations in Emerging Adults". In: ARRUDA, A.; BANCHS, M.A.; DE ALBA, M. & PERMANDELI, R. (eds.). *Papers on Social Representations Special* – Issue on Social Imaginaries.

DE ROSA, A.S.; ENRIETTO, G. & GIOIOSA, C. (2005). *Special events in the media, emotional impact and risk in stock market*: an analysis of the Italian press from 2002 to 2003. João Pessoa: IV Jornada Internacional e II Conferência Brasileira.

DE ROSA, A.S. & GIOIOSA, C. (2008). *Psychology of the Stock Market in the interface between Investors and Media* [Paper apresentado na Iarep/Sabe World Meeting 2008. Roma].

_____ (2004). *Impact of media communication on stock exchange trends*: Traditional speculation on the stock exchange and on-line trading. University of Cambridge: Fifth Inter-University Graduate Conference in Social Psychology.

DE ROSA, A.S. & GRANIERI, G. (1994). "Stanford Time Perspective Inventory: un contributo preliminare alla validazione italiana". *Comunicazioni Scientifiche di Psicología Generale*, 11, p. 11-129.

DE ROSA, A.S.; SIYU, S. & BOCCI, E. (2013). "Social Representations of the Stock Market in Financial Advisors, Investors and Media: a field study carried out in Europe and China". SABE; IAREP & ICABEEP. *Biennial Conference*. Atlanta, Geórgia: Clayton State University, 25-29/07.

FAMA, E.F. (1969). "Efficient Capital Markets: A Review of Theory and Empirical Work". *The Journal of Finance*, 25 (2) [Twenty-Eighth Annual Meeting of the American Finance Association New York, 28-30/12/1969].

FURNHAM, A. (2001). "Social representations of welfare and economic inequality". In: ROLAND-LÉVY, C.; KIRCHLER, E.; PENZ, E. & GRAY, C. (eds.). *Everyday representations of economy*. Wien: WUV Universitätsverlag, p. 113-136.

GANGL, K.; KASTLUNGER, B.; KIRCHLER, E. & VORACEK, M. (2012). "Confidence in the economy in times of crisis: Social representations of experts and laypeople". *The Journal of Socio-Economics*, 41, p. 603-614.

GÄRLING, T.; KIRCHLER, E.; LEWIS, A. & RAAIJ, F.V. (2010). "Psychology, Financial Decision Making, and Financial Crisis". *Psychological Science in the Public Interest*, 10 (1), p. 1-47.

GONZALEZ, C.; KORCHIA, M.; MENUET, L. & URBAIN, C. (2009). "How do Socially Responsible Consumers Consider Consumption?" *An Approach with the Free Associations, Recherche et Applications en Marketing*, 24 (3), p. 25-41.

GONZALEZ, A. & ZIMBARDO, P.G. (1985). "Time in Perspective: A Psychology Today Survey Report". *Psychology Today*, 19 (3), p. 21-26.

HUBER, J. & KIRCHLER, M. (2012). "The impact of instructions and procedure on reducing confusion and bubbles in experimental asset markets". *Experimental Economics*, 15, p. 89-105.

KAHNEMAN, D. (2011). *Thinking fast and slow.* Nova York: Farrar/Strauss/Giroux.

_____ (2002). *Maps of Bounded Rationality* – Nobel Prize Lecture, 08/12. Estocolmo [Vídeo (38 min.)] [Disponível em http://www.nobelprize.org/mediaplayer/index.php?id=531 – Acesso em 01/08/2013].

KAHNEMAN, D. & TVERSKY, A. (2000). *Choices, Values and Frames*. Cambridge: Cambridge University Press.

_____ (1979). "Prospect Theory: An Analysis of Decision Under Risk". *Econometrica*, 47 (2), p. 263-291.

KIRCHLER, E. (2007). *The Economic Psychology of Tax Behaviour*. Cambridge: Cambridge University Press.

KIRCHLER, E.; MacIEJOVSKY, B. & SCHNEIDER, F. (2003). "Everyday representations of tax avoidance, tax evasion, and tax flight: Do legal differences matter?" *Journal of Economic Psychology*, 24 (4), p. 535-553.

LEISER, D. & DRORI, S. (2005). "Naïve understanding of inflation". *The Journal of Socio-Economics* 34 (2), p. 179-198.

MAITAL, S. (1982). *Minds, Markets, and Money*: Psychological Foundations of Economic Behavior. Nova York: Basic Books.

MAZZARA, B. (2002). *Metodi Qualitativi in Psicologia Sociale*: prospettive teoriche e strumenti operativi. Roma: Carocci.

MOSCOVICI, S. (2013). *Le scandale de la pensée sociale*. Paris: Ehess.

_____ (2000). *Social Representations*: Explorations in Social Psychology. Cambridge: University of Cambridge.

_____ (1963). "Attitudes and opinions". *Annual Review of Psychology*, p. 231-260.

_____ (1961 [1976]). *La psychanalyse, son image et son public*. Paris: Presses Universitaires de France.

MOTTELLINI, M. & GUALA, F. (2005). *Economia cognitiva e sperimentale*. Milão: Università Bocconi.

OBERLECHNER, T. (2004). *The psychology of the foreign exchange market*. Wiley: Chichester West Sussex.

OBERLECHNER, T. & HOCKING, S. (2004). "Information sources news and rumors in financial markets: insights into the foreign exchange market". *Journal of Economic Psychology*, 25, p. 407-424.

OBERLECHNER, T.; SLUNECKO, T. & KRONBERGER, N. (2004). "Surfing the money tides: Understanding the foreign exchange market through metaphors". *British Journal of Social Psychology*, 43, p. 133-156.

ROSSI, S. (2013). *Processo alla Finanza*. Bari: Laterza.

SMITH, C.W. (2007). "The market as definitional practice". *Canadian Journal of Sociology* – Cahiers Canadiens de Sociologie 32 (1), p. 1-39 [Disponível em http://muse.jhu.edu/journals/cjs/summary/v032/32.1smith.html – Acesso em 13/07/2013].

STEPHAN, E. & KIELL, G. (2000). "Decision processes in professional investors: does expertise moderate judgmental biases?" In: IAREP/SABE. *Conference Proceedings*: Fairness and Competition. Viena: WUV/Universitatsverlag, p. 416-420.

STRACK, F. (2009). "The Crisis in Economics, a Challenge for Psychology". *Psychology Science in the Public Interest*, 10 (1), p. 1-47.

TVERSKY, A. & KAHNEMAN, D. (1992). "Advances in Prospect Theory: Cumulative Representation of Uncertainty". *Journal of Risk and Uncertainty*, 5, p. 297-323.

_____ (1974). "Judgment under Uncertainty: Heuristics and Biases". *Science*, 185, p. 1.124-1.131.

VAN DAALEN FUENTE, R.; CHIASSON, M.W. & DEVADOSS, P.R. (2008). "Virtuality and Non-Virtuality in Remote Stock Trading, Information Technology in the Service Economy: Challenges and Possibilities for the 21st Century". *The International Federation for Information Processing*, 267, p. 159-172.

VIAUD, J. & ROLAND-LÉVY, C. (2000). "A positional and representational analysis of consumption – Households when facing debt and credit". *Journal of Economic Psychology*, 21 (4), p. 411-432.

ZIMBARDO, P.G. & BOYD, J.N. (1999). "Putting Time in Perspective: A Valid, Reliable Individual-Differences Metric". *Journal of Personality and Social Psychology*, 6, p. 1.271-1.288.

FECHO

CONVERSAÇÃO COM SERGE MOSCOVICI

*Jorge Correia Jesuíno**

Há cerca de cinco anos, no fim de 2009 e início de 2010, propus a Serge Moscovici uma conversa sobre a questão da sua percepção do mundo atual no sentido lato. Por um lado, pretendia-se abordar a sua perspectiva sobre as tendências correntes num mundo abalado por crises sucessivas, que pôde testemunhar, e que em certo modo culminaram em 2008, mas também, por outro lado, ouvir a sua experiência pessoal na idade da sabedoria, se é que se pode dizer assim. Serge Moscovici aceitou. A entrevista decorreu em casa dele, eu gravei-a e, depois da transcrição, ele reviu o texto introduzindo algumas precisões e permitiu também publicá-lo, se assim o desejasse. Outras entrevistas são bastante conhecidas, nomeadamente a de Ivana Marková, que contribuiu certamente para esclarecer melhor a sua obra científica, ou os diálogos com Pascal Dibie reunidos num livro, sobre o seu papel pioneiro no movimento ecológico na França. A presente conversa, certamente menos longa, é mais pessoal, mais focalizada na sua vivência, na sua visão do mundo e, em certos aspetos, poder-se-ia entrever nela uma espécie de posfácio da sua *Chronique des années égarées*. Por ocasião da XI Conferência Internacional de Representações Sociais que decorreu em Évora em junho de 2012, sugeri a Serge Moscovici que nos debruçássemos novamente sobre a nossa entrevista incluindo-a numa publicação que reunisse as conferências lá apresentadas. Moscovici reiterou-me o seu consentimento, o que muito me alegrou. Serge nunca se repete, acrescenta sempre novidades às perguntas de sempre, uma marca que me parece bastante evidente ao longo da nossa entrevista.

---

* Professor emérito do ISCTE-IUL.

JCJ – *Eis a primeira pergunta: A percepção que tens do mundo de hoje, a tua visão do mundo. Será ainda um "admirável mundo novo"? O que é que mudou para melhor, o que é que mudou para pior. O que é que ganhamos, o que é que perdemos?*

SM – O que mudou, parece-me, é a forma como observamos a mudança e como falamos da mudança.

JCJ – *Ou seja?*

SM – Sim, é uma história darwiniana e não uma história marxista que provoca estas mutações durante uma mutação sem crises. Mas podemos também dizer o contrário, se quisermos a metáfora do clima. Aliás, é uma ideia que floresceu no século XIX, um século muito determinista. Não me lembro muito bem se o primeiro foi Augusto Comte ou Darwin, mas apostaria no Augusto Comte, que destacou o clima como fator determinante do desenvolvimento, ideia aproveitada pelos ingleses e por muitos outros, como Darwin, Taine, talvez Tarde. Por exemplo, atribuíam-se as revoltas populares, a agressividade das multidões, ao aquecimento climático. Assim, por vezes pergunto-me se esta Teoria do Clima é hoje uma teoria psicossocial ou uma teoria ecológica. Logo, compreende-se que se trata de uma evolução que não conhece crises, mas sim variações cíclicas. Isto deve dar-nos ideias sobre como "aperfeiçoar" os ciclos que parecem mais graves ou menos irracionais do que os ciclos econômicos. Se queremos chegar a um extremo, estamos no direito de dizer que um determinismo geográfico substitui o nosso correto determinismo histórico. Deves lembrar-te de que, depois da queda da União Soviética, se procurou um *happy end*, o fim da história. Foi a procura do Graal do século XX. Talvez se tenha encontrado, é o melhor para todos e cada um... o vermelho foi a cor dos nossos *unhappy beginning*, o verde torna-se a cor do *happy end*. Desculpa estas associações de ideias livres. Mas voltando à tua pergunta: Podemos realmente perguntar-nos porque é que queremos transformar, aperfeiçoar a nossa história, se ela se aguenta. Quando era mais novo, nos anos de 1990 tínhamos, eu tinha, uma visão, diria, mais histórica, isto é, aquilo que mudava, aquilo que esperávamos, era a transformação de nós próprios, da sociedade, era até um processo histórico, a inovação, a mudança etc. Ao passo que hoje tenho a impressão de que temos mais uma visão evolutiva, diria até comtiana, no sentido de Augusto Comte, da mudança, isto é, há coisas que se vão transformar, que se transformam em certa forma, portanto introduzimos um pouco o modelo do progresso, da evolução, do progresso, por assim dizer, o modelo hegeliano, marxista etc., e hoje é mais o modelo comtiano, diria até saint-simoniano.

JCJ – *Portanto, a história torna-se aleatória com mutações imprevisíveis.*

SM – Sim, a história são as forças que a transformam, que são opostas etc., o que significa que a evolução não tem crises. No entanto, havia na história, neste pensamento histórico, coisas que são contraditórias.

JCJ – *Hegel falava na astúcia da razão.*

SM – Sim, a astúcia da razão. Por isso, parece-me que o nosso sentimento da mudança mudou. É isso que me chama a atenção. Em segundo lugar, no mesmo seguimento, o que mudou foi o motor, ou não o motor, o modo de mudança. Deixaram de ser os grandes atores, as nações, as classes etc. Uma visão bastante instrumental, havia uma visão mais filantrópica. Isto é, há organizações, associações, mas não ações deste gênero. Podemos mudar o curso das coisas, a vida das pessoas – para mim é o modelo da vítima, *quem faz a vida humana da vítima*, portanto diria que antes a história era hiperfactual, pois era o que se queria, hoje a história é contrafactual, isto é, perguntamo-nos: o que seria a ordem da sociedade ou de determinado grupo se as coisas tivessem acontecido de outra maneira. Por exemplo, o que seria o mundo se Colombo não tivesse descoberto a América.

JCJ – *Aliás, mesmo na nossa disciplina, o pensamento contrafactual está na moda... Há uma década não se falava disto.*

SM – Isso está relacionado, é assim que às vezes vejo reações de pessoas quando digo que é preciso fazer isto, que é preciso fazer aquilo, pergunto-me: agora temos a crise e, mesmo a pessoas de extrema-esquerda, às vezes quando digo – temos de o fazer – mas quem tem de o fazer? Não há ninguém, isto é, a máquina deveria aguentar-se, devemos ter alguma ideia sobre como a melhorar, se houver pessoas que o podem fazer. Mas por que melhorá-la se ela se aguenta...

JCJ – *Isto lembra-me o provérbio em inglês, por razões óbvias,* if it is no broke don't fix it.

SM – Digamos que é Deus in ou *ex-machina*, mas sabemos onde vamos mudar realmente? É para melhor ou para pior? Não sei qual será a melhor resposta. Todos calculam que é para melhor. Hegel tinha razão em dizer que não aprendemos muito das experiências históricas. Mas lembramo-nos. E a minha lembrança é a da ameaça dos apocalipses ao mesmo tempo em que a promessa do paraíso. É por isso que não é difícil acreditar nas previsões a longo prazo e eu diria, como Keynes, que a longo prazo estamos todos mortos. Repara na crise econômica. Muitos a veem como um acidente ou um fenômeno anormal. Quando é um fenômeno inerente ao mercado. E não se deve sobrevalorizar os conhecimentos econômicos sobre os problemas da crise e as suas soluções. É isso que mais me chama a atenção, a ideia de como é que vamos mudar.

JCJ – *Temos alguma esperança em resolvê-la...*

SM – Resolvemos um problema, mas não um mistério. Foi Chomsky que escreveu num dos seus últimos livros que existem problemas que esperamos ter os meios cognitivos para resolver e mistérios que ultrapassam os nossos meios. Temos o sentimento de poder resolver mistérios porque somos uma espécie que sabe esperar e quer esperar. No *Livro do desassossego*, Pessoa escrevia isto:

> Se os homens soubessem meditar no mistério da vida, se soubessem sentir as mil complexidades que espiam a alma em cada passo da ação, não agiriam nunca, não viveriam até. Matar-se-iam de assustados, como os que se suicidam para não ser guilhotinados no dia seguinte (*Livro do desassossego*, texto 188).

Pessoa não só foi um grande poeta, mas também um grande pensador político. As crises do seu tempo feriram-no profundamente e os seus escritos são as cicatrizes. Sem dúvida que era reacionário, mas isso não o impediu de ver o seu mundo, o nosso mundo à frente, nem de encontrar as palavras adequadas, precisas, para nos dizer a verdade ou a sua verdade, pouco importa.

JCJ – *Mas ainda há esperança em resolver a crise...*

SM – Temos sempre este sentimento de esperança, não é algo que pensemos, é algo que vivemos, porque todos precisamos acreditar, para viver. Porque acontece o mesmo com o judaísmo e o cristianismo também. E não queremos pensar, como os gregos, que seria melhor não ter nascido. Mas tudo isto, que remonta à experiência da guerra, não me impede de esperar, mesmo com a minha idade, nem de admitir que o que realmente mudou para melhor, por muito que se diga, as pessoas vivem melhor desde a guerra. Não da mesma forma, mas melhor.

JCJ – *Qualidade de vida...*

SM – Sim, aspirações.

JCJ – *Vivemos mais tempo...*

SM – Mas não necessariamente mais felizes. Não estou a falar de felicidade. Esse é outro problema. Não sei se viver mais tempo não será uma questão ambígua. Mas eu penso: o que é melhor é o melhor? Não tenho a certeza.

JCJ – *Há na atualidade alguma coisa que te choque?*

SM – Sim, eu pergunto-me, coloco-me essa questão, mas isso não me assusta. Estou a pensar no higienismo, no malthusianismo. É a descida da natalidade. Por dois motivos: Primeiro, porque acontece em países que têm determinadas religiões que deveriam ter impedido tudo isto. Por outro lado, parece-me que existe desamor pela vida, como diria, para quem é que fazemos tudo isto? Penso que, se fizesse uma análise mais factual, haveria outras coisas a ter em conta: entre outras, as relações homem-mulher... até um certo nível de interrogação. Este malthusianismo não deixa de ser um medo.

JCJ – *Ou talvez um certo egoísmo.*

SM – Isso pode introduzir um racismo a dois. Não é um problema de egoísmo, é uma espécie de sentimento que vem de longe, do tempo em que eu vivi numa sociedade em que os filhos eram considerados uma riqueza e o fato de não os termos uma maldição. Lembro-me de que na altura em que nasceu a ecologia discutia muito com amigos a hipótese do Clube de Roma, que associava o despovoamento do planeta ao desenvolvimento ecológico. E lembro-me de ter escrito que, pelo contrário, é a riqueza que diminui a natalidade. Talvez a nossa diminuição da natalidade seja consequência do enriquecimento das nossas sociedades. Mas qualquer solução de um problema antigo cria um novo problema. É evidente que se trata da questão da memória. Quem se lembrará de nós, do nosso tempo? Como se irá transmitir a nossa geração, a nossa cultura, de uma geração à outra? O quê da memória coletiva interna, viva, carnal? Observa-se o sintoma de uma transmissão anônima, da qual o mais evidente é a museificação da história, de uma memória coletiva externa. Repara na epidemia de museus e de memoriais que vemos nas aldeias, nas cidades e em todo o mundo. A museificação do tempo social é um dos fenômenos mais assombrosos. Já não transmitimos, as coisas transmitem-se.

JCJ – *Uma vicissitude do individualismo?*

SM – Sim, também há individualismo. Mas estou a pensar mais na einsteinização da cultura. Se a cultura é transmissão, nós transmitimos tudo à velocidade da luz – o dinheiro, as mensagens e assim sucessivamente –, à velocidade de qualquer coisa – do dinheiro, da circulação...

JCJ – *Isso lembra-me as reflexões de Virilio... Esta aceleração preocupa-te? Esta sensação de* hubris, *de desmesura? Uma* *certa fuga em frente? O sistema tornado descentrado ou mesmo acentrado?*

SM – Talvez. Mas eu o formularia de maneira diferente: os físicos, e acho que os astrônomos, falam de *breaking of symmetry* e usei-o com um matemático – Serge Galan para o fenômeno de *group polarization*. Poderíamos dizer que, enquanto as interações sociais são frágeis, estamos numa situação de equilíbrio ou de simetria, mas assim que os indivíduos interagem, assim que as interações se tornam mais fortes, observamos uma quebra de simetria, logo, assimetria. Existem inúmeros exemplos de assimetria: o cérebro esquerdo e o cérebro direito, genes que não são simétricos, e assim sucessivamente. Tal sistema dissimétrico afeta matematicamente outro ponto de simetria, que chamamos ponto crítico. Uma vez afetado este ponto crítico, é difícil saber o que acontece, prever o que vai acontecer.

JCJ – *Estavas a falar em crise. Esta crise estava prevista há uma década e todos sabiam: os políticos, os economistas etc. e não fizeram nada. Eu não diria que estivessem mal-intencionados, diria que não podiam fazer nada, devido ao caráter sistêmico da situação.*

SM – Mas não deviam fazer coisas precipitadas. O sistema financeiro, com as suas possibilidades técnicas, cria atualmente veículos de bolsa que a maior parte das pessoas não compreende.

JCJ – *Demasiado abstratos...*

SM – Lembro-me de alguém que conhecia os mecanismos da Bolsa me dizer: eu não compro porque não percebo. Estamos num sistema que não percebemos. A noção de crise não é crucial. Do ponto de vista econômico, isto não seria uma crise. Repara – as crises do passado, a agitação. Estou a lembrar-me de que os americanos ainda falam na crise de 29... Isso sim foi uma crise. Esta não é uma crise.

JCJ – *Gostaria de te fazer a pergunta veiculada por Luhmann – ele diz que o mundo se está a tornar cada vez mais improvável. Se tiver uma ponta de razão, isso seria muito preocupante.*

SM – Pressupomos que sabemos, mas neste sistema humano, não sei... Acho que... Quando penso que eu próprio atravessei dois ou três mundos, penso que existem mundos...

JCJ – *Acho que não concordarias com Luhmann, pois dás sempre mais espaço ao ator do que ao sistema.*

SM – Se não houver ator não há nada, é o que eu penso.

JCJ – *As minorias ativas: um conceito central na tua visão do mundo e na tua investigação.*

SM – Não digo que só o ator, seja tudo, mas...

JCJ – *Ele pode enganar-se, desorientar-se...*

SM – Mas acho que a nossa forma de pensar... Eu diria que há problemas de teologia – não no sentido "Deus existe ou não", mas, poderíamos dizer, o homem existe ou não, e o que é o homem que existe. Acho que aí reside o problema: compreendê-lo porque é estranho, porque nem sequer estamos amarrados a uma tradição, porque queremos ativamente fazê-la desaparecer e fazê-la aparecer em forma de museu. Temos também a ideia de que se pode refazer a história – isso é o contrafactual. As pessoas viviam na ideia de que tinham uma tradição. Queriam mudar o mundo – viviam nesta ideia de continuidade, mas nós não vivemos nessa perspectiva, estamos um pouco numa visão maquinal, autômata.

JCJ – *Estás desiludido...*

SM – Não, não estou desiludido: Podes ter uma visão dramática sem estar desiludido.

JCJ – *Coloco-te a questão da nova geração. Parece-te preocupada com o futuro? Mais concentrada no presente? Demasiado hedonista?*

SM – Não acho. Paradoxalmente era por isso que eu dizia que há vários momentos. Hoje o mundo não me parece hedonista. É um mundo que não se reflete o suficiente, que não se questiona.

JCJ – *Deixam andar...*

SM – Não. Vivem uma vida mais organizada, mais previsível, não deixam andar. O que é que ganhamos? Não é um problema de caráter individual ou de caráter nacional, não sei...

JCJ – *Hoje fala-se muito de confiança, a palavra confiança está em todo o lado. Pensas que é algo realmente precioso? E que agora esta confiança se está a perder.*

SM – A confiança é algo muito precioso, sim, mas o que fazemos não é bem fazê-la viver. Chama-me a atenção esta busca, esta obsessão com o futuro. Também é importante lembrar que nós conhecemos muitos mundos, no sentido em que vivemos coisas históricas muito grandes.

JCJ – *Por exemplo, o emprego – está a tornar-se precário, cada vez mais precário, por isso as pessoas são convidadas a individualizar-se e a gerir a sua própria vida sem garantias.*

SM – Repara, agora mesmo, em relação a este problema efetivamente cruel, se o comparar com o mundo que conheci há muito tempo, era um mundo em que não havia paraquedas dourados ou de outra cor. Penso que, por motivos desconhecidos, nos parece que foi melhor do que realmente foi, como quando as mulheres dizem que antes as mulheres não trabalhavam e agora trabalham – é extraordinário – porque 90% da população eram de camponeses e no campo as mulheres trabalhavam como animais, tal como os velhos. Eu lembro-me de uma vez, nos anos de 1970, ter ido ao Algarve e, numa casa, haver um homem de 80 ou 85 anos que ainda trabalhava. As pessoas trabalhavam. Até os burgueses. Nos romances de Balzac as pessoas trabalhavam. O mundo era muito precário, eu diria ao nível fundamental. Morriam de fome. Bem, havia a tuberculose, a sífilis. Quando eu era novo ainda não havia a Aids. Eu digo que não vemos bem o que era aquele mundo, aquele passado. Não havia esta incerteza, mas isso não quer dizer que houvesse certeza. Agora temos uma incerteza porque se diz às pessoas que podemos chegar a certezas. Diz-se que os estudos nos vão levar a determinado estilo de vida, a uma profissão em concreto, as *business schools* estão em todo o lado, mas o mundo econômico não é um mundo estável, nunca foi um mundo estável. E o mundo em geral.

JCJ – *Pode ser que este desejo de futuro seja precisamente consequência de tudo se tornar menos previsível e as pessoas terem esta aspiração de estabilizar um pouco o mundo.*

SM – Bem, existem anos de seca, vacas magras e depois vêm as vacas gordas.

JCJ – *Os ciclos e contraciclos...*

SM – Uma vez estava em Lovaina a dar aulas e conheci um psiquiatra que me queria convencer, e convenceu, de que tudo o que é vivo é cíclico. É um pouco verdade, o que o mundo faz é girar. Mas a história tem mais a ver com a história cosmológica.

JCJ – *É o eterno retorno...*

SM – Não é bem o eterno retorno, antes a metáfora de Pascal: agressão/regressão. Realmente parece-me isso. É difícil viver assim. Este mundo faz-nos uma pergunta: ainda transmitimos alguma coisa? Porque as coisas transmitidas são importantes. Fiz até uma investigação sobre as representações sociais – o que é o passado... *este modelo de catástrofe... e ninguém, pareceu-me, ninguém fazia a comparação com a sífilis que* chegou a Itália no século XVI. Com a sífilis vieram os medicamentos, os antibióticos e depois, refletindo, reparei que houve sífilis do século XVI ao XX, por isso se olhares para a história europeia do século XVI ao XX, foi a época mais brilhante. Mesmo em termos demográficos... Estás a perceber... É preciso observar o mundo... Não sou um otimista, mas se intelectualmente tentarmos compreender, o que é que concluímos? Que já não há uma quota-parte nos parâmetros, uma sabedoria de vida, de cultura, uma forma de refletir.

JCJ – *Precisamente.*

SM – O que é que se diz hoje a respeito da universidade? A universidade é um local profissional: vamos lá estudar para arranjar emprego. A universidade não pode fazer isso. Criou empregos de psicólogo, por exemplo. Há 40, 50 anos, isso não existia. Não havia estudos, não havia psicólogos. O emprego de informático, de sociólogo. Os estudos do mercado... Só havia um, e agora há em todo o lado.

JCJ – *Precisamente. Diz-se que o progresso das ciências sociais, talvez no mau sentido, o fato de medirmos e tentarmos medir a qualidade cria a ilusão de fazer a regulação do sistema.*

SM – Mas não digo isso em relação ao trabalho, diz-se que não se faz nada, mas criou-se muita coisa. As pessoas é que não percebem isso. Mas ainda assim penso que a universidade é um lugar de transmissão... A escola em geral. Sempre o foi – é a sua funcionalidade. Transmitem-se saberes, formas de sentir. Essa hipótese de um mundo perfeito.

JCJ – *Agora gostaria de perguntar qual a relação que estabeleces entre a ciência e a tecnologia. Tínhamos a ciência e as aplicações...*

SM – Falei disso no meu ensaio sobre a história natural da natureza. Mas parece-me que o problema ultrapassa as relações entre a ciência e a técnica. Onde é que está a ciência e a técnica? Não posso falar da causa. Não me parece que saibamos a causalidade, a explicação, mas é o pensamento mágico que conhece a causa de tudo. Finalmente, por observação, penso que estamos perante um fundamentalismo tecnocrático muito generalizado que ultrapassou o limite do racional, seja no Estado ou nas empresas. Fomos muito longe, estamos agora na "gaiola de ferro", e a verdade é que a atividade científica, tal como a atividade técnica, têm muito menos autonomia do que há 50 anos.

JCJ – *A tecnociência...*

SM – Sim, nem julgo que seja a epistemologia que está em causa, mas sim o fato de, afinal de contas, como qualquer coisa, até a religião, entrar numa espécie de sistema institucional. Afinal, a Igreja romana... Não foi o cristianismo que foi romanizado, mas Roma que... Penso que a ciência e a tecnologia estão nesta gaiola de ferro, tudo entra lá. Portanto, é ao mesmo tempo a forma de fazer, as perguntas que nos fazemos, as instituições em que isso acontece têm neste momento o caráter desta gaiola, por isso não é um problema puramente epistemológico.

JCJ – *Então seria o quê?*

SM – A verdade é que afinal de contas: para quem se trabalha, como se trabalha não é definido por essas coisas. É evidente que as ciências não são ectoplasmas, estas têm uma certa dinâmica, como qualquer autonomia, questionamo-nos sobre qual é a forma dominante, a forma característica a dada altura... Então volto à questão da ecologia: no plano ecológico, todo o problema do clima concentra-se numa coisa que na minha opinião não é fácil, nem refreável, mas é de certa forma organizável, administrável, e *portanto, ao ser a tendência dessa racionalidade, aí reside a implicação e a transformação.* Trata-se de técnica ou de evolução da ciência?

JCJ – *Fala-se de regulação...*

SM – Por exemplo, vejamos um caso trivial, o caso do problema da publicação, um problema para muitas pessoas. Pensamos que se pode avaliar a ciência a partir de publicações e, portanto, a qualidade de um investigador a partir das publicações – não digo que isso não tenha importância, que não esteja relacionado, mas existe uma correspondência pouco nítida, portanto temos o problema do *impact fator*... Mas não quero discutir isso, não deixa de ser um instrumento de medição do imensurável, porque a publicação não define nem a qualidade das descobertas nem qualquer outra coisa, nem toda a escolástica a fazia. Portanto está tudo neste funcionamento. Uma pessoa disse-me que não ia publicar artigos com 10 anos. Este fenômeno está em todo o lado.

JCJ – *Efeitos perversos...*

SM – Não, não são efeitos perversos, não me parece, é o mesmo tipo de pensamento, de ação, de organização que aquele que diz que a natureza é o clima. Enfim, acho que é isso.

JCJ – *Dirias que "a natureza é o clima" é uma representação científica?*

SM – Não, não acho, é uma representação social. Não é decidido fora disso. É lá que se inscreve a decisão.

JCJ – *Esta é uma fórmula surpreendente, com consequências.*

SM – Claro que tem consequências.

JCJ – *Passemos a um plano mais pessoal. Digamos que olhas para a tua vida como uma trajetória, uma linha com oscilações, altos e baixos... A noção grega de* achmé *tem algum sentido para ti?*

SM – Sim, à volta dos sessenta anos.

JCJ – *E por quê?*

SM – A minha vida profissional, intelectual foi determinada por dois ou três encontros excepcionais: com Lagache e com Koyré. Eles foram os meus mestres e atrever-me-ia a dizer os meus pais. Sim, os meus pais. Porque me ajudaram numa altura em que eu não tinha nada e não conhecia ninguém. Mas também o fato de, depois do doutoramento, ter podido ocupar a cátedra de Psicologia Social na Sorbonne. Foi-me proposta por Fraisse. Mas preferi ir para a École des Hautes Études, que na altura estava *in statu nascendi* ao lado, senão fora da Universidade. Iniciei então uma vida profissional muito intensa, muito ocupada como membro do Transnational Committee on Social Psychology, presidente da European Association e, a partir de 1968, muito, muito ensino. Por causa do mês de maio de 1968, comecei a lecionar psicologia social em Genebra e na École Polytechnique, por exemplo. Trabalhei na criação do movimento ecológico, portanto, como se diz, fiz política, participei em eleições, aprendi a fazer campanhas eleitorais e esse tipo de coisas. Em Paris tinha uma equipe formidável, criamos um laboratório de psicologia social, depois o Laboratório Europeu de Psicologia Social (LEPS). Também conheces o meu envolvimento na corrente das representações sociais. Mas não te vou contar o meu *curriculum vitae*. Poderia ter continuado o ensino na École, porque podemos fazê-lo depois de nos reformarmos. Mas saí nos anos de 1980. Desde então dedico-me à investigação, às relações com outros investigadores e autores e ao LEPS. Não tinha outras obrigações de teses, de administração, o que me permitiu descobrir a América Latina, de que é difícil falar sem ficar sentimental.

JCJ – *Seja como for, nunca paraste.*

SM – Nada mau, em relação àquela altura, mas o ritmo da minha vida mudou um pouco, nunca deixei de trabalhar, mas toda a minha vida esteve cheia de incertezas – a guerra, a infância. Não é habitual. Só depois tive a sensação de segurança e é o mais importante, digamos, as recompensas.

JCJ – *E no aspecto familiar? O fato de teres tido filhos com prestígio.*

SM – O mérito é deles. De vez em quando penso nisso e pergunto-me o que tive a ver nisso. E fico muito contente.

JCJ – *Acompanhaste-os?*

SM – Sim, não tive grandes dificuldades.

JCJ – *Nunca foram problemáticos?*

SM – Somos todos problemáticos, mas não tive problemas muito difíceis, muito insolúveis. Penso que os problemas com os filhos são muitas vezes becos sem saída. Eu nunca tive becos sem saída.

JCJ – *A alegria de ter netos.*

SM – Eu admiro-os. O casamento funciona ou não funciona. Fiz uma coisa bonita. Quando casei, pensei que tinha de ter filhos. Não é problemático.

JCJ – *Tens projetos que ainda queres cumprir?*

SM – Sim, tenho.

JCJ – *Pergunto quais serão.*

SM – Não é segredo. Interessa-me um problema que me é familiar, não tanto o do racismo, da discriminação, como o da perseguição. Trabalho há alguns anos com Juan Perez a respeito dos ciganos e fizemos um estudo internacional no LEPS. É uma espécie de regresso à infância porque os conheci no campo, na Roménia, onde o meu pai tratava dos cereais. As leituras que fiz, psicologia social, antropologia etc., permitiram-me compreender melhor as relações, os comportamentos que já conhecia. E perguntar-me se podemos encontrar uma solução para o racismo – podemos encontrar uma solução para este novo problema da sociedade contemporânea. Sim, é um novo problema porque as nossas sociedades são as primeiras a basear-se nas crenças laicas dos direitos humanos e estipulam-no formalmente. Não considero o racismo um preconceito, mas sim um sistema de crenças ou de representações sociais. E temos um conflito de crenças num mundo que tenta invocar um sistema oposto de crença, uma representação da sociedade. Portanto, trata-se de um conflito ético-político ligado à perseguição de uma minoria pela maioria. E temos aquilo que é uma sociedade de perseguidores, graças aos estudos dos historiadores sobre a Idade Média. Quando estou pessimista, comparo o racismo à paranoia, que é uma psicose, ou comparo-o a uma neurose que acompanha os nossos conflitos sociais correntes. É a razão pela qual me pergunto se a investigação neste âmbito aprofunda o suficiente, se tem em conta o caráter histórico destes grupos e assim sucessivamente. Conseguiremos ver a saída deste conflito etc. etc. Pode haver outras saídas para além da assimilação, que é o segundo plano de numerosas teorias. Não funcionou com os ciganos, nem sequer com grupos étnicos, os catalães e os bascos em Espanha, os flamengos na Bélgica, que se pensava que se iriam fundir numa só nação. Abordei este aspecto ético-histórico e cheguei a escrever um artigo para uma conferência em Brasília, mas não me atrevi a apresentá-lo. Trabalhei em paralelo a respeito da vítima, como um novo tipo social. O Juan Perez e eu fizemos experiências sobre minorias vitimárias... O que me serviu de inspiração durante as minhas investigações, e que considero um modelo foi o livro *Loucuras e representações sociais*, de Denise Jodelet. Se substituíres os loucos que vivem numa cidade pequena normal por ciganos, judeus etc., vês mais ou menos os mesmos processos de perseguições, de condenações, concebidos juntos e de forma mais dinâmica do que na maioria dos estudos que são publicados.

JCJ – Nos *Estados Unidos fala-se de* melting pot... *Por que é diferente?*

SM – A primeira vez que abordei esta questão das perseguições foi quando conheci Poliakov, que tinha escrito um livro sobre causalidade diabólica, inspirado por Lévy-Bruhl para explicar o grande conjunto, e já não me lembro de qual era a sua intuição. Seja como for, tinha a ver com as relações entre o homem e o animal e eu tinha preparado um artigo para o colóquio "Homem e Animais" que ele tinha organizado na altura. Não podemos transformar os animais em homens, nem vice-versa, mas a mistura das espécies era uma intuição interessante!

JCJ – *Parece que lamentas esta espécie de ontologia difícil de ultrapassar. Uma espécie de esquismogênese, aproveitando o termo de Bateson.*

SM – Conheci o Bateson uma vez, numa conferência em Paris sobre a construção social do real que tinha havido em Los Angeles, no século passado. Confesso-te que não percebi muito bem a sua Teoria da Esquismogênese, mas a do *double bind* é genial.

JCJ – *E agora também temos os velhos, não é?!*

SM – Sim.

JCJ – *Alguém disse que se forem santos, cientistas, são toleráveis... Lembro-me de me teres dito que, de imediato, isso é racismo.*

SM – Eu não tenho nada a dizer àqueles que acreditam na luta dos jovens contra os velhos: As gerações entram em guerra, assumindo que os velhos usufruíram de uma época de abundância e de pleno emprego enquanto os jovens irão conhecer uma época de escassez e desemprego. A guerra é imediatamente declarada nestes termos e não há lugar para um acordo. Nas sociedades exóticas os velhos são postos num coqueiro à espera do seu fim. Cria-se uma classe de anacoretas sociais que devem ser colocados sob a alçada de associações de caridade. E a tanatologia científica, os médicos de topo consideram-nos organismos cansados, sem esperança de vida, mas ainda assim organismos aos quais se reconhece uma capacidade de órgãos no mercado da saúde. A nova ética que opõe uma moralidade mais do corpo médico, sem cálculos nem interesses, considera anômico que estes fins de vida possam chegar a uma decisão tomada por eles e deve voluntariamente fazer o seu sacrifício, a sua morte. Ou que a maioria dos idosos obedeça a qualquer regra ou decisão desde que não seja a deles. O homem que ontem se podia considerar pai ou mãe, membro de uma família, de uma comunidade profissional ou religiosa para a sua alegria ou a dos outros encontra-se desgraçado, senão preso, numa classe ou numa categoria: os velhos. Mesmo que continue a viver e a trabalhar como os outros, isso não muda nada. Nenhum governo ou sociedade se atreve a colocar aos velhos a questão da ética tanatológica, que considera o topo da ética, aquilo que chamamos a família recombinada. É um termo bárbaro. No meu livro *La société contre nature* previa a evolução de uma família de filiação para uma família de afiliação, para o fim da guerra dos sexos. E é uma noção que ganhou a simpatia de inúmeras militantes do movimento feminista. Não há dúvida de que a família recombinada é mais científico e mais racional numa cultura como a nossa, que só gosta do social ou do afetivo na rede. O racismo entre velhos? Já nos acostumamos, é como a heroína ou a cocaína, já não podemos viver sem ela. Não estou contra as drogas, porque não conheço nenhuma sociedade sem droga. As proibições falharam sempre. Agora que estão a desaparecer determinadas formas de racismo ou de racismos, procuramos novas formas para alimentar a rapacidade, o medo, o egoísmo. São os novos racismos que, numa sociedade sem crenças fortes nem princípios imperativos, apenas encontram obstáculos antigos. Não há teólogos a debater sobre a questão, a noção de se os índios são homens, nem Pascals para se perguntarem por que os judeus ainda não desapareceram e não os podemos eternizar: são as testemunhas, as únicas testemunhas válidas dos milagres de Cristo. E os ciganos são testemunhas das perseguições do nosso continente há seis séculos. A sua origem é um mistério e a sua resistência às perseguições um outro mistério. E, tal como os judeus das grandes épocas resistiram às conversões, os ciganos resistiram às sedentarizações forçadas, embora a maioria não seja nômade. Seja como for, com o tempo as questões mudam. Antes perguntávamo-nos por que existia o antissemitismo. James Joyce tinha razão ao dizer que, desde Hitler, temos de nos perguntar por que é que o antissemitismo é o preconceito mais fácil de provar? Quando li esta pergunta escrevi no meu caderno – "começa com os judeus, mas não acaba com eles". Agora sabemos mais, sabemos muito mais do que isso... Sabemos que, quanto mais quisermos ganhar, mais perto estamos de perder tudo. E neste imenso esforço da Alemanha para unificar o povo, estabelecer o seu território, não se podiam basear no preconceito mais fácil de provar às massas. No estado atual das coisas seria um erro apoiar-se no preconceito mais fácil

de provar da idade. Claro que haverá um momento de impaciên-
cia, de fervor, em que se ganhará consciência de que uma sociedade que não pode olhar os seus pais nos olhos no momento do
adeus é uma sociedade que não vê, que não sabe ver.

JCJ – *Uma última pergunta: encontrei no Deleuze uma frase
um pouco enigmática: "A velhice é um desejo... mesmo a morte"
e também: "É preciso morrer depressa". Isto diz-te alguma coisa?*

SM – O único que sei da morte é a solidão. A solidão absoluta
do instante. O único que a biologia nos ensina é o que é inerente
à vida. Deleuze tem razão, mas o desejo da morte é mais sexual,
mais intenso quando somos novos, na idade das "pequenas mor-
tes". Mas acredito no desejo de uma morte bela. O sentimento
de espera e de esperança nunca desaparece. Estou a lembrar-me
da morte de uma amiga há quatro ou cinco anos. Ia vê-la e fala-
va-lhe sempre de Spinoza, do seu princípio de perseverança da
vida, da tristeza e da alegria, e ela não deixava de pensar, de me
pedir esclarecimentos até ao fim, quando deixou de respirar, eu
olhava para ela à espera não sei bem do quê. O que é injusto é
morrer sozinho, sem ninguém. O sinal da nossa civilização é que
a maior parte das pessoas morre sozinha, no hospital, sem ouvir
nenhuma voz familiar, afetuosa, nem se despedir.

Durkheim teria dito que é profano, eu diria que é uma profa-
nação da morte. O que nos paralisa é o símbolo da ruptura social
que se exprime desta maneira, uma fuga do homem e da mulher
que não é capaz de continuar a enfrentar a sua angústia perante
a solidão da morte que se torna a sua própria. Propagou-se o
medo, um medo sem nome e incontrolável perante o nascimento como perante a morte, propaga-se no meio de nós. Não é a
religião que o pode acalmar na nossa cultura, nem os mitos de
substituição que os indivíduos inventam na internet e circulam
à velocidade da luz. Não são pensamentos críticos nem quei-
xas. Apenas questões sem resposta que só as sociedades podem
dar, inventar. Contra o reino da abstração (ou da boa consciência
científica) é uma vontade de realidade, uma fome de diálogos
que se exprime desta maneira. Eu acuso-te de a teres provocado!
Isto tem algo de profundo, eu tenho a impressão, já que falamos
em estigmatização, de que há uma biologização, uma neoeugê-

nica – este neoeugenismo, parece-me, ao fato de que agora a medicalização, o direito à morte, damos ao médico o direito de não nos salvar, este é um problema ético enorme... Sim, talvez a velhice seja um desejo desta sociedade, parece-me, para a qual o passado tem importância, talvez uma espécie de desejo de paz, de sair do labirinto social, do mundo da interrogação, sim, um desejo de paz.

JCJ – *Um desejo de paz, de fechar um círculo... de totalizar.*

SM – Sim, de totalização.

JCJ – *Um desejo ambíguo...*

SM – Relativamente ao discurso sobre a velhice existem duas facetas: existe o discurso do triunfo da ciência e do prolongamento da duração da vida, o segundo é a carga dos velhos que pode levar a pôr os velhos no coqueiro – o eugenismo... Enfim, o desejo da minha morte, do eugenismo, é a mesma coisa: a biologia, a doença, tudo isso, os dois discursos caminham juntos.

JCJ – *Esses dois discursos sobre a velhice, encontrei-os sistematicamente na história no Ocidente.*

SM – É como os ciganos...

JCJ – *Sim, também li em Lobo Antunes, um escritor português, agora doente, "que até a morte perde genica com a idade".*

SM – Portanto será que há um desejo de morte...

JCJ – *Sim, e se a morte é algo romântico, dramático, todos aspiram a morrer de repente.*

SM – A morte é um acabamento, seja como for.

JCJ – *Essa lentidão da morte...*

SM – Estou a pensar num escritor, num historiador, qualquer um de nós na École, que tenha escrito sobre as cartas de fim de vida, de pessoas que escreviam no fim toda a sua filosofia. Na religião cristã, o ritual desempenhava um papel importante, mas na religião judaica não há paraíso nem inferno, portanto na oração que se faz pelos mortos estes são perdoados pela sua ausência da comunidade. Portanto, neste caso o deslizamento do individualismo não é solitário. Ninguém se importa. A morte passou a ser como um suicídio. Festinger decidiu ficar em casa.

JCJ – *Existe alguma relação entre morrer na cama e esta obsessão dos gregos de sepultar os cadáveres?*

SM – De qualquer forma, os mortos não estavam mortos, porque deixavam comida etc. Mas a espiritualidade do discurso de hoje faz com que a idade seja um estigma. Não é um problema político, mas repara nos políticos – o caso de McCain ou, antes, o caso de Churchill e de Roosevelt. Numa sociedade em que é proibido dizer a uma mulher que é uma mulher, estamos nesta assimetria constante, como disse ao princípio. Não vemos o que é proibido num nível e permitido no outro.

JCJ – *Mas, por outro lado, e contra mim falo, é um pouco irritante quando as pessoas parecem dar-nos os parabéns por continuarmos aqui, por termos sobrevivido.*

SM – Concordo. Ainda há um discurso das coisas que não aceitamos noutro lado. Dou-te um exemplo: os que fizeram a Marselhesa. Tens pessoas que vão buscar boas razões para coisas que de outra forma não aceitam. Há ao mesmo tempo boa vontade e má vontade. Percebo bem o que as pessoas sentem.

JCJ – *Não deixo de me irritar, talvez seja uma reação excessiva.*

SM – Tens razão. É como se eu dissesse a uma mulher "a senhora é bonita, não tem rugas..." Parece-me que este tipo de sintomas demonstra bem que queremos tudo – uma sociedade moral – e ao mesmo tempo fazemos exatamente o contrário.

JCJ – *Voltando a Bateson, estamos sempre numa situação de* double-bind.

SM – Claro!

JCJ – *E às vezes são* double-bind *que criamos para nós próprios.*

SM – Claro, quem mais poderia criá-los.

OS AUTORES

Sandra Jovechlovitch é professora do Departamento de Psicologia Social, da London School of Economics and Political Science (LSE), Londres, desde 1995. É diretora do mestrado em Psicologia Social e Cultural. É graduada e tem mestrado em Psicologia pela Universidade Católica do Rio Grande do Sul (PUCRS), onde foi professora. É professora-visitante na França, Brasil e Suécia e conselheira de uma ampla gama de organizações nacionais e internacionais, incluindo a UNESCO e a OMS. É membro da Sociedade Britânica de Psicologia desde 2012. As suas principais áreas de interesse são a Psicologia Social das Esferas Públicas, o Desenvolvimento Comunitário, a Teoria das Representações Sociais e o Contexto Sociocultural do Desenvolvimento, do Conhecimento e da Transformação e Sociabilidades Subterrâneas.

Jorge Correia Jesuíno é professor emérito no Instituto Superior de Ciências do Trabalho e da Empresa – Instituto Universitário de Lisboa (ISCTE-IUL) e na Universidade Lusófona de Lisboa. Trabalha como investigador no Instituto Superior de Ciências Políticas (ISCSP) na Universidade Técnica de Lisboa. Concluiu em 1968 sua formação em Filosofia pela Universidade de Lisboa, tendo apresentado doutorado em Sociologia na Universidade Técnica de Lisboa em 1985. Em 1990 terminou as provas de agregação também na Universidade Técnica de Lisboa. Recebeu o título *honoris causa* na Universidade Federal do Paraíba (UFPB) em 2008. Publicou centenas de artigos e capítulos de livro, colaborando em várias investigações em instituições nacionais e internacionais.

José Alberto Gomes Machado é professor catedrático da Universidade de Évora e presidente do Conselho Científico da Escola de Ciências Sociais, da qual foi, até 2013, diretor. Nessa universidade, desempenhou, entre outras, funções de Pró-reitor, presidente do Conselho Científico, diretor da Biblioteca Geral e do Centro de História da Arte. Doutorado em História da Arte, é autor de diversos estudos sobre arte e cultura do período barroco (século XVIII). Tem escrito e publicado sobre temas diversos, como o alcance da História da Arte, a problemática do barroco luso-brasileiro, Caravaggio e Rembrandt, entre outros. Foi conferencista-convidado nas universidades de Valladolid, Liège, Helsinqui, São Petersburgo, Rio de Janeiro, Salvador, Belo Horizonte e Dartmouth (Massachusetts). É membro da Associação Portuguesa de Historiadores de Arte, do Centro de Estudos de Bioética e da Sociedade Científica da Universidade Católica Portuguesa, bem como da Mediterranean Studies Association.

Jaan Valsiner é professor da Escola de Psicologia Francis Hiatt da Universidade Clark desde 1997. Fez a sua graduação e pós-graduação na Universidade de Tartu em 1976 e em 1979, respectivamente. Integra o Programa de Comunicação e Cultura da mesma universidade. Participa em grupos de pesquisa no Brasil, Holanda, Austrália e Estônia, e é membro ativo do Fórum de Pesquisa Social Qualitativa (FQS, sigla em alemão). Recebeu o Prêmio de Pesquisa Alexander von Humboldt, na Alemanha, em 1995. É um dos mais eminentes especialistas mundiais em Psicologia do Desenvolvimento. Seu principal interesse é a organização cultural de processos mentais e afetivos no desenvolvimento humano durante todo o desenrolar da vida. Outros temas que lhe interessam são história da Psicologia como fonte de ideias para o avanço da disciplina e Modelos teóricos do desenvolvimento humano.

Denise Jodelet é professora titular da École des Hautes Études en Sciences Sociales. Possui graduação em Licence D'Enseignement de Philosophie pela Université Paris-Sorbonne (1953), graduação em Diplôme D'Etudes Superieures de Philosophie pela Université Paris-Sorbonne (1954) e o Doctorat d'Etat à l'Ehess pela École des Hautes Études en Sciences Sociales (1985). Recebeu o título *honoris causa* na Universidade Federal do Rio de Janeiro em 2009. Foi professora-convidada de várias universidades sul-americanas. Tem vasta experiência na área de Psicologia, com ênfase em Psicologia Social. Suas principais áreas de interesse são a Teoria das Representações Sociais, Representações Sociais, Saúde Mental, Alteridade, Cultura. Publicou muitos artigos e livros durante seu trajeto acadêmico.

Ivana Marková é professora emérita do Departamento de Psicologia da Universidade de Stirling. Estudou Filosofia e Psicologia na Charles University de Praga. Obteve o seu pós-doutorado no Laboratório de Psicologia da Universidade de Cambridge. Foi professora-visitante em várias universidades no Reino Unido (nomeadamente a London School of Economics) e no exterior (Open Society Institute da Universidade de Moldávia). É membro da British Psychologial Society e da Royal Society of Edinburgh da British Academy. Suas principais áreas de interesse são a Ontologia e a Epistemologia da Teoria em Psicologia Social e da Interdependência entre o pensamento social, o diálogo e a semiótica. Suas preocupações empíricas de investigação são as representações sociais da democracia, o individualismo e responsabilidade na Europa pós-comunista e o estudo do diálogo entre as pessoas com comprometimento da fala na sua relação com os outros.

Angela Arruda é professora-adjunta do Instituto de Psicologia da Universidade Federal do Rio de Janeiro, onde faz parte da Pós-Graduação em Psicologia, na área de Processos Psicossociais e Coletivos. Tem graduação em Psicologia pela Universidade Federal do Rio de Janeiro (1969), mestrado em Psicologia Social pela École des Hautes Études en Sciences Sociales (1981), doutorado em Psicologia Social pela Universidade de São Paulo (1996), pós-doutorado em Psicologia Social no Iscte, Lisboa (2008). Sua linha de pesquisa é sobre Representações Sociais, atuando principalmente na pesquisa nos seguintes temas: culturas brasileiras, pensamento brasileiro, *funk* proibido, imaginário social, movimentos sociais e saúde.

Dorra Bem Alaya é professora-assistente do Instituto Superior de Ciências Humanas da Universidade de Túnis El Manar. É diretora do Departamento de Psicologia. Tem graduação em Psicologia pela Faculdade de Ciências Humanas e Sociais (Universidade de Túnis I) em 1990. Tem um Diploma de Estudos Avançados em Psicologia Social na Escola de Altos Estudos em Ciências Sociais, Paris 6, obtido em 1991. Fez seu doutorado em Psicologia Social na Universidade de Provença (Aix Marseille I), em 2000, sob a direção do Professor Jean Claude Abric. Foi professora-visitante em várias universidades francesas e africanas (Senegal e Togo). Suas principais áreas de interesse são a Psicologia Social, Representações Sociais, Pensamento Social, Análise de Redes Sociais, Sexo e Gênero, Estudos Culturais, Epistemologia das Ciências Sociais, Revolução Árabe e Primavera Tunisina, Primavera Árabe (revoltas árabes), Gênero, Memória Coletiva e Social, Antropologia da Religião, Antropologia Social e Cultural, Facebook, HIV/Aids, Antropologia Psicológica, Estudos Islâmicos, África, Oriente Médio e norte da África, Movimentos Islâmicos e o Islão Político, Movimentos Sociais e Redes Sociais.

Jorge Vala é investigador-coordenador no Instituto de Ciências Sociais da Universidade de Lisboa. Foi professor catedrático do ISCTE. É doutor em Psicologia Social pela Universidade de Lovaina (1984). Tem trabalhado em Psicologia Social dos processos sociocognitivos, nomeadamente no campo das representações sociais e ideologias, normas sociais e das identidades sociais. Os projetos que tem em curso articulam esses processos com vista ao estudo do racismo e do preconceito, das migrações, das atitudes políticas, da justiça social e da validação do conhecimento quotidiano. Foi professor-convidado em várias universidades, entre as quais a Universidade de Paris Descartes, a École des Hautes Études en Sciences Sociales e a Universidade Estadual do Rio de Janeiro. É coordenador nacional do European Social Survey, European Values Study e International Social Survey Programme. É membro do conselho científico da Fondation Suisse pour la Recherche en Sciences Sociales (FORS). Foi presidente do Conselho Científico do ICS (Lisboa) entre 2007 e 2009 e diretor do mesmo instituto entre 2009 e 2014. Recebeu o Prêmio Codol da

European Association of Social Psychology e o Prêmio Carreira da Associação Portuguesa de Psicologia.

Willem Doise é professor-honorário da Universidade de Genebra. É doutor em Psicologia Social. Foi investigador do *Centre Nationale de Recherche Scientifique* e presidente da *European Association of Experimental Social Psychology*. Dedicou-se ao estudo do desenvolvimento sociocognitivo e das representações sociais, áreas em que publicou trabalhos tão importantes como *L'Explication en Psychologie Sociale* (1982), *Représentations Sociales et analyses de données* (1992), *Dissensions et consensus*, com Serge Moscovici (1992), *Logiques sociales dans le raisonnement* (1993), *La construction sociale de la personne*, com Gabriel Mugny (1997), *Psicologia Social e Desenvolvimento Cognitivo* (Divisão Editorial do Instituto Piaget, 2002), *Psychologie Sociale des relations à autrui*, com Serge Moscovici, Michael Argyle, Jean-Léon Beauvois (2005). Nos últimos anos tem dedicado especial atenção aos direitos humanos e humanitários, tema sobre o qual publicou *Droits de l'homme et force des idées* (2001) e *Discriminations sociales et droits universels: itinéraires en psychologie sociale* (2009).

Christian Staerklé é professor-associado de Psicologia Social da Universidade de Lausanne, professor-convidado de Psicologia Social da Universidade de Helsinki, Finlândia. É doutorado em Psicologia pela Universidade de Genebra (em 1999) e fez pós-doutorado na Universidade da Califórnia, em Los Angeles. Sua pesquisa centra-se nas dinâmicas psicológicas geradas por uma ordem social baseada na desigualdade e divisões sociais, particularmente relacionadas a gênero, classe social e origem nacional ou étnica, estudando os processos psicossociais envolvidos na formação de opiniões políticas e atitudes ideológicas, integrando-as na Teoria das Representações Sociais. Sua obra visa contribuir para uma psicologia social enraizada em problemas sociais contemporâneos, especialmente em áreas relacionadas à desigualdade social, ao multiculturalismo e ao controle social.

János László é professor na Universidade de Pécs, diretor do Departamento de Psicologia Social do Instituto de Psicologia da Academia Húngara de Ciências e diretor do Instituto de Psicologia da Universidade de Pécs. É doutorado em psicologia pela universidade de Eötvös Lóránd, Budapeste, e D.Sc. com uma dissertação intitulada *A psicologia de narrativas literárias: de processamento de texto e sociais abordagens cognitivas*. Foi professor-visitante de várias universidades europeias e do Canadá. Suas áreas de interesse centram-se na introdução à Psicologia Social, Psicologia Social Avançada, Psicologia Social e Cultural, Psicologia Social e Política, Comunicação não Verbal, Compreensão de Texto, Processamento de Texto Literário, Psicologia da Literatura, Representações Sociais e psicologia narrativa.

James H. Liu é professor de Psicologia na Victoria University of Wellington desde 1994 e codiretor do Centro de Pesquisa Cultural Cruz Aplicada. Obteve o grau de bacharel em Ciência da Computação pela Universidade de Illinois e o doutorado em Psicologia pela Ucla, em 1992. Fez pós-doutorado na Florida Atlantic University. É autor de mais de 80 artigos e publicou diversos livros sobre as identidades da Nova Zelândia, práticas e justiça reabilitadora na Nova Zelândia e os progressos da Psicologia Social. Dedicou considerável energia para estabelecer uma psicologia hicultural Aotearoa/Nova Zelândia, que reúne visões do mundo maori e europeias. As suas áreas de interesse são as relações intergrupo; identidade social; representações sociais; identidade e história; psicologia transcultural; pesquisa-ação.

Annamaria Silvana de Rosa é professora titular de Representações Sociais e de Comunicação e do laboratório em New Media e Web-marketing da Faculdade de Medicina e Psicologia da Universidade de Roma "La Sapienza". É diretora do doutoramento europeu aprovado pela UE em Representações Sociais e Comunicação (http://www.europhd.eu), do SoReComjoint – IDP (http://www.europhd.eu/SoReComJointIDP) e do So.Re.Com. THEmatic Network (http://www.europhd.eu/SoReComTHEmaticNETwork). É autora de mais de duas centenas de publicações no campo da Psicologia Social e Comunicação, inspiradas na "modelagem" paradigma unificado das Representações Sociais, que se caracterizam por uma abordagem multimetodológica. Suas áreas de interesse incluem o ambiente e o turismo; identidade supranacional e local; publicidade e comunicação; memória social e impacto emocional de eventos traumáticos; atual, futuro e família ideal; perspectiva temporal; psicologia de massa do mercado de ações; representações sociais da psicanálise e psiquiatria na era do facebook; representações polêmicas da relação cidadãos/instituições, ação em dois movimentos sociais atuais.

Siyu Sun é professora da Universidade de Tianjin, Tecnologia e Ensino (China). Obteve seu doutorado no European/International Joint PhD in Social Representations and Communication. Depois de obter seu PhD e colaborar com a professora De Rosa, tornou-se uma jovem embaixadora da Teoria das Representações Sociais na China. Empenhada em aplicar a Teoria das Representações Sociais em áreas relacionadas ao seu trabalho, começou a desenhar um projeto sobre as Representações Sociais dos valores de ocupação com estudantes universitários. Atendendo à tendência da educação profissional surgiu na China, com especial atenção do governo, o projeto da Dra. Siyu Sun sobre esse tema, que representa uma grande oportunidade de contribuir para disseminar ainda mais a Teoria das Representações Sociais na China.

Elena Bocci é pesquisadora titular no Departamento de Psicologia Social e do Desenvolvimento da Faculdade de Medicina e Psicologia da Universidade de Roma "La Sapienza". Colabora no Curso de Laboratório em New Media e web-marketing da Faculdade de Medicina e Psicologia da Universidade de Roma "La Sapienza". Como membro da equipe do European/International Joint PhD in Social Representations and Communication Research Centre and Multimedia Lab, tem colaborado com a professora De Rosa e a sua equipe em vários projetos sobre uma ampla variedade de tópicos, incluindo: loucura e doença mental; turismo e web marketing; psicologia de massa do mercado de ações; representações sociais da psicanálise e psiquiatria na era do Facebook; representações polêmicas da relação cidadãos/instituições em ação nos movimentos sociais atuais.